शहर बंद है

(व्यंग्य-संग्रह)

शहर बंद है

अश्विनी कुमार दुवे

वाणी प्रकाशन ग्रुप
भारतीय ज्ञानपीठ
वाणी प्रकाशन : भारतीय ज्ञानपीठ की पुस्तकों के एकमात्र प्रकाशक एवं वितरक

शिक्षोदय ग्रन्थमाला : ग्रन्थांक 608

पहला संस्करण : 1996
दूसरा संस्करण : 2000
तीसरा संस्करण : 2025

वाणी प्रकाशन : भारतीय ज्ञानपीठ की पुस्तकों के एकमात्र प्रकाशक एवं वितरक

वाणी प्रकाशन
4695, 21-ए, दरियागंज, नयी दिल्ली-110 002
दूरभाष : 011-23273167, 23275710
ईमेल : sales@vaniprakashan.in
www.vaniprakashan.com

ISBN : 978-93-7112-719-6

मूल्य : ₹ 313

शहर बंद है
(व्यंग्य)
अश्विनी कुमार दुवे

SHAHAR BAND HAI
(Satire)
by Ashvini Kumar Dube

मुद्रक : आर. टेक ऑफ़सेट प्रिंटर्स, दिल्ली-110 032

तमाम कृत्रिमता के बावजूद सत्य की तलाश
करने वालों के लिए

ये रचनाएँ

पिछले दो दशकों से मैं कहानियाँ, नाटक और निबंध लिख रहा हूँ। पाठकों का कहना है, इधर मेरी रचनाओं में व्यंग्य की स्प्रिट ज्यादा दिखाई देने लगी है—इसलिए ये व्यंग्य रचनाएँ हो गईं।

पिछले दिनों ऐसी ही व्यंग्य-रचनाओं के मेरे दो संकलन : 'घूँघट के पट खोल' और 'अटैची संस्कृति' प्रकाशित हुए। लोगों ने वे रचनाएँ पढ़ीं और सराहीं। मित्रों को समर्पित प्रथम संकलन से सबसे ज्यादा तकलीफ मित्रों को ही हुई। बहुत-से मित्रों ने हाय-हाय की। (हिंदी में ऐसी परंपरा है।) कुछ लोगों ने मुक्त कंठ से प्रशंसा भी की। मुझे पाठकों पर पूरा भरोसा है और उन्हें मुझ पर।

मैं खूब पढ़ता हूँ और सोचता हूँ। उससे जो दृष्टि विकसित होती है, उसमें चीजों को देखता हूँ। मुझे प्रायः हर क्षेत्र में विद्रूपताएँ, मुखौटापन और हद दर्जे की बेईमानी के दर्शन होते हैं। इससे तिलमिलाहट होती है। फिर निकलकर आती हैं मेरी व्यंग्य-रचनाएँ।

जब सब ओर से आइने को धूल-धूसरित करने का षड्यंत्र चल रहा हो और बदरंग शक्ल-ओ-सूरत को जिंदगी की सही तस्वीर बताकर प्रचार-प्रसार किया जा रहा हो, तब अपने लेखन से धूल को झाड़ने-पोंछने का अदना-सा प्रयास करता हूँ—आपको आपकी तसवीर दिखाने के लिए। किसी शायर ने कहा है—

यह मयकदा है कदम फूँक कर रक्खो ज़ाहिद,
यहाँ तो होश के पुर्जे उड़ाए जाते हैं।

—अश्विनी कुमार दुबे

अनुक्रम

सुनो रे सत के बंजारे, एक बात कहूँ समझाई।
तस चाहो तो शब्दा चीन्हो, ओ आप न देवे दिखाई।।

—महामति प्राणनाथ

शहर बंद है

मैं सुबह-सुबह पान खाने के लिए चौक तरफ निकला तो देखा कि सारी दुकानें बंद हैं। आश्चर्यचकित हो एक व्यक्ति से मैंने पूछा, "भैया, ये दुकानें आज क्यों बंद हैं ?"

"नेताजी का कुत्ता मर गया है। इसलिए शोक में आज पूरा शहर बंद है।" उसने जवाब दिया और आगे बढ़ गया।

मैंने एक दूसरे व्यक्ति को पकड़ा, "मियाँ, ये नेता जी का कुत्ता कैसे और कहाँ मरा ?"

"दिल्ली में मर गया। आ गया एक मोटर के नीचे और स्वर्ग सिधार गया।" उसने कहा।

"कुत्ता दिल्ली में मरा ! परंतु ये शहर क्यों बंद है ?" मैंने जिज्ञासावश पूछा।

"दिल्ली में मरे या बंबई में, कुत्ता नेताजी का है और नेताजी हमारे हैं। वे जनप्रतिनिधि हैं। उनका दुख हमारा दुख है। उनकी पार्टी के लोग यहाँ भी हैं। वे क्या अपने नेता के लिए इतना भी न करें कि उनके कुत्ते की याद में एक दिन शहर बंद करा दें ?"

"लेकिन इस प्रकार एक मामूली कुत्ते की याद में पूरा शहर बंद कराना ठीक नहीं है।"

"धीरे बोलो बाबू ! आपको इस शहर में रहना है कि नहीं ? कहीं शहर बंद कराने वालों ने सुन लिया तो दुकानें बाद में बंद होंगी, पहले आपका मुँह सदा के लिए बंद कर दिया जाएगा। आज सुबह ही गांधी चौक के चार दुकानदारों की जमकर ठुकाई हुई है।"

"क्यों, क्या हुआ था ? क्या गलती थी उनकी ?"

"आप भी बड़े नादान हो बाबू ! ठुकाई के लिए भी किसी कारण की जरूरत होती है ? अरे, यह कारण क्या कम है कि हमने नेता जी के परम प्रिय और राष्ट्र के गौरव उस महान् कुत्ते के स्वर्गवासी हो जाने पर, शहर बंद करने का आह्वान किया और उन दुकानदारों ने इसमें आनाकानी की। बस हो गई ठुकाई। जिस कुत्ते की याद में आज पूरा शहर बंद है, सभी छोटे-बड़े दुकानदार अपनी दुकानें बंद करके उसे श्रद्धांजलि अर्पित कर रहे हैं। उस महान् कुत्ते को आप मामूली कह रहे हैं ! लगता है, आपके

भी बुरे दिन आ गए। विनाशकाले विपरीत बुद्धिः।'' मुझे अच्छी-खासी नसीहत देकर वे सज्जन पतली गली में खिसक लिए।

मुझे पान की तलब हो रही थी। मैं पूरा बाजार घूम आया। कहीं कोई दुकनियाँ तक खुली न मिली। रास्ते में 'गंगा पान भंडार' वाले बनारसी बाबू मिले। मैंने पूछा, ''का हो बनारसी, पान-वान न खिलवाओगे का ?''

वह मायूस-सा बोला, ''भैया, सबरे-सबरे दुकान खोले ही थे कि दस-बारह जन आए और सब पान-सुपारी और सिगरेट के पैकेट लूट के ले गए। पूछने पर बोले की ज्यादा चूँ-चपड़ न करो। उहाँ भैयाजी का कुत्ता मर गया और इहाँ तुम लोगों को पान की गिल्लौरी खिलाओगे ! शर्म नहीं आती। फटाफट उठाओ ये ताम-झाम और बंद करो अपनी दुकान। अब का करते हम ! ज्यादा कुछ कहते तो दुकान का बाकी सामान भी लुट जाता। मार अलग से पड़ती। इसलिए हमहूँ दुकान की फटकिया गिरा के चले आए। अब पान खाने की ज्यादा तलब होए तो हमारे घर चलो, भैया! वहीं आपको चुपके से दो ठो बीरा बाँध के दे देंगे।''

बनारसी बाबू का घर पास में ही सब्जी मंडी के बगल वाली गली में है। मैं उसके साथ हो लिया। रास्ते में देखा, गाँव-गाँव से लोग टोकनों में सब्जी बेचने आए थे। वे हताश-से अपने टोकने सर पर उठाए वापस गाँव जा रहे हैं। उन्हें पता नहीं कि आज शहर क्यों बंद है। कुछ लोगों ने हड़का दिया और वे मायूस-से गाँव लौटने लगे। ठेले-वाले, सब्जीवाले, पानेवाले और रोज कमाकर खाने वाले आज फिर सपरिवार भूखे सो जाएँगे। आज शहर बंद है। भैयाजी का कुत्ता मर गया है।

बनारसी के घर से पान बँधवाकर निकला तो गली में स्कूली बच्चों की भीड़ दिखाई दी। सब हो-हो करके चिल्ला रहे थे, आज छुट्टी है। उन्हें क्या पता कि आज शहर बंद है।

मोड़ पर कॉलेज के प्रिंसपल डॉ. विद्याधर जी मिल गए। मैंने हाथ जोड़कर नमस्ते की तो हल्के से सिर हिलाकर बोले, ''देख रहे हो देश का हाल। पूरा महीना हो गया एक दिन ठीक से कॉलेज नहीं लगा। रैली, दंगे, सभा और बंद। सब जगह कॉलेज के लड़कों को झोंका जा रहा है। लड़के तो कच्ची उमर के हैं। नासमझ हैं। अच्छा उपयोग हो रहा है इनका। उन्हें तो सत्ता मिलेगी और इन्हें, बेरोजगारी, बेबसी और हताशा के सिवा क्या मिलेगा !''

मैं कुछ बोल पाता कि जाने कहाँ से एक छात्र नेता वहाँ प्रकट हो गया। उसने प्रिंसिपल साहब को आड़े हाथों लिया, ''आप कौन होते हैं हमें नासमझ कहने वाले ! हम अपना भला-बुरा अच्छी तरह जानते हैं। हमें पता है कि आप विरोधी ग्रुप वाले नेता की मेहरबानी से इस कॉलेज में टिके हुए हैं। आज हमारे नेता के घर दुख पड़ा तो आप हाय-तौबा करने लगे। पिछले हफ्ते जब उस ग्रुप वालों ने शहर बंद कराया था तब आप कुछ नहीं बोले। वे जब दंगा करें, शहर बंद कराएँ तो अच्छा है और

आज हम लोगों ने करा दिया तो बुरा हो गया ! प्रिंसिपल साहब, ये तो शक्ति-परीक्षण है। उन्होंने जब शहर बंद कराया था तब आधे से ज्यादा दुकानें खुली रहीं और आज देखिए कैसा मातमी सन्नाटा छाया हुआ है शहर में ! इसे कहते हैं बंद !''

प्रिंसिपल साहब अब क्या बोलते ! उन्होंने स्कूटर स्टार्ट किया और फुल एक्सीलेरेटर दबाते हुए जल्द ही बहुत दूर निकल गए।

पिछले एक महीने से इस शहर में यही चल रहा है। कभी हरी पार्टी के कार्यकर्ता शहर बंद कराते हैं। दो दिन बाद लाल पार्टी के लोग उससे ज्यादा जोश-खरोश के साथ शहर बंद करा देते हैं। फिर हरी पार्टी वाले उनसे ज्यादा प्रभावी ढंग से शहर बंद कराने के लिए बहाना ढूँढ़ने लगते हैं। वैसे, इस शहर के आम नागरिक बहुत शांत हैं। हिंदू, मुस्लिम और शेष धर्मों के सभी लोग आपस में मिल-जुलकर अपने काम-धंधे करते हैं। सब एक-दूसरे पर निर्भर हैं। प्रेम से रहते हैं। परंतु कभी सांप्रदायिकता के नाम पर, कभी दूसरे नगरों में हुए दंगों के नाम पर, कभी इस वजह से, कभी उस कारण से और कभी बिलकुल अकारण से आए दिन शहर बंद कराया जाता है। फिर समीक्षाएँ होती हैं : ''हमारे द्वारा आयोजित शहर बंद पूरी तरह सफल रहा।'' दूसरे ग्रुप वाले गर्व से कहते हैं, ''हुँह, उन्होंने क्या शहर बंद कराया ! शहर तो हम बंद कराते हैं। हमने चार बसें, दस दुकानें और बीस मकान जला दिए। उन्होंने क्या किया ? बस, हाथ जोड़कर लोगों से बाजार बंद करने का आग्रह करते रहे। कुछ लोगों ने संकोचवश दुकानों के शटर नीचे गिरा लिए। थोड़ी देर बाद फिर शटर ऊपर हो गए। आज का बंद देखो। ये देखने लायक है। दूर-दूर तक कोई परिंदा तक पर मारता हुआ दिखाई नहीं देता !''

सचमुच यह बंद बहुत सफल रहा। पाठशालाएँ, स्कूल और कॉलेज पूरी तरह बंद रहे। सब्जीवाले, दूधवाले, चायवाले, पानवाले, और ठेलेवालों से लेकर बड़े-बड़े शोरूम वाले व्यापारी आराम से घरों में चद्दर तानकर सोते रहे। बसें नहीं चलीं, चलतीं तो जलाई जातीं। बीमारों की दवा नहीं मिल पाई। गृहिणियों ने घर में जो चीजें थीं, उन्हीं से रसोई बनाई। बच्चों ने हुड़दंग की। युवकों ने रैली निकाली और बुड्ढे अपनी आरामकुर्सी में धँसे कुड़मुड़ाते रहे। शाम को रेडियो ने लंबा समाचार दिया। दूरदर्शन पर वीरान गलियाँ और सुनसान चौराहे दिखाए गए। अखबारों ने लिखा कि बंद अत्यंत सफल रहा।

दूसरी पार्टी के लोग उदास हैं। उनके सामने यह बंद एक चुनौती है। रात देर तक कार्यकर्ताओं की आपातकालीन बैठक चली। राजधानी तक फोन खड़खड़ाए गए। अगले बंद की रूपरेखा तय की गई। कार्यक्रम निर्धारित हुआ। ऊपर से आवश्यक निर्देश लिए गए। बस, अब एक अदद किसी बहाने की जरूरत है, जिसके लिए यह शहर फिर बंद होने के लिए अभिशप्त है। समय रहते बंद के लिए कोई ऊटपटाँग कारण मिल जाए तो ठीक, न मिले तो ठीक। किसी भी दिन फिर शहर बंद होना तय

है। अबकी यह बंद कितना भयानक होगा, सोचकर रोंगटे खड़े हो जाते हैं। किसी कवि की पंक्तियाँ याद हो आती हैं—

> सोच शहर की हो गई, फिर से मिट्टी धूल।
> सड़कों पर हँसने लगे, जलते हुए बबूल।।

अध्यक्ष की कुर्सी

हर शहर की भांति हमारे नगर में भी कई सांस्कृतिक, साहित्यिक और शैक्षणिक संस्थाएँ हैं। एक सांस्कृतिक विकास मंडल है। एक-दो नाट्य संस्थाएँ हैं। कुछ साहित्यिक संस्थाएँ भी हैं, जो साप्ताहिक कवि-गोष्ठियाँ करती हैं। दो हाई-स्कूल हैं हमारे नगर में और एक डिग्री कॉलेज भी है। इन संस्थाओं में आए दिन कुछ-न-कुछ कार्यक्रम होते रहते हैं, जिनमें एक अदद अध्यक्ष की जरूरत सदा बनी रहती है। यों तो शहर में कई ऐसे गण्यमान्य नागरिक हैं, जो परंपरागत अध्यक्षीय प्रतिभा के धनी हैं। परंतु इधर जब से संस्थाएँ प्रतिभा को छोड़ प्रभाव का सम्मान करने में गौरवान्वित होने लगी हैं, तब से परंपरागत अध्यक्षों की पूछ कम हो गई है।

संस्थाओं के कर्ताधर्ता सोचते हैं कि प्रतिभाओं का सम्मान करने से क्या ! हाँ, कोई नेता, पूँजीपति या बड़ा अफसर हमारे कार्यक्रम का अध्यक्ष होगा तो समय-समय पर कई मतलब सिद्ध हो सकते हैं।

पिछले दिनों जब लाल पार्टी की सरकार थी तो शहर में उनके नेता अध्यक्षीय पद के लिए सुरक्षित माने जाते थे। सिर्फ चंदे के बल पर अब कोई संस्था भला कहाँ चलती है ! हर संस्था में कई पदाधिकारी होते हैं। उनकी साप्ताहिक बैठकें होती हैं। उनके कई दौरे भी यहाँ-वहाँ होते रहते हैं। ये सब खर्च अब चंदे की राशि से पूरे नहीं हो पाते। चंदा देने वाला आदमी अपनी राशि का सदुपयोग समझ गया है। संकट की इस घड़ी में सरकारी अनुदान ही एकमात्र सार्थक विकल्प है। जिस प्रकार चंदा वसूलने के कुछ खास गुर होते हैं, ठीक उसी प्रकार सरकारी अनुदान भिड़ा लेने के भी अपने खास तरीके हैं।

एक अरसे से शहर के प्रत्येक कार्यक्रम में लाल पार्टी का हर ऐरा-गैरा नेता अध्यक्ष बनता आया था। छुटभैये कार्यकर्ता से लेकर शहर के माननीय विधायक जी के पास तक हमेशा दो शेरवानियाँ तैयार मिलती थीं। क्या पता कब किस संस्था में अध्यक्षीय भाषण देना पड़ जाए और ऐन वक्त पर अपने पास धुली, इस्तिरी की हुई कड़क शेरवानी न हो तो भद्द हो जाएगी न ! इसलिए एक अतिरिक्त शेरवानी हर नेता हमेशा तैयार रखता है। लाल पार्टी का जो चुनाव घोषणा-पत्र था और पार्टी के हाईकमान आए दिन जिस प्रकार की बयानबाजी किया करते थे, उसका मिनी संस्करण हमारे शहर

के नेताओं को अपनाने में कोई विलंब न होता था। जैसे, राजधानी में उनके बड़े नेता ने नेताजी सुभाषचंद बोस की जयंती पर बोलते हुए कहा, ''नेताजी एक वीर सेनानी थे। वे जीवन भर साम्राज्यवादी ताकतों से लड़ते रहे। उनका नारा था, तुम हमें खून दो, हम तुम्हें आजादी देंगे...''

हमारे शहर में तुलसी जयंती पर एक अध्यक्ष नेता ने भाषण दिया, ''तुलसीदास जी एक महान् स्वतंत्रता संग्राम सेनानी थे। वे जीवन भर मुगल शासकों से लड़ते रहे। उनका नारा था, तुम हमें खून दो हम तुम्हें रामराज्य देंगे।''

सांस्कृतिक संस्था को न संस्कृति से कुछ मतलब है और न तुलसीदास से। संस्था के अध्यक्ष महोदय कॉलेज में पिछले दस सालों से प्राचार्य हैं। उनका कई बार ट्रांसफर हुआ परंतु वे हर बार किसी महान् आत्मा की जयंती या पुण्यतिथि मनाकर ट्रांसफर से बच जाते हैं। वे कार्यक्रम के अध्यक्षीय पद के लिए भैयाजी को सादर आमंत्रित करते हैं। फिर मंच पर वे सार्वजनिक रूप से उनकी महानता के गुणगान करते हैं। भैयाजी को गद्‌गद होने में देर नहीं लगती। बहुत दिनों से उनकी आत्मा भी अध्यक्षीय भाषण देने के लिए छटपटा रही थी। प्राचार्य जी के सौजन्य से उन्हें यह सुअवसर मिला।

भैयाजी ने अपने छात्र-जीवन में कभी कॉलेज का मुँह नहीं देखा। आज वे अध्यक्ष बने प्राध्यापकों के बीच ठाट से बैठे हैं। उनकी हर छोटी-बड़ी बात पर प्राध्यापकगण हें-हें करना नहीं भूलते। कैसी शुभ घड़ी आई कि विद्या के मंदिर में आज प्रतिभा, प्रभाव की वंदना करते हुए प्रसन्न है।

मोटा गजरा गले में डाले भैया जी दो घंटे तक धाराप्रवाह बोलते हैं। तब कहीं जाकर उनकी आत्मा को शांति मिलती है। फिर प्राचार्य जी खीसें निपोरते हुए उन्हें जलपान-गृह की ओर ले जाते हैं। इस प्रकार अंत में प्राचार्य जी का स्थानांतरण निरस्त हो जाता है।

अब कॉलेज के लिए ग्रांट सैंग्सन करानी है। सांस्कृतिक विकासमंडल के लिए सरकारी अनुदान चाहिए और स्थानीय लेखकों, कवियों को राजधानी के सांस्कृतिक भवन में घुसपैठ करनी है। तो इस सबके लिए यह जरूरी था कि शहर में लाल पार्टी के हर ऐरे-गैरे नेता को शिक्षा और संस्कृति से जोड़कर रखा जाए। वर्ना संस्कृति और साहित्य को भला कौन पूछेगा !

जब लाल पार्टी चुनाव में हार गई और हरी पार्टी के हाथ में सत्ता की बागडोर आई तो शहर की संस्थाओं के सारे समीकरण बिखर गए। जयंतियाँ, पुण्यतिथियाँ, वार्षिक उत्सव और सांस्कृतिक समारोह तो होते ही रहते हैं परंतु अब अहम प्रश्न यह उभरा कि अध्यक्ष पद पर किसे आसीन करें। अनुभवी प्राचार्य जी ने चुटकी बजाते हुए समस्या का समाधान किया, ''भई, इसमें इतना सोचना-विचारना क्या है ! हमारे पूर्वज गिरधर कविराय पहले ही कह गए हैं, ''जैसी बहे बयार पीठ तब तैसी कीजे।'' इसलिए अविलंब हरी पार्टी वाले किसी बड़े नेता को अध्यक्ष पद के लिए आमंत्रित

करिए।"

हरी पार्टी वालों ने भी अब दो-दो शेरवानियाँ सिलवा लीं। कोई कॉलेज के वार्षिक उत्सव में भाषण दे रहा है तो कोई सांस्कृतिक विकास मंडल के मंच से अध्यक्षीय भाषण के रूप में साहित्य और संस्कृति की गहरी मीमांसा प्रस्तुत कर रहा है। वहीं कोई नाट्य संस्था के वार्षिक कार्यक्रम में अध्यक्ष बना बैठा है। इस प्रकार इनके भी दिन फिरे। परंतु अभी एक साल भी न बीत पाया था कि ऊपर, केंद्र में हरी पार्टी की स्थिति लड़खड़ा गई। लाल पार्टी वालों का प्रभाव फिर से दमकने लगा। उनके आदमी फिर प्रभावशाली होने लगे। इधर शहर में एक बार फिर संकट की घड़ी आई कि अब अध्यक्ष पद के लिए किसे बुलाएँ ?

एक बार फिर गिरधर कविराय की पंक्ति का सहारा लिया गया—'कह गिरधर कविराय छाँव मोटे की गहिए'। लाल पार्टी वाले सोचने लगे कि अब कहाँ जाओगे बच्चू ! झक मारकर आओगे हमारे सामने और गिड़गिड़ाओगे कि भैयाजी, कृपा कर हमारे कार्यक्रम के अध्यक्ष बनकर हमें कृतार्थ करिए। फिर हम ऐंठकर कहते, "अजी, हमें फुर्सत नहीं है हर ऐसे-वैसे कामों के लिए। सरकार को सँभालें कि तुम्हारे ये कार्यक्रम निपटाते फिरें। जाओ उन्हीं हरी पार्टी वालों के पास। कल तक तो बड़े उत्साहपूर्वक उनके सम्मान में मंच से दहाड़ रहे थे कि वे बड़े मृदुभाषी हैं, विद्वान् हैं, देशभक्त हैं और जाने क्या-क्या हैं। तो भैया, उन्हीं हरी पार्टी वाले विद्वानों को अपने कार्यक्रम का अध्यक्ष बना लो।"

"आप भी भाई साहब, कहाँ उन लोगों की बातें लेकर बैठ गए ! क्या धरा है उनमें ! न उन्हें भाषा बोलनी आती है, न संस्कृति की कोई समझ है उन्हें। हाँ, आपकी बात और है। आप तो जन्मजात महापुरुष ठहरे। फिर आप तो जानते ही हैं कि हमारी, आपकी और सबकी निगाह ऊपर टिकी रहती है। जब ऊपर ही रंग बदल गए तो भला हम नीचे वालों की क्या बिसात !" इस प्रकार दोनों देर तक हें-हें करते हुए खीसें निपोरते रहे। एक अंतराल के बाद भैयाजी पुनः सांस्कृतिक सभा के अध्यक्ष की बीच वाली कुर्सी में धँसे दिखाई दिए। इधर भैयाजी ने कई महापुरुषों की प्रसिद्ध सूक्तियाँ कंठस्थ कर लीं। उन्हें वे अनाथालय से विद्यालय तक के हर कार्यक्रम में अध्यक्षीय भाषण को रोचक बनाने के लिए इस्तेमाल करते हैं।

उधर हरी पार्टी वालों ने अपनी शेरवानियाँ धुलवाकर आलमारी में सुरक्षित रखवा दीं। पता नहीं फिर कब उनके दिन फिरें। अभी तो वे मन-ही-मन भुनभुना रहे हैं—"ये साहित्य, संस्कृति और नाटक वाले भी साले कितने गए-गुजरे हैं। सत्ता क्या गई कि इनने भी अपने तेवर बदल लिए। ठीक है, देख लेंगे हम भी एक-एक को। अब की बार जो हमारी पार्टी सत्ता में आई तो सबका ऐसे जंगली और बीहड़ क्षेत्र में ट्रांसफर करवाऊँगा कि भूल जाएँगे ये साहित्य-वाहित्य।"

इन दिनों हर शहर की भाँति हमारे शहर में भी ये लाल और हरी फसलें फल-फूल

रही हैं। परंतु इस नगर में कुछ प्रसिद्ध और प्रतिभाशाली विद्वान् भी रहते हैं। एक प्रसिद्ध लेखक हैं, हमारे नगर में। उन्होंने कई किताबें लिखी हैं। व्याकरण में आचार्य हैं। कई भाषाओं के कुशल ज्ञाता हैं।एक दिन बाजार में मिल गए। मैंने चरण छूकर प्रणाम करते हुए कहा, ''पंडित जी, बहुत दिन हो गए आपके उद्‌गार सुने हुए।'' वे हँसे और गुनगुना उठे—

तुलसी पावस के समय, धरी कोकिला मौन।
अब तो दादुर बो लि हैं हमें पूछिहैं कौन।।

बैंक-कथा

उन्होंने भीतर घुसते ही मुख्य द्वार का शटर गिरा दिया। जाकेटधारी युवक पिस्तौल घुमाते हुए जोर से गुर्राया, ''खबरदार, जो किसी ने अपने स्थान से जरा भी हिलने की कोशिश की।'' तीन युवक लंबे डग भरते हुए आगे बढ़े, सबके हाथों में भरी हुई पिस्तौलें थीं। तीनों कोनों पर आँख के इशारे से अपने साथियों को तैनात करके, चौथा जाकेटधारी भड़ाक से दरवाजा धकेलकर मैनेजर के कमरे में दाखिल हुआ और बोला, ''चुपचाप लॉकर्स की चाबियाँ मेरे हवाले कर दो··· जल्दी करो, मेरे पास वक्त बहुत कम है।''

''जनाब, बैठिए तो सही। कुछ ठंडा-गरम लीजिए। बस दो मिनट में मैं आपको बैंक द्वारा बाँटी जा रही ऋण-योजनाएँ समझा देता हूँ। फिर आपकी मर्जी, चाहे तो आप लॉकर्स की चाबियाँ ले लीजिए या फिर अपने डकैती उद्योग के लिए ऋण मंजूर करा लीजिए।'' बैंक मैनेजर पसीना पोंछते हुए घिघियाया।

''ऐ बुड्ढे, क्या मतलब है तेरा ? ज्यादा होशियारी दिखाई तो यहीं ढेर कर दूँगा। चल चाबियाँ निकाल चुपचाप।'' जाकेटधारी युवक झल्लाया।

''भाई साहब, ये पिस्तौल जरा उधर कर लीजिए। इसे देखकर मेरा गला रुँधा जा रहा है। बस एक मिनट में मैं आपको मतलब की बात समझा देता हूँ।'' बैंक मैनेजर गिड़गिड़ाया, ''बैठिए तो सही आप। यूँ खड़े क्यों हैं ? बस एक मिनट···बात ये है भाई, सुदूर गाँव में, शहर में और बीहड़ जंगल में नए-नए उद्योग स्थापित करने के लिए यह बैंक अब तक पचास लाख रुपए के ऋण बाँट चुका है। इस वर्ष एक करोड़ का लक्ष्य पूरा करना जरूरी है, वरना मुझे गैर-जिम्मेदार ठहराया जाएगा। इसलिए भाई साहब, आपसे निवेदन है कि आप अपने डकैती उद्योग के लिए हमारे बैंक से ऋण लेकर निर्धारित लक्ष्य पूरा करने में हमारी मदद करें।''

अब तक जाकेटधारी युवक ने पिस्तौल जेब में रख ली थी। परंतु उसकी आँखों में विस्मय के साथ चौकन्नापन भी था। उसने सतर्क होते हुए पूछा, ''इसके लिए हमें क्या करना होगा ?''

मैनेजर ने उत्साहित हो समझाया, ''कुछ खास नहीं। तुम्हें सिर्फ इतना प्रमाणित करना पड़ेगा कि इस उद्योग को तुम सफलतापूर्वक चला सकते हो। सफल डाके डालने

के अनुभव का एक प्रमाण-पत्र लगेगा जो किसी भी पुलिस थाने से तुम्हें आसानी से प्राप्त हो जाएगा। पिस्तौल से ठीक निशाना लगा लेते हो, इसका भी एक सर्टीफिकेट भिड़ा लेना। शिक्षित बेरोजगार तो तुम दिख ही रहे हो, यह प्रमाणित करने के लिए तुम्हारे विश्वविद्यालय की डिग्री काम आ जाएगी। ये सब जरूरी कागज एक आवेदन पत्र के साथ, सरपंच के दस्तखत कराकर, हमारे पास भिजवा दो, तुम्हारा काम हो जाएगा। हाँ, किसी विधायक, सांसद या मंत्री की सिफारिश और लगा सको तो काम हुआ ही समझो। आगे आप समझदार हैं। पढ़े-लिखे हैं।''

युवक को सुझाव पसंद आया। उसने मुस्कराकर मैनेजर साहब से हाथ मिलाया। दोनों एक-दूसरे की कमर में हाथ डाले बाहर आए। बाहर के बड़े हाल में अपनी-अपनी कुर्सी से चिपके हुए सभी बैंककर्मी पसीना-पसीना हुए जा रहे थे। कुछ लोग इधर-उधर बुत बने हाथ ऊपर उठाए खड़े थे। घबराहट के मारे सबका बुरा हाल था।

मैनेजर साहब ने अपना एक हाथ हवा में लहराकर घोषणा की, ''बी रिलेक्स, कृपया सहज और शांत हो जाइए। आप सबको थोड़ी देर के लिए जो कष्ट झेलना पड़ा, उसके लिए हम क्षमाप्रार्थी हैं।''

जॉकेटधारी युवक इशारे से अपने साथियों को अपने पास बुला चुका था। कनखियों से अपने साथियों को संतुष्ट करते हुए वह बोला, ''भाइयो, हम लोग एक टेलीफिल्म में काम कर रहे हैं। हमारी उस फिल्म में इस प्रकार के दृश्य की जरूरत थी। इसलिए हमें यह हरकत करनी पड़ी। कृपया आप सब अन्यथा न लें।''

टेलीफिल्म का नाम सुनते ही लोगों के मुरझाए चेहरे, गोभी के फूल की भाँति खिल गए। इसके पहले कि उनकी टेलीफिल्म के विषय में कोई कुछ पूछ पाता, वे युवक वहाँ से तुरंत रफूचक्कर हो गए।

दूसरे दिन सरपंच जी बैंक में पधारे। मैनेजर साहब ने उठकर उनका अभिवादन किया।

''चार कॉलेजी लड़के सबेरे-सबेरे पंचायत ऑफिस में आए रहे। बेचारे बेरोजगार हैं। हमने तरस खाकर उनकी दरख्वास्त में अपना ठप्पा लगा दिया। दरख्वास्त ब्लाक ऑफिस में भिजवाय दी है। दो-चार दिन में आपके दफ्तर में आ जाएगी। तनिक देख लियो। बेचारे बेरोजगार हैं न।'' सरपंच जी अपना अंगोछा सरकाते हुए बोले।

''जरूर देख लेंगे जी। अब आपकी कड़ी मेहनत से ही तो हमारा लक्ष्य पूरा होगा।'' चपरासी को चाय का ऑर्डर देते हुए मैनेजर साहब फिर बोले, ''सरपंच जी, आपकी लगन और सेवाभाव से ही यह छोटा-सा गाँव अब कितनी तरक्की कर रहा है। सालों से यहाँ एक किराने की दुकान, एक कपड़े की दुकान और सायकिल का पंचर घिसने की इकलौती दुकान से गाँव वाले अपना काम चला रहे थे। काम तो अभी भी वैसे ही चल रहा है परंतु अब आपके सहयोग से हमारे बैंक ने आपके इस छोटे से गाँव में बीस किराना दुकानें, दस साइकिल स्टोर, आठ कपड़े की दुकानें, छह जनरल स्टोर,

चार रेडियो एवं लाऊडस्पीकर की दुकानें, तीन मेडिकल स्टोर, दो भोजनालय और एक मल्टी स्टोर (टी. वी., कूलर, फ्रिज आदि) खुलवा दिया है। इस प्रकार अब तो आपका गाँव काफी तरक्की कर रहा है।''

अब तक चाय आ चुकी थी। प्लेट से चाय सुड़कते हुए सरपंच जी बोले, ''ये सब प्रगति की बातें तो ठीक हैं मैनेजर साहब, हम आपके पास अपनी एक गंभीर समस्या लेकर आए हैं।''

''कहो-कहो, बिना झिझक कहो, हम तो यहाँ आपकी सेवा के लिए ही बैठे हैं।'' चाय की चुस्कियाँ लेते हुए मैनेजर ने कहा।

''वो ऐसा है साहब, पिछले महीने भैंस खरीदने के लिए आपने हमको बैंक से ऋण दिलवाया था। भैंस हमने खरीदी भी थी, आप तो जानते ही हैं। कल तक आपके यहाँ भी उसका आधा सेर दूध पहुँचता रहा है। अब क्या बताएँ साहब ! क्या बढ़िया दुधारी भैंस थी हमारी। जाने किस दुष्ट की नजर लग गई उस पर, कल से लापता है। सुबह से घास चरने जंगल गई तो अभी तक लौटकर नहीं आई।''

''इसमें चिंता की क्या बात है सरंपच जी ! जब लंबा-चौड़ा पूरा आदमी जंगल में हिरा जाता है तो वह तो ससुरी भैंस ही थी। आप बिल्कुल चिंता न करें सरपंच जी। सबसे पहले तो आप भैंस के गुम होने की थाने में रिपोर्ट लिखवाएँ। फिर बीमावालों से मिल लें, उनके पास आपकी मरी हुई भैंस का फोटो भी मिल जाएगा। फिर गाँव के पशु चिकित्सक का एक सर्टीफिकेट लगेगा, वो तो आपको मिल ही जाएगा। डॉक्टर साहब तो आपके ही मकान में किराएदार हैं। इधर बीमा कंपनी का काम निपटता रहेगा, उधर हम आपको एक नयी भैंस खरीदने का कर्ज मंजूर कर देंगे। आप तो अपने ही आदमी हैं सरपंच जी, आपका ख्याल तो हमें रखना ही पड़ेगा। आप भी तो हमारा कितना ख्याल रखते हैं।''

''अच्छा साहब, तो फिर हम चलते हैं। दो-चार रोज बाद मिलेंगे, अभी बहुत काम निपटाने हैं।'' सरपंच जी अपनी धोती का छोर कंधे पर टाँगते हुए बाहर आ गए।

मैनेजर साहब अपनी ढीली हो गई टाई की नॉट अभी कस ही रहे थे कि घबराए हुए, बदहवास-से पंडित रामखिलावन जी ने उनके कक्ष में प्रवेश किया। रामखिलावन जी जिंदगी भर गाँव के प्राइमरी स्कूल में शिक्षक रहे। अब रिटायर हो गए हैं। अपनी खेती-बाड़ी देखते हैं। कोई दस साल पहले उन्होंने ट्रैक्टर खरीदने के लिए बैंक से लोन लिया था। अब तक वे ट्रैक्टर की कीमत से ज्यादा रुपया बैंक में पटा चुके हैं। हाँ, बीच-बीच में जब गाँव में अकाल पड़ा तो वे अपनी किस्तें नियमित नहीं दे पाए। यही घोर पाप हो गया उनसे। वे अपने हिसाब की कापी गाँवभर को दिखाते फिरते हैं, परंतु बैंक की ओर से आए दिन उन्हें नोटिस मिलते ही रहते हैं। अब कोर्ट से उनके नाम पर एक लाख रुपए वसूली का नोटिस आया है। नोटिस का कागज हाथ में थामे मास्टर जी मैनेजर के सामने गिड़गिड़ाते हुए बोले, ''साहब, एक बार आप हमारे हिसाब की

कॉपी ठीक से देख तो लें, हम अब तक ट्रैक्टर की पूरी रकम पटा चुके हैं।''

मैनेजर साहब बोले, ''मास्टर जी, आप तो पढ़े-लिखे व्यक्ति हैं। आपने समय पर किस्तें नहीं पटाई इसलिए मूलधन पर ब्याज और ब्याज पर पेनाल्टी की रकम बढ़ती चली गई। अब तो आपको यह रकम चुकानी ही पड़ेगी। हम विवश हैं, आपकी कोई मदद नहीं कर सकते। देखिए मास्टर जी, हमें तो अपने कागजात सही रखने पड़ते हैं। कागज सही है तो मानो सब सही है। आपको ट्रैक्टर खरीदना था, आपने खरीद लिया। पड़ौसी रमलू ने सायकिल की दुकान खोली। चार जगह से कोटेशन लाया बेचारा। फिर लोएस्ट कोटेशन वाली दुकान से सायकिलें खरीदने की रसीद भी लाकर दे दी उसने। हमने फटाफट उसका ऋण भुगतान कर दिया। अब हमें तो कागज सही करना है न मास्टर जी।''

मास्टर जी का खेत बिक गया। वे पढ़े-लिखे होकर भी अपने कागज ठीक नहीं करा पाए। रिटायर होने के पूर्व वे सोचते थे कि नौकरी से छुट्टी पाकर गाँव में हरित क्रांति ला देंगे परंतु आज हरित क्रांति के रथ ने ही उनके सपनों को रौंदकर रख दिया। कागजी कार्रवाई पूरी होते ही उन चारों लड़कों के लिए ऋण मंजूर हो गया।

बैंकों में ऋण वितरण की नयी-नयी योजनाएँ आती रहीं। सेठों, अफसरों और नेता-पुत्रों को उनका भरपूर लाभ मिलता रहा। जरूरतमंद, आम आदमी को इन स्कीमों की खबर तब लगी, जब निर्धारित लक्ष्य पूरा हो गया।

इधर बैंकों के ऋण वितरण का लक्ष्य पूरा हुआ, उधर नये मुख्यमंत्री पदासीन हुए। उनके आदेश से करोड़ों रुपए के कर्ज माफ कर दिए गए।

हमारे दादा ने कभी कृषि कार्य के लिए बैंक से कुछ रुपया उधार लिया था। समय रहते वह रुपया उन्होंने पटा भी दिया। मेरी पढ़ाई में वह खेत भी जाने कब का बिक गया। अब ऋणमुक्ति का एक सर्टीफिकेट मेरे पास आया है, जिसे मैंने उस दिन के लिए बहुत सँभालकर रख लिया है जब मूलधन में ब्याज और ब्याज पर पेनाल्टी जुड़कर दाविया रकम की वसूली का नोटिस मुझे मिलेगा।

विश्व बैंक सदा हमारे देश की नीतियों की सराहना करता है। परंतु वह उन नीतियों को कभी नहीं अपनाता। भगवान उन्हें सद्‌बुद्धि दे ताकि वे भी हमारे देश का कर्जा इसी प्रकार माफ कर दें।

अपने-अपने ओलंपिक

जो लोग यह कहते हैं कि भारत खेलों में बुरी तरह पराजित हुआ है, वे लोग भारत की महान् संस्कृति और इतिहास को बिलकुल नहीं जानते। भारत ओलंपिक खेलों में भाग लेता है, यह उसकी महानता है। हार या जीत, ये तो बहुत ओछी बातें हैं। असल बात है, खेलों के उस महाकुंभ में भारत का सम्मिलित होना। भारत का ओलंपिक खेलों में हिस्सा लेना ही गौरव की बात है। इसके लिए मेजबान देश और ओलंपिक समिति को भारत का आभार मानना चाहिए।

वास्तव में हम प्रगति के उस दौर में पहुँच गए हैं, जहाँ ये तीरंदाजी, ऊँची कूद, लंबी कूद, गोला फेंक और भारोत्तोलन जैसे खेल हमारे लिए अतीत की बातें हैं। हजारों साल पहले ही भारत ने इन खेलों में महारत हासिल कर ली थी। अब उसी परिपाटी को पीटते रहने से क्या फायदा ? हमने अपने लिए और कई तरह के उन्नत खेल विकसित कर लिए हैं।

किसी देश ने तीरंदाजी में स्वर्ण पदक प्राप्त कर लिया तो कौन-सी बड़ी बात है ! हमारे देश में हजारों साल पूर्व तीरंदाजी के करतब हुआ करते थे। जिन दिनों शेष संसार में सभ्यता की ठीक से शुरूआत भी न हुई थी, तब हमारे देश में तीरंदाजी के खेल अपने चरमोत्कर्ष पर थे। रामायण और महाभारत इसके प्रमाण हैं। एक ओर राम के एक ही बाण में पूरे समुद्र को सोख लेने की शक्ति थी, वहीं अर्जुन अपने एक तीर से धरती का सीना चीरकर जलधारा बहा देते थे। भारत का एक बच्चा भी आपको एकलव्य की कथा सुना देगा। उसने किसी कुत्ते के मुँह में इतने सारे तीर भर दिए थे कि उसका भौंकना तो बंद हो गया, परंतु कुत्ते का बाल भी बाँका न हुआ था। हजारों साल पहले ही भारत में तीरों से आग बरसा देना, तूफान ला देना, पानी गिरा देना, पर्वतों को फोड़ देना, जैसे करतब होते रहते थे। उस समय ही भारत ने तीरंदाजी के क्षेत्र में शिखर छू लिया था। उसका अंश मात्र भी आज के ओलंपिक खेलों में देखने को नहीं मिला।

अरे ! पृथ्वीराज चौहान को हुए तो अभी ज्यादा साल नहीं बीते। वैसा शब्दवेधी तीरंदाज भी हुआ है किसी देश में ?

अब ऊँची और लंबी कूद को ही ले लें। जो देश वर्षों से ओलंपिक प्रतियोगिताओं

में स्वर्ण पदक जीतते आए हैं, उनके करतब हमारे लिए मेढ़की-कूद से ज्यादा नहीं हैं। अरे, बीस-पच्चीस फुट लंबा या ऊँचा कूद लेने में कौन-सी बहादुरी है ? हमारे हनुमान जी को देखो। पूरे ओलंपिक इतिहास में उनके मुकाबले का कोई नहीं है। जिस देश के योद्धाओं ने एक ही कूद में समुद्र लाँघ दिया हो, उनके लिए ये ओलंपिक की उछल-कूद का भला क्या महत्त्व ! हम तो बस दूसरों का मान बढ़ाने के लिए वहाँ चले जाते हैं। हमें तो उनकी उछल-कूद देखकर हँसी आती है। वे कूद-फाँद करके अदना-सा स्वर्ण पदक हासिल करते हैं। यहाँ हनुमान जी ने एक छलांग लगाकर सोने की लंका में आग लगा दी थी। है कहीं कोई ऐसी मिसाल ?

गोला फेंक और भारोत्तोलन खेलों में भी ओलंपिक स्वर्ण पदक विजेता खिलाड़ी भारत से बहुत पीछे हैं। आज तक हुए किसी भी ओलंपिक में कोई ऐसा खिलाड़ी नजर नहीं आया, जिसका फेंका हुआ गोला जमीन पर न गिरा हो। या किसी ने हाथी के भार के बराबर वजन ही उठा लिया हो ! हमारे यहाँ महाभारत के भीम का नाम बच्चों-बच्चों की जुबान पर है। भीम ने कई हाथियों को सिर्फ उठाया भर नहीं, वरन उन्हें इतने वेग से अंतरिक्ष में उछाल दिया कि वे आज तक नीचे नहीं गिरे। आज की वैज्ञानिक भाषा में कहें तो भीम के द्वारा फेंके गए हाथी, पृथ्वी की गुरुत्वाकर्षण शक्ति के पार पहुँच गए। ऐसा बाहुबल, ऐसा अद्‌भुत शौर्य दुनिया के किसी मुल्क में अन्यत्र दिखाई नहीं देता। ऐसे महापराक्रमी वीरों के धनी भारत को ओलंपिक में होने वाले बचकाने खेल खेलने में क्या रस हो सकता है !

इस प्रकार ओलंपिक में आजकल जो खेल-कूद होते हैं और उनमें जो देश स्वर्ण पदक आदि पाकर फूले नहीं समाते, उन्हें देखते हुए हमें हँसी आती है। कितने पिछड़े हैं ये लोग ! अभी भी वे वही खेल खेले जा रहे हैं, जिनमें हजारों साल पहले हमने सफलता के झंडे गाड़ दिए थे। उनका मान रखने के लिए हम भी ओलंपिक खेलने चले जाते हैं, वर्ना हमारे लिए तो वह सब बच्चों के खिलवाड़ से ज्यादा नहीं है।

इधर हमने नए-नए खेल शुरू कर दिए हैं। इन खेलों में हमीं सर्वश्रेष्ठ हैं। वैसे कुछ और देशों ने भी इन खेलों में छुटपुट प्रयास किए हैं। लेकिन अभी वे हमसे बहुत पीछे हैं। हमने अपने ओलंपिक खेलों में कीर्तिमान स्थापित किए हैं।

एक है, सांप्रदायिकता का खेल। इसमें हमारी टीमें विश्व विजयी हैं। लोग शांति से रह रहे हों, अपने-अपने मजहब के तौर-तरीकों में जीते हुए लोग खुश हों तो हम उन्हें पलभर में लड़वा सकते हैं। यह खेल जितना अच्छा हम खेल लेते हैं, उतनी कुशलता से दुनिया की कोई टीम नहीं खेल सकती।

भ्रष्टाचार के खेल में भी हम विश्व-विजेता हैं। होंगे तुम्हारे यहाँ हॉकी, फुटबाल और टेनिस के विश्व-विजेता। हर्षद मेहता और जैन बंधुओं के सामने सब फीके हैं। जापान में एक पिद्दी-सा जहाज खरीदी कांड हो जाता है तो वहाँ की सरकार हिल जाती है। अरे, हमारे यहाँ आकर देखो, वैसे घटिया कांड तो यहाँ रोज ही होते रहते हैं।

सरकार खुशी-खुशी चलती रहती है। उसके कान पर जूँ तक नहीं रेंगती।

अभी एक नया खेल हमारे यहाँ आया है—'आतंकवाद'। यह खेल इन दिनों भारत में बड़ा लोकप्रिय है। कभी पंजाब के धावक, वहाँ के पहलवान, वहाँ के खिलाड़ी बहुत प्रसिद्ध होते थे। इन दिनों वहाँ आतंकवादियों की बड़ी चर्चा है। आए दिन उनके खेल समाचार प्रसारित होते रहते हैं। इस खेल में कई भारतीय टीमों ने बहुत नाम कमाया है। कई प्रांतों में और नई-नई टीमें लगातार बनती जा रही हैं। हमारे पड़ोसी देश इस खेल के लिए हमें लगातार उत्साहित करते रहते हैं। उनके यहाँ के कोच और प्रशिक्षण केंद्र हमें मुफ्त में उपलब्ध हैं। यह पड़ोसी देशों की खेल भावना है।

वैसे हम भारतवासियों का सर्वप्रिय खेल है—'जनसंख्या बढ़ाने का खेल'। परंतु हमें इस बात का अफसोस है कि इस खेल में कई वर्षों से हमारा पड़ोसी देश चीन स्वर्ण पदक पर अपना अधिकार जमाए हुए है। हमें सिर्फ चाँदी के पदक पर ही संतोष करना पड़ रहा है। यह स्थिति हम ज्यादा दिन नहीं रहने देंगे। हम लगातार इस खेल को अपने देश में बढ़ा रहे हैं। वह दिन दूर नहीं है जब हम चीन को इस क्षेत्र में पीछे छोड़कर, विश्व में सर्वप्रथम हो जाएँगे। इस उद्देश्य के लिए हम कृतसंकल्प हैं।

इस प्रकार आपने जाना कि हमारे खेल बिलकुल अलग-थलग हैं। तुम खेलो अपने ओलंपिक। हम अपने ओलंपिक में मगन हैं। लोग चिंतित हैं कि भारत का ओलंपिक खेलों की पदक तालिका में नामोनिशान नहीं है। यह तो हमारे लिए गौरव की बात है। हमें तो आपके जीतने में ही सुख है। हम तो आपको जिताने के लिए ही हारते हैं। जैसे भगवान राम अपने छोटे भाई भरत का मन रखने के लिए जानबूझकर खेलों में हार जाया करते थे। ठीक वैसे ही भारत की महान् टीमें दूसरे देशों की टीमों से सहर्ष हार जाती हैं, उनकी खुशी के लिए। अब हमारा वह क्षेत्र नहीं है। वह सब तो हम हजारों साल पहले कर चुके हैं। दूसरे देशों की कई टीमें ओलंपिक में उछल-कूद करती हैं। हम उनके संतोष के लिए उनके साथ खेलते हैं और हारते हैं। वे अपना ओलंपिक जीतकर खुश हैं। हम अपने देश में अपने ओलंपिक में मस्त हैं। वो ओलंपिक तो चार सालों में एक बार होता है। हमारे ओलंपिक खेल देश में सदा चलते रहते हैं। उस ओलंपिक की पदक तालिका में भले ही हमारा कहीं नाम न हो, कोई गम नहीं। हम अपने खेलों में तो सिरमौर हैं। यह भी तो परम गौरव की बात है।

यों तो अपने खेलों में हम बहुत बढ़े-चढ़े हैं परंतु कहा गया है—"सितारों के आगे जहाँ और भी हैं।" इसलिए हमें अपने खेलों को और आगे बढ़ाना चाहिए।

शुभकामनाएँ !

स्वामी जी और उनका संन्यास

एक जमाना था, जब राजनीति में वकीलों की बड़ी संख्या हुआ करती थी। धर्मप्रधान देश को भला कानून की क्या जरूरत ? जल्द ही लोगों ने सोचा कि बुद्धिजीवी, पत्रकार, साहित्यकार और वकील आदि देश की व्यवस्था को ठीक से नहीं चला सकते। इसलिए 'धर्म-संसद' की आवश्यकता महसूस की गई। बहुत सोच-समझकर, वोटों का गणित बिठाकर धर्म को राजनीति में घुसाया गया। देर आए, दुरुस्त आए।

सबको एक अदद धार्मिक नेता जरूर होना, नहीं तो चुनाव में लुटिया डूबी समझो! इन दिनों राजनीति में साधु, संतों, स्वामियों, मुनियों और मौलवियों आदि की भर्ती चालू है। मस्जिदों, गुरुद्वारों और मंदिरों के कर्ताधर्ता, जो कल तक संसार को असार बताकर माया-मोह से विमुख रहने का प्रवचन कर रहे थे, वे आज राजनीति में प्रमुख हो गए हैं। यह देश की प्रगति है।

मुझे अब मालूम हुआ कि 'धर्म-संसद' ही देश की सर्वोच्च सत्ता है। देश की समस्याओं के महत्त्वपूर्ण फैसले, संयुक्त राष्ट्र संघ में राजनीतिक दाव-पेंच के जवाब और भाभा परमाणु अनुसंधान के लिए महत्त्वपूर्ण निर्णय : अब, मठों, मंदिरों और आश्रमों में हुआ करेंगे। जब यह तय हो गया है कि देश का उत्थान सिर्फ धार्मिक नेता ही कर सकते हैं, तब किसी धार्मिक नेता से मिलकर उसका साक्षात्कार लेने की मेरे मन में प्रबल इच्छा हुई।

गाँव के पूर्व सरपंच शांतिलाल जी, पिछले दिनों संन्यस्त हुए। बड़ी धूमधाम से उनका संन्यास-समारोह संपन्न हुआ। उस समय उन्होंने जीवन भर अविवाहित रहने और माया-मोह से दूर रहने का उसी प्रकार संकल्प लिया, जैसे कोई नेता मंत्री पद ग्रहण करते समय ईमानदार और कर्तव्यनिष्ठ होने की शपथ लेता है। अब वे गाँव के अपने पुराने घर को छोड़कर राजधानी में एक विशाल आश्रम में रहते हैं। उनका नया नाम सुनने को मिला—स्वामी शांति नाथ।

पंच सितारा शैली में बने भव्य आश्रम में उनके साक्षात्कार के लिए मैं पहुँचा। वे सर मुड़ाए, रेशमी गेरुए रंग के वस्त्रों में सजे, त्रिपुंड धारे एक बड़े से सोफे पर विराजमान मिले। उनकी सभी उँगलियों में कीमती अँगूठियाँ थीं, जिनमें जड़े हुए नगीने चमक रहे थे। गले में पड़ी अनेक छोटी-बड़ी रुद्राक्ष और स्फटिक की मालाएँ शोभा दे

रही थीं। मैंने उनसे पूर्व अनुमति ले ली थी। इसलिए वे इंटरव्यू के लिए पूरी तरह तैयार मिले।

मैं अभी ठीक से बैठ भी न पाया था कि उन्होंने कहा, "पूछो, क्या पूछना चाहते हो ?"

"आप अपने नव संन्यास के विषय में कुछ बताएँ ?" मैंने अपनी नोट बुक और पेन सँभालते हुए पूछा।

"हाँ, पिछले दिनों गंगातट पर मेरा संन्यास समारोह हुआ था। बड़ा भव्य कार्यक्रम था वह। मेरे सैकड़ों प्रेमी और देश के नामी-गिरामी लोग वहां आए थे। अफसोस है कि इतने महत्त्वपूर्ण कार्यक्रम को दूरदर्शन पर नहीं दिखाया गया ! यह साजिस है, मेरे खिलाफ। धर्म के खिलाफ।"

"अब आपके जीवन का उद्देश्य ?" मैंने दूसरा प्रश्न किया।

"मेरे जीवन का उद्देश्य है, मानव-सेवा। समाज-सेवा और राष्ट्र-सेवा। अपने इस उद्देश्य के लिए हमने घर त्याग दिया। परिवार छोड़ दिया और राजधानी में आकर जम गए। सिर्फ सेवा के लिए। अब हम जगह-जगह सभाएँ करते हैं। प्रदर्शन करते हैं। रैलियाँ निकालते हैं। इससे लोगों में जागरूकता आ रही है। अब लोग धर्म के मर्म को समझने लगे हैं। लोगों के दिलों में सोए हुए धर्म को जगाना, यही हमारा उद्देश्य है। यही हमारी राष्ट्र-सेवा है। जन-सेवा है।"

"कुछ लोग राजनीति में आए बगैर समाज-सेवा कर रहे हैं। जैसे मदर टेरेसा और बाबा आमटे आदि।"

"वह सेवा का घटिया और पुराना तरीका है। वह रूढ़िवादी शैली हमें पसंद नहीं है। यह युग, पब्लिसिटी का युग है। आज के युग में मीडिया बहुत महत्त्वपूर्ण हो गया है। इसलिए हमने जान-बूझकर ऐसा क्षेत्र चुना, जिससे हम सदा मीडिया के केंद्र में रहें। आज हमारी हर क्रिया, प्रतिक्रिया की चर्चा है। अब यह भी कोई बात हुई कि जंगलों में, बीहड़ों में हर कहीं आदिवासियों की, कोढ़ियों की सेवा में अपना जीवन स्वाहा कर रहे हैं। या फिर हाथ धोकर अनाथ, अपाहिज और बेसहारा बच्चों के पीछे पड़े हैं। ये सब बहुत साधारण बातें हैं। प्रमुख बात है, धर्म का पुनरुत्थान। अर्थात् टूटे-फूटे और उपेक्षित मंदिरों को फिर से बनाना। उनको जनता के दिलों में प्रतिष्ठित करना। सच्ची समाज-सेवा है, साधु-संतों का स्वागत-सत्कार और उनके माध्यम से अपने गौरवशाली धर्म का पुण्य स्मरण। मैंने इसी उद्देश्य के लिए अपना जीवन अर्पित कर दिया।"

"इन कार्यों के लिए सर मुंड़ाने, गेरुए वस्त्र पहनने और रुद्राक्ष की मालाएँ धारण करने का औचित्य बताने की कृपा करें ?"

(क्रोध में) "मिस्टर, तुम हो कौन ? नाम से तो हिंदू लगते हो। धिक्कार है, संन्यास का मतलब तक नहीं जानते !"

"नाराज न होइए। मैंने इसलिए पूछा कि कबीरदास ने बहुत पहले कहा था—"मूड़ मुड़ाए हरि मिले तो सब कोई लेय मुड़ाए", "माला फेरत जुग गया, गया न मन का फेर", और "मन न रंगाए, रंगाए जोगी कपड़ा।"

"देखो मिस्टर, कबीर का जमाना और था। उन्हें कोई चुनाव नहीं लड़ना था। थोड़ा-सा कपड़ा बुन लिया। दो-चार पैसों में बेच लिया और रूखा-सूखा खाकर सो गए गंगा घाट पर—यह था उनके युग का संन्यास। अब जमाना बहुत आगे निकल गया है। हमें भी इक्कीसवीं सदी में जाना है। संन्यासी अब पुराने मठों, मंदिरों में नहीं, आधुनिक आश्रमों में रहते हैं। जहाँ सभी सुविधाएँ उपलब्ध रहती हैं। वे हवाई यात्राएँ करते हैं। विदेशों में अपने कार्यक्रमों के जुगाड़ बिठाते हैं। चमकदार गेरुए वस्त्र पहनते हैं। विविध प्रकार का स्वादिष्ट भोजन करते हैं। तब कहीं जाकर यह संन्यास सँभल पाता है। यदि हम यों ही सूखे छुहारे की तरह सिकुड़े रहेंगे तो फिर धर्म की रक्षा कौन करेगा ? राष्ट्र की रक्षा कौन करेगा ? हम वी. आई. पी. लोग हैं। सब जगह हमें विशेष सुविधाएँ मिलती हैं। यह रूप हम न धरें तो फिर हमें कौन पूछेगा ! साधारण जन और हममें बहुत फर्क है। आखिर हम संन्यासी हैं। कबीरदास एक साधारण जुलाहे थे, वे क्या जानेंगे इस संन्यास का महत्त्व ! साधारण जन मेहनत-मजदूरी करते हैं। हम साधना करते हैं। पढ़ाई-लिखाई में हमारा मन लगा नहीं, सो हम संन्यासी हो गए। धर्म के उत्थान का और राष्ट्र-कल्याण का बीड़ा उठा लिया हमने। संन्यास का मार्ग बहुत कठिन है। तमाम मुश्किलों के बावजूद हम अपनी साधना में लगे हैं।"

"परंतु कबीरदास जी ने तो कहा है, "संतो, सहज समाधि भली।"

(क्रोध में) "मेरी समझ में नहीं आता कि तुम लोगों ने ये दो-चार किताबें क्या पढ़ लीं कि अपने आपको बड़ा विद्वान् समझने लगे। मैं पूछता हूँ, वेद-पुराण पढ़े तुमने ? नहीं पढ़े न और चले हैं एक संन्यासी से तर्क करने ! कह दिया न एक बार कि कबीरदास का जमाना और था। हमारा जमाना और है।"

"अच्छा-अच्छा, नाराज न होइए शांतिनाथ जी। देश के भविष्य के विषय में कुछ बताइए।"

"देश का भविष्य क्या है ? बहुत उज्ज्वल है। हमें अपने धार्मिक गौरव को याद करना है। हम विश्व-गुरु थे। हम विश्व-गुरु रहेंगे। यह देश सदियों से सोया हुआ है। विदेशी आए और हमारे पोथी-पुराण ले गए। उसमें से तरह-तरह का ज्ञान-विज्ञान निकालकर वे आज बहुत आगे बढ़ गए और जो उस ज्ञान के स्वामी हैं, वे आज भी सोए हुए हैं। तो सबसे पहले हमें देश को जगाना है। हमें देशवासियों को बताना है कि कभी यहाँ 'राम-राज' था। उसमें ही लोग सुखी रह सकते हैं। इसलिए येन-केन-प्रकारेण हमें 'राम-राज' लाना है। और यह 'राम-राज' हम लाकर रहेंगे। भले ही इसके लिए हमें भीषण गृहयुद्ध से गुजरना पड़े।"

"कुछ लोग कहते हैं कि राजनीति में धर्म को नहीं लाना चाहिए। आप इस संदर्भ में क्या कहेंगे ?"

"जो लोग ऐसा कहते हैं, वे मूर्ख हैं। उन्हें धर्म और इतिहास का जरा भी ज्ञान नहीं है। कोई भी काल रहा हो, इस देश में राजनीति से धर्म कभी अलग नहीं रहा। चोली-दामन जैसा साथ है दोनों का। रामचंद्र जी के जमाने में देखो, साधु, संतों और संन्यासियों का कितना मान-सम्मान था। पढ़ो पोथी-पुराण तब पता चले, धर्म और राजनीति का अटूट रिश्ता। महाभारत काल को ले लो। वह महायुद्ध हमारे यहाँ 'धर्मयुद्ध' के रूप में प्रतिष्ठित है। लोग हैं कि धर्म को राजनीति से अलग रखने की बात करते हैं। यह इस देश में कभी नहीं हो सकता। हम होने नहीं देंगे। परंपरा की रक्षा के लिए हम रैलियां, आंदोलन और दंगे कुछ भी कर सकते हैं।"

"राजनीति में आपका योगदान ?"

"बहुत योगदान है हमारा। मंत्री, सांसद और विधायक आते हैं और चरण छूकर आशीर्वाद ले जाते हैं। उनका कल्याण होता है। जो हमें उपेक्षित करते हैं, वे दुर्गति को प्राप्त होते हैं। हमारी संस्कृति में संन्यासी ही राजा को बनाता है। 'चाणक्य' सीरियल में यही बात विस्तार से दिखाई गई है। 'चाणक्य' एक संन्यासी था। उसने नंद वंश का नाश किया और एक साधारण आदमी चंद्रगुप्त को राजा बना दिया। यह शक्ति होती है एक संन्यासी में। हमारी शरण में जो आएँगे वे राजसुख प्राप्त करेंगे। जो विरोध करेंगे उनका नाश होगा। हमने प्रजातंत्र में धर्म की राजनीति चलाई। यह क्या कम योगदान है हमारा ?"

"अंत में देशवासियों के नाम आप कोई संदेश देना चाहेंगे ?"

"क्यों नहीं ! अवश्य देना चाहेंगे। संदेश देना और देते रहना ही तो हमारा कर्तव्य है। हमारा यही संदेश है देशवासियों के लिए कि वे गरीबी, बेकारी, महामारी, भुखमरी, अकाल और महँगाई आदि से तनिक भी विचलित न हों। यह तो विधि का विधान है। ईश्वर की मर्जी से हो रहा है यह। इसमें मनुष्य का कोई बस नहीं है। शास्त्रों में कहा गया है कि भगवान की इच्छा के बिना कोई पत्ता भी नहीं खड़कता। इसलिए हमें सब काम छोड़कर ईश्वर-भक्ति में अपना ध्यान लगाना चाहिए। साधु, संत और संन्यासी ईश्वर के दूत कहे गए हैं। इसलिए देशवासियों को चाहिए कि वे उनकी मन लगाकर सेवा करें। जैसा वे कहें, जो निर्देश दें, उसे आँख मूँदकर भगवान का आदेश समझते हुए तुरंत मान लेना चाहिए। इसी में देश और देशवासियों का कल्याण है।"

इतने में स्वामी जी के विशेष सचिव ने आकर उन्हें आज के व्यस्त कार्यक्रम के बारे में बताया। स्वामी जी को आज कई सभाओं में बोलना है। कहीं उद्घाटन है, कहीं शिलान्यास है, किसी कार्यक्रम में वे मुख्य अतिथि हैं, कहीं उन्हें अध्यक्षता के लिए

बुलाया गया है। कुछ मंत्रियों, उद्योगपतियों और सामाजिक कार्यकर्ताओं से मुलाकात के लिए उनका समय निश्चित हो चुका है।

मैं उन्हें धन्यवाद देकर बाहर खुली सड़क पर आ जाता हूँ। सहसा मुझे यह दोहा याद हो आता है—

कंचन तजनो सहज है, सहज त्रिया को नेह।
मान, बड़ाई, ईर्षा, दुरलभ तजनो येह।।

छपना एक पत्रिका का

पिछले दिनों हमारे शहर से भी एक लघु पत्रिका निकली। निकलनी ही थी। हर शहर से एक अदद लघु पत्रिका निकलती है और दो-तीन अंकों के प्रकाशन के बाद बंद हो जाती है। जिस शहर से अभी तक कोई लघु पत्रिका नहीं निकल पाई, जरूर वहाँ तैयारी चल रही है। लोग रचनाएँ लिखने में नहीं, पत्रिका के लिए विज्ञापन जुटाने में लगे होंगे। शहर के सभी साहित्यिक अखाड़ों का अध्ययन चल रहा होगा। गुट विशेष, जो पत्रिका निकालने के लिए कटिबद्ध है, वह अन्य गुटों की बखिया उधेड़ने के लिए बेचैन होगा।

जिस प्रकार राजनीति में कई दल और दलदल हैं, उसी प्रकार साहित्य के क्षेत्र में भी हर शहर में कई झंडे और पंडे होते हैं। साहित्य की पगडंडी से गुजरकर किसी नेता के चमचादल में शामिल हो जाना, साहित्य की ध्वजा थामकर किसी संस्थान, पीठ या विश्वविद्यालय में उच्च पदों पर आसीन हो जाना, आकाशवाणी में जुगाड़ जमाना, मंडी हाउस के चक्कर लगाना, विदेश जाना, भैया जी का भाषण लिखकर कृतार्थ होना, ये सब साहित्य के सार्थक उद्देश्य हैं। परंतु साहित्यकार के रूप में हमारी पहचान कैसे बने ? इसके लिए एक पत्रिका का निकाला जाना नितांत जरूरी है।

हमारे शहर में कवियों की भरमार है। हर शहर में होती है। आजकल तो कलेक्टर, एस. पी. एवं प्रशासनिक अधिकारियों में भी कवि कहलाने की होड़ चल रही है। इनकी बीवियाँ पहले घर में नौकरों को डाँटने का काम किया करती थीं, आजकल इस काम के साथ-साथ कविताओं का सृजन भी चलता रहता है। भला हो नई कविता का, जिसने हर ऐरे-गैरे को कवि बना दिया। पहले कवियों को दोहा, चौपाई और छंद बनाते पसीना आता था। अब मामला बहुत सरल है। कुछ भी टेढ़ा-मेढ़ा, उल्टा-सीधा जरा सजाकर लिख दो—कविता हो गई। इस प्रकार छंदमुक्त कविता ने सबके लिए काव्य-सृजन के द्वार खोल दिए। हर शहर, गाँव और कस्बे में तथाकथित कवियों की संख्या लगातार बढ़ रही है। इन सबकी रचनाएँ छपना जरूरी है। न छप पाएँ तो खाना हजम न हो। बीमारी फैल जाए। हिंदी में वैसे भी पत्रिकाओं का अकाल है। चंद अखबार और पत्रिकाएँ किसको, कितना और कहाँ तक छापें ? इस मामले में उनका अपना गणित है। जो उनके गणित में फिट हो गया तो ठीक, जो नहीं हो पाया, वह

अपनी ही लघु पत्रिका निकालने की सोचने लगता है।

हमारे शहर के वरिष्ठ कवि हैं, पुत्तन जी। पिछले दो दशकों से लिख रहे हैं। अब तक छह महाकाव्य, पंद्रह खंड काव्य और कई हजार फुटकर कविताएँ लिख चुके हैं। परंतु हाय दुर्भाग्य ! इतना बृहद् साहित्य रचने के बाद भी वे आज तक साहित्य जगत् में स्थापित नहीं हो पाए ! दरअसल, अब साहित्य जगत् में बड़ा लेखक होने के लिए लिखने की कम और हल्ला करने की ज्यादा जरूरत है। जो लोग साहित्य के फटे में अपनी टाँग देर तक फँसाए रहते हैं, वे कभी-न-कभी इस महासत्य को जान लेते हैं।

हल्ला करने के लिए चाहिए एक मंच। कुछ लोग इसके लिए कोई साहित्यिक-सांस्कृतिक संस्था गठित कर लेते हैं। फिर भाषण, गोष्ठी और सम्मेलनों का सिलसिला चलता रहता है। संस्था के कर्ताधर्ता रातोंरात बड़े साहित्यकार के रूप में स्थापित हो जाते हैं। वे भलीभाँति जानते हैं कि चंदे के रूप में कहाँ से कितना रुपया ऐंठा जा सकता है। इसके लिए गंभीर विचार-विमर्श किया जाता है कि किस नेता को मुख्य अतिथि बनाया जाए और किस पूँजीपति को अध्यक्ष। कार्यक्रम उसी शैली में होते हैं—तुम मुझे सार्त कहो, मैं तुम्हें कामू।

पुत्तन जी चाहकर भी किसी संस्था में घुसपैठ न कर पाए। शहर में उन्हें अपने जैसे कई भूखे-प्यासे साहित्यिक जीव दिखे। उन्हें उन पर दया आई। एक दिन सबने मिल-बैठकर शहर से एक लघु पत्रिका निकालने की योजना को अंतिम रूप दे दिया। सबको अलग-अलग काम बाँट दिए गए। सबसे बड़ा काम है, विज्ञापन बटोरना। इसलिए यह अनिवार्य शर्त रखी गई कि हर रचनाकार कम-से-कम एक विज्ञापन तो पत्रिका के लिए अवश्य लाएगा। जो जितने ज्यादा विज्ञापन लाएगा उसकी रचनाएँ भी पत्रिका में उसी अनुपात में छपेंगी। जो रचनाकार फुल पेज का विज्ञापन लाएगा, उसकी फोटो और परिचय सहित रचना छपेगी। आधे पेज का विज्ञापन लाने वाले की सिर्फ रचना छपेगी और चौथाई पेज का विज्ञापन लाने वाले एक चुटकुला भर दे पाएँगे। जो लोग विज्ञापन न भिड़ा पाएँ, वे अपनी रचना के साथ विज्ञापन दर के अनुसार अपना अंशदान दे सकते हैं।

हमारे शहर के जिलाधीश महोदय कुछ साहित्य में रुचि रखते हैं। लोगों ने हर कार्यक्रम में, 'प्लीज, कुछ सुनाइए' कहकर और बाद में उनके कुछ भी सुना देने पर तारीफ कर-करके, उन्हें पक्का कवि बना दिया। उनसे भी अपनी पत्रिका के लिए रचना ली जाएगी परंतु विज्ञापन और चंदे की शर्त उनके साथ नहीं है। उनसे समय पर दूसरे किस्म के लाभ लिए जाएँगे। पुलिस अधीक्षक की पत्नी, नगर सेठ चंदूलाल पेपर मिल के मैनेजर, प्रसिद्ध फर्म फत्तेलाल एंड संस वाले, बीड़ी कारखाने के मालिक और चूने भट्ठे के ठेकेदार तक से पत्रिका के लिए कविताएँ प्राप्त होने की पूरी संभावना है। क्यों न हो ? शहर में एक शुभ कार्य की शुरूआत हो रही है, इसमें सबका योगदान होना बहुत जरूरी है।

पुत्तन जी का विचार है कि पहला अंक धमाकेदार होना चाहिए। इसके लिए जरूरी है कि पत्रिका में पहला लेख क्षेत्र के विधायक जी के प्रेरणात्मक जीवन चरित्र और उनकी उपलब्धियों पर दिया जाए। दूसरा लेख नगर के ऐतिहासिक, सांस्कृतिक और राजनीतिक इतिहास पर केंद्रित हो, जिसमें नगर के सभी मूर्धन्य लोगों को स्मरण कर लिया जाए यदि किसी का उल्लेख करना जरूरी हो और उसकी कोई विशेषता खोज़ने पर भी न मिले तो उसके पुरखों की तारीफ कर ली जाए कि उनके परिवार का नगर के विकास में या अन्य क्षेत्रों में महत्त्वपूर्ण योगदान रहा है। इस प्रकार नगर से निकलने वाली पत्रिका के प्रथम अंक में किसी भी प्रभावशाली व्यक्ति का जिक्र छूट न जाए, इस बात पर विशेष ध्यान देना चाहिए। यदि नगर में कोई स्वतंत्रता संग्राम सेनानी हुआ हो तो उसे भी इस मौके पर किसी कविता या क्षणिका में स्मरण कर लेना ठीक होगा। इस प्रकार पुत्तन जी ने पत्रिका की रूपरेखा भलीभाँति सब तरह से सोच-समझकर तैयार कर ली।

लोग अपने-अपने काम में तत्परता से जुट गए। किसी ने माननीय विधायक जी की जीवन-गाथा लिखी। किसी ने 'नगर-दर्पण' पर अपना आलेख तैयार किया। किसी ने नगर की दिवंगत विभूतियों को याद किया। बहुत सारे लोग अपनी नई-पुरानी कविताएँ, विज्ञापन की राशि या अंशदान सहित, सादर दे गए। पुत्तन जी ने जोरदार संपादकीय लिखा, जिसमें इस बात का पूरी तरह ध्यान रखा गया कि नगर के सभी मूर्धन्य लोग, नेता, उद्योगपति, अफसर और अपने गुट के लेखक उपकृत हो जाएँ।

एक दिन स्थानीय समाचार-पत्र में पढ़ा कि परसों नगर में मंत्री जी आ रहे हैं। टाउन हाल में उनके कर-कमलों द्वारा नगर से प्रकाशित होनेवाली पत्रिका (विज्ञापन में जिसे जन-चेतना का एकमात्र प्रगतिशील प्रहरी कहा गया।) का लोकार्पण होगा।

समारोह में मैं भी गया। मंत्री जी आए। कलेक्टर आए। कई प्रशासनिक अधिकारी और उनकी कवयित्री पत्नियाँ आईं। सेठ चंदूलाल की ओर से स्वल्पाहार का आयोजन था। फत्तेलाल एंड संस परिवार के लोगों ने हाल की सजावट, माइक, फूल-मालाएँ आदि की व्यवस्था सँभाल ली। कार्यक्रम में पेपर मिल के मैनेजर सिंघानियाँ जी अध्यक्ष हुए और मंत्री जी मुख्य अतिथि कहलाए। पुत्तन जी ने माइक थामकर कार्यक्रम का संचालन प्रारंभ किया।

उन्होंने बताया, ''साहित्य बहुत बड़ी चीज है। यह सौभाग्य है कि हमारे नगर के प्रबुद्धजन इस बहुत बड़ी चीज की महत्ता को भलीभाँति जानते-समझते हैं, इसीलिए इस नगर से जन-चेतना के एकमात्र प्रगतिशील प्रहरी के रूप में इस लघु-पत्रिका का प्रकाशन संभव हो सका।''

मंत्री जी ने लाल कागज में लिपटी पत्रिका का आवरण हटाते हुए पत्रिका का और अपना मुख कैमरे के सामने करने के पश्चात् अपने उद्बोधन में कहा, ''जैसा कि अभी पुत्तन जी ने बताया कि साहित्य बहुत बड़ी चीज है। मैं उनके विचारों से पूरी

तरह सहमत हूँ। चुनाव के दिनों में दिलचस्प नारे, विशेष अवसरों पर राष्ट्र के नाम संदेश और नेताओं की षष्टिपूर्ति के अवसर पर छपने वाले अभिनंदन ग्रंथों में हमने साहित्य की महिमा और महत्ता को भलीभाँति देखा और जाना है। यह सचमुच बड़े काम की चीज है। साहित्य के इस आयोजन में आपने मुझे आमंत्रित किया, इससे मुझे अतीव प्रसन्नता हुई...

अध्यक्ष सिंघानियाँ जी ने साहित्य की महत्ता और उपयोगिता पर अंग्रेजी में टूटी-फूटी हिंदी मिश्रित कर चंद चुटकुलों के साथ सारगर्भित भाषण दिया। जिस पर देर तक तालियाँ पिटती रहीं। बाद में पुत्तन जी सहित उपस्थित सभी कवियों ने अपनी एक-एक कविता जरूर सुनाई।

मेरे हाथ में जन-चेतना के एकमात्र प्रहरी का प्रवेशांक है। मैं सबसे पहले लेखकों, कवियों और अफसर-पत्नियों के फोटो ध्यान से देखता हूँ। लोगों के चेहरे पहचान में नहीं आ रहे। सभी लोगों ने ढूँढ़कर अपनी जवानी के, क्वाँरे दिनों के फोटो छपने के लिए दिए थे। उनकी तस्वीरों के साथ छपा परिचय अत्यंत पठनीय है। साहित्याचार्य, साहित्यशिरोमणि, साहित्यरत्न, साहित्यालंकार, मनीषी, जैसे विशेषणों से सभी नाम विभूषित दिखे। कई लोगों के नामों के साथ एम. ए., बी. ए. और बी. एस-सी. में पढ़ रहे हैं/रही हैं भी छपा था।

मैंने सभी लेख, कहानियाँ और कविताएँ बड़े ध्यान से पढ़ीं, फिर मेरे मन में यह शेर कौंध गया —

नक्शे-सा बिछ गया है, हमारा नगर यहाँ।
आँखें ये ढूँढ़ती हैं, कहीं इल्म भी मिले।।

एक निबंध धर्म पर

[नोट—पिछले दिनों मुझे एक क्लब द्वारा आयोजित निबंध प्रतियोगिता के लिए निर्णायक बनाया गया। इस अवसर पर मुझे 'धर्म' पर देश की युवा पीढ़ी के विचार जानने को मिले। जिस निबंध को मैंने सर्वश्रेष्ठ घोषित किया, उसे पढ़कर मेरे सामान्य ज्ञान में काफी वृद्धि हुई। पाठकों को भी यह लाभ प्राप्त हो इसलिए वह पुरस्कृत निबंध यथावत् यहाँ दिया जा रहा है।]

धर्म और समाज का वही रिश्ता है, जो चोली और दामन का है। पहले मनुष्य गुफाओं में, घने जंगलों में रहता था। उस समय उसे हिंसक पशुओं और प्राकृतिक विपदाओं से अकेले जूझना पड़ता था। सुरक्षा की दृष्टि से वे आदि मानव समूह में रहने लगे। इस प्रकार अलग-अलग झुंड धीरे-धीरे अलग-अलग मानव-समाज हो गए। जब समाज बन गया तो उसमें धर्म का आना जरूरी था। इसलिए अलग-अलग मानव-समूह के अलग-अलग धर्म भी बनते चले गए। कुछ महापुरुष हुए जिन्होंने आदमी-आदमी को प्रेम, करुणा, सौहार्द और आपसी सहयोग के आधार पर जोड़ने का प्रयास किया परंतु कालांतर में उनके नाम से नए धर्म बनते चले गए। अभी भी नए धर्मों के निर्माण की प्रक्रिया सतत चल रही है। एक प्रकार से यह ठीक हो रहा है। यदि धरती पर इतने अधिक धर्म न होते तो मनुष्यों की संख्या बहुत अधिक बढ़ गई होती। फिर शेष प्राणियों को धरती पर बसने की जगह ही न रह जाती। तब क्या होता ?

धर्म वह महत्त्वपूर्ण चीज है, जिसने आदमी से आदमी को खूब लड़ाया। द्वापर का एक उदाहरण ही पर्याप्त होगा। महाभारत का भीषण युद्ध, जिसे धर्मयुद्ध भी कहा जाता है, उसमें अठारह अक्षौहिणी सेनाएँ काम आईं। इस प्रकार उस समय धरती का भार संतुलित करने के लिए 'धर्मयुद्ध' की भूमिका को कभी नहीं भुलाया जा सकता। आधुनिक काल में भी जितने बड़े-बड़े युद्ध हुए, उनमें धर्म की केंद्रीय भूमिका रही है। इस प्रकार जनसंख्या वृद्धि को रोकने के लिए सारे वैज्ञानिक तरीके पिछड़ गए और धार्मिक उपाय बाजी मार ले गया। मेरा सुझाव है, जो देश जनसंख्या-वृद्धि से परेशान हैं, उन्हें तुरंत धार्मिक उन्माद का सहारा लेना चाहिए।

समाज के उत्थान में धर्म का सर्वाधिक योगदान है। जैसे चुनाव में टिकिट आदमी के धर्म और जाति के अनुसार ही मिलते हैं। जिस धर्म को मानने वाले लोग ज्यादा

होते हैं, उस धर्म के लोगों को अल्प संख्यकों पर अत्याचार करने का जन्मसिद्ध अधिकार है। इस अधिकार को कोई चुनौती नहीं दे सकता।

इस समय हमारे देश की राजनीति धर्मरथ पर ही लुढ़क रही है। हर नेता आजकल एक अदद धार्मिक रथ पर सवार मतदाताओं को लुभाता हुआ घूम रहा है। चुनाव में धर्म के महत्त्व को नहीं भुलाया जा सकता। हर पोलिंग बूथ का अध्ययन करना पड़ता है कि उस क्षेत्र में किस धर्म के लोग ज्यादा हैं और किस धर्म के कम ! इस निष्कर्ष के आधार पर उस क्षेत्र में धार्मिक उन्माद की व्यूह-रचना करनी पड़ती है। वैसे हमारे संविधान में साफ लिखा है कि हमारा राष्ट्र 'धर्म-निरपेक्षता' की नीति में विश्वास रखता है। अतः हम सिर्फ धर्म-निरपेक्षता पर विश्वास भर रखते हैं, उस पर बढ़िया भाषण देते हैं परंतु कभी अमल नहीं करते। आजादी के बाद लगातार हमने धर्म का सार्थक उपयोग किया है। अब धर्म राजनीति में उसी तरह महत्त्वपूर्ण और उपयोगी है, जैसे भोजन में नमक, प्रशासन में भ्रष्टाचार और हिंदी फिल्मों में हिंसा एवं सेक्स।

समाज में सबकी अलग-अलग धार्मिक पहचान बनी रहे, इस दिशा में हमने आशातीत प्रगति की है। हर छोटे-बड़े धार्मिक पर्व, जयंतियाँ और निर्वाण-दिवसों पर हमने सार्वजनिक अवकाश घोषित करने में कोई कमी नहीं की। इस प्रकार महीने में काम के दिन कम और धार्मिक उत्सवों के दिन लगातार बढ़ते जा रहे हैं, जो देश की प्रगति और 'धर्म-निरपेक्षता' के सूचक हैं।

नौकरियों में योग्यता के आधार पर नहीं, धर्म के आधार पर भर्ती चालू है। ये शुभ लक्षण हैं। अफसर जिस धर्म और समाज का होता है, वह अपने ही धर्म वालों को अपने विभाग में भर्ती करके धर्म की सेवा करता है। इस प्रकार का आजकल बहुत चलन है। यदि किसी बीहड़ में कोई नई सरकारी योजना शुरू की जाती है या कोई कारखाना खोले जाने की प्रक्रिया प्रारंभ होती है तो सबसे पहले वहाँ हर समुदाय, हर वर्ग के लिए, उनके विभिन्न धर्मों के अनुसार धार्मिक इमारतें बनवाना बहुत जरूरी होता है। प्रायः इस प्रकार की इमारतों के निर्माण में विवाद अवश्य होता है, सर फुटौवल होती है, दो-चार लोग शहीद होते हैं। तब कहीं जाकर वह पूजा-स्थल बन पाता है। बाँध, नहरें और कारखाने भले ही बाद में बनें, पहले धार्मिक भवन बन जाना चाहिए। हमारा यह सोच बताता है कि हम कितने प्रगतिशील हैं।

हमारे समाज में धर्म के और भी कई उपयोग हैं। कई लोग धर्म के आधार पर अलग संगठन बनाते हैं। जो लोग किसी भी क्षेत्र में कुछ नहीं कर पाए, वे धार्मिक नेता हो जाते हैं। वैसे तो कोई भी नेता होने के लिए किसी योग्यता की जरूरत नहीं है। फिर धार्मिक नेता होना तो सबसे सहज है। गेरुए वस्त्र लपेटने और गले में कुछ रुद्राक्ष की मोटी-मोटी मालाएँ भर लटकाने की जरूरत है। बस हो गए आप धार्मिक नेता। यदि आप किसी दूसरे संप्रदाय या धर्म में हैं, जहाँ गेरुए वस्त्रों का महत्त्व नहीं है तो कुछ भी उल्टा-सीधा, लंबा-चौड़ा चोंगा पहनकर रोज-रोज चिल्लाइए— 'धर्म

खतरे में है।' 'धर्म खतरे में है।' फिर पत्रकार आपके आगे-पीछे घूमेंगे। राजनीतिज्ञ आपके चरणों में डले रहेंगे। सियासत के महत्त्वपूर्ण मसलों में आपसे राय ली जाएगी। समय-समय पर आपको सरकारी और गैर-सरकारी सुविधाएँ मिलती रहेंगी। जो जितनी जोर से चिल्लाए, 'धर्म खतरे में है।' वह उतना ही बड़ा धार्मिक नेता ! न चुनाव की झंझट, न मतदाताओं को रिझाने की उधेड़बुन, बस कुछ घुटे हुए चेले भर चाहिए, जो समय-समय पर आपके षड़यंत्रों को चमत्कार कह के खूब प्रचारित करते रहें। इस प्रकार धर्म के कारण हमें कई बड़े और नामी धार्मिक नेता मिले, जिनके विदेशों में भी संपर्क हैं। उनके माध्यम से हमें विदेशी सौदे पटाने और उसमें कमीशन के सुअवसर मिलते हैं।

व्यापार के क्षेत्र में धर्म का बड़ा योगदान है। धर्म के नाम पर बड़ी-बड़ी धार्मिक संस्थाएँ हैं, ट्रस्ट हैं और आश्रम आदि हैं, ये सब बड़े-बड़े व्यापारिक संस्थान हैं। यहाँ पर धर्म का व्यापार होता है। इस व्यापार में बहुत मुनाफा है। इस भूखे-नंगे देश में जहाँ एक बड़ी आबादी को खाने के लिए दाना नहीं, पहनने के लिए कपड़ा नहीं, वहाँ आए दिन बेहद खर्चीले 'यज्ञ' आयोजित होते रहते हैं। ये 'यज्ञ' देवताओं को प्रसन्न करने के लिए नहीं, नेताओं, स्मगलरों, बिल्डरों और धन्नासेठों को प्रसन्न करने के लिए ही आयोजित होते हैं। आकाश के देवता यदि प्रसन्न हुए तो वे ज्यादा-से-ज्यादा ऊपर से फूल बरसा देंगे (पुराणों में ऐसा ही लिखा है) परंतु यदि ये धरती के देवता प्रसन्न हुए तो पत्र-पुष्पों की मूसलाधार बारिश होना निश्चित है। इसलिए ये तथाकथित 'यज्ञ' धरती के देवताओं को प्रसन्न करने के लिए ही आए दिन आयोजित किए जाते हैं। आजादी के बाद देश में धार्मिक व्यापार के क्षेत्र में पर्याप्त विकास हुआ है। सरकार ने इस उद्योग को बढ़ाने में कोई कसर नहीं की। अभी इस उद्योग को हमें और आगे बढ़ाना है। शुभकामनाएँ !

पहले धार्मिक तीर्थ नदियों के किनारे हुआ करते थे। अब सारे तीर्थ राजधानियों में आकर स्थापित हो गए हैं। कभी साधु-संत और महात्मा किसी घने जंगल में या किसी एकांत गुफा में धूनी रमाए अपनी साधना में लीन रहते थे। अब हर रंग और रूप के संत-महंत राजधानी में घूमते दिखाई दे जाएँगे। बड़े-बड़े राजनेताओं के बयान पर बुद्धिजीवी, वैज्ञानिक, कलाकार, वकील, छात्र और शेष जनता की प्रतिक्रिया तो बाद में आती है, पहले किसी तांत्रिक, ज्योतिषी, औघड़ और धार्मिक नेता की प्रतिक्रिया अखबारों में छप जाती है। इस प्रतिक्रिया का जबरदस्त असर होता है। जनता की प्रतिक्रिया से अब कुछ नहीं होता। धार्मिक नेताओं की चिल्लाहट पर महत्त्वपूर्ण नीतियाँ तक परिवर्तित हो जाती हैं। ये हमारे विकास के कदम हैं। इन्हीं कदमों के सहारे हमें इक्सीसवीं सदी में जाना है।

धर्म के नाम पर हमारा देश संपूर्ण विश्व में चर्चित है। भले ही हम ओलंपिक में स्वर्ण पदक न पा सकें ! विज्ञान और तकनीक के क्षेत्र में हमने भले विश्व स्तर पर

कोई महत्त्वपूर्ण उपलब्धि प्राप्त नहीं की। नहीं मिला हमारे यहाँ किसी को नोबल पुरस्कार (एक-दो अपवाद छोड़कर), कोई गम की बात नहीं। परंतु धर्म के कारण तो हम सारे विश्व में चर्चित हैं। यह क्या कम गौरव की बात है ! एक पुरानी इमारत के धार्मिक झगड़े को लेकर सिर्फ इसी देश में सरकारें गिरती हैं और बनती हैं। धर्म के नाम पर दुनिया के सबसे बड़े प्रजातंत्र में चुनाव संपन्न होते हैं। धर्म की जड़ें सचमुच इस देश में बहुत गहरी हैं। व्यापार, शिक्षा, राजनीति, अपराध, षड़यंत्र सभी क्षेत्रों में धर्म की घुसपैठ है। इसलिए हर नागरिक को अपना पहचान भले ही न हो परंतु अपने धर्म की पहचान जरूर होनी चाहिए। किसी कवि ने ठीक कहा है—

जो धर्मों के अखाड़े हैं उन्हें लड़वा दिया जाए।
जरूरत क्या है हिंदुस्तान पर हमला किया जाए।।

सावधान ! मीटिंग चल रही है

जी हाँ, यहाँ कर्मचारी संघ की मीटिंग चल रही है। जैसे छात्र संघ, मजदूर संघ और राष्ट्र संघ के विषय में आप जानते होंगे। ऐसे ही एक कर्मचारी संघ भी होता है। राष्ट्रीय या प्रादेशिक स्तर पर इस संघ के लोग क्या करते हैं, मुझे नहीं पता। अलबत्ता हमारे यहाँ पाक्षिक मीटिंग। चंदा वसूली। साल-दो साल में एकाध अधिवेशन। कोई बड़ी रैली और संघ का चुनाव जरूर होता है।

भारतीय परंपरा के अनुसार हर संगठन में दो ग्रुप होते हैं। इसलिए कर्मचारी संघ में भी दो गुट तो साफ-साफ दिखाई देते हैं परंतु भीतर अनेक गुट हैं।

हमारे इस छोटे-से कस्बे में एक सिविल लाइन नामक पवित्र स्थान है, जहाँ बहुत सारे कर्मचारी रहते हैं। यहीं एक छोटा-सा हाल है, जहाँ कर्मचारियों की आज एक आवश्यक मीटिंग चल रही है। हमेशा की तरह समस्या यह है कि अफसर अपने मातहतों को प्रताड़ित कर रहा है, उसे कैसे लाइन पर लाया जाए—यह मीटिंग में प्रमुख मुद्दा है।

सबसे पहले रामलखन बाबू ने अपनी दास्तान सुनाई, ''भाइयो, ये नया अफसर बिलकुल हिटलर है। बात-बात पर गाली-गलौज करता है। अपने मातहतों को जबरदस्ती तंग करता है। कल एक मामूली-सी गलती पर आफिस में सबके सामने उसने मुझे बहुत डाँटा। यह हमारे आत्म-सम्मान पर प्रहार है। मैं चाहता हूँ कि हम सब मिलकर इस विषय में कुछ करें।''

श्रीवास्तव जी ने भी अपनी व्यथा यों कही, ''यह अफसर हम लोगों से अपने घर के काम करवाता है। कभी किसी को सब्जी लाने के लिए बोलता है, किसी को गैस सिलेंडर भराने के लिए भेज देता है, किसी की ड्यूटी उसने बच्चों को स्कूल छोड़ने और लाने के लिए लगा रखी है। परसों मुझे उसने रिजर्वेशन के लिए रेलवे स्टेशन भेज दिया। तीन घंटे तक मैं वहाँ लाइन में लगा रहा। राजधानी एक्सप्रेस में कोटा फुल था। रिजर्वेशन नहीं मिला तो इसमें मेरा क्या दोष है ! परंतु साहब ने मुझे खूब डाँटा, ''मिस्टर, तुम किसी काम के नहीं हो। एक मामूली रिजर्वेशन नहीं करा पाए।''

हेड क्लर्क वर्मा जी ने बात आगे बढ़ाई, ''अजीब साहब है यह। इसके घर जाओ तो बैठने तक को नहीं पूछता। जरा-जरा-सी बात पर वार्निंग लेटर लिख देता है। मैं

तो उसके पत्रों के स्पष्टीकरण लिखते-लिखते परेशान हूँ। इस समस्या को हमें मिलकर निपटाना है। वर्ना यह अफसर एक दिन हम लोगों को पूरी तरह बँधुवा मजदूर बनाकर रख देगा।''

तिवारी जी ने भी अपना दुखड़ा बताया, ''मैं दो दिन के लिए बिना बताए छुट्टी क्या चला गया कि साहब ने तो पूरा दफ्तर ही सर पर उठा लिया। पहले तो मैं हफ्ते-दस दिन की छुट्टियाँ यूँ ही मार लेता था परंतु पुराने साहब कुछ नहीं कहते थे। इन्होंने तो मेरी दो दिन की अपसेंट लगी दी और ऊपर से फटकार भी लगाई। यह बात ठीक नहीं है। यह तो सरासर अत्याचार है। हमें इसके खिलाफ संघर्ष करना चाहिए।''

एकाउंट सेक्सन के सिन्हा जी भी गुर्राए, ''भाइयो, मेरी सर्विस के बीस साल हो गए। आज तक किसी अफसर ने मेरे व्हाउचर चेक नहीं किए। मैंने जो नोट सीट लिख दी सो लिख दी। अफसरों ने हमेशा आँख मूँदकर उस पर दस्तखत कर दिए। यह नया रंगरूट मेरे व्हाउचर देखता है। उनमें मीनमेख निकालता है। मेरी सीनियार्टी तक का उसे ख्याल नहीं। हिम्मत तो देखिए इसकी ! मैं तो तंग आ गया इसकी कार्यशैली से। अब मुझसे बर्दास्त नहीं होता। बहुत झेल लिया इसको। हम सबको मिलकर, कुछ करना ही होगा।''

कर्मचारी संघ की स्थानीय इकाई के संरक्षक ठाकुर दद्दा भी दहाड़े, ''सबको पता है कि मैं कभी दफ्तर नहीं जाता। पास ही गाँव में मेरी खेती-बाड़ी है, वहीं के काम से फुर्सत नहीं मिलती। फिर गाँव भर के झगड़े मुझे ही निपटाने पड़ते हैं। कहीं लाठी चल गई। किसी का सर फट गया। पुलिस, अदालत का कोई मामला फँस गया। गुंडों ने किसी को परेशान कर दिया। सब जगह मेरी सेवाएँ जरूरी होती हैं। अब तक जितने साहब इस दफ्तर में आए, सब बाकायदा मेरी तनख्वाह घर भिजवा देते थे। इस ससुरे ने मेरी शिकायत ऊपर तक कर दी। लिख दिया उच्च अधिकारियों को कि ये दफ्तर कभी नहीं आते। वैसे तो हम खुदई उस ससुरे से निपटने में सक्षम हैं। किसी दिन अपने चेलों के साथ अँधियारे में धर देंगे तो ससुरा हमेशा के लिए सुधर जाएगा। फिर आप सब लोग न कहना कि दद्दा ने दंगा कर दिया। आफिस की शांति भंग कर दी। इसलिए हमारा सबसे यही कहना है कि ससुरे को उसकी औकात समझा दी जाए तो वह लाइन पे आ जाएगा।''

इस प्रकार कई कर्मचारियों ने अपनी-अपनी कहानी सुनाई। अंत में कर्मचारी संघ की स्थानीय इकाई के अध्यक्ष महोदय खड़े हुए। सबसे पहले उन्होंने कर्मचारियों की एकता और संघ की अखंडता पर बल दिया। फिर प्रांतीय कार्यालय से आए पत्रों के विषय में उन्होंने सभी कर्मचारियों को बताया। तत्पश्चात् किसी भी संघर्ष के लिए संघ के आर्थिक आधार को मजबूत करने की उन्होंने अपील की। आगे उन्होंने कहा, ''पिछले कई वर्षों से बहुत कर्मचारियों ने अपने चंदे इस संघ को नहीं दिए हैं। इस

कारण से हमारे संघ की स्थिति काफी कमजोर है। तो सबसे पहले तो मैं चाहूँगा कि सभी कर्मचारी अपना बकाया शुल्क अविलंब कोषाध्यक्ष के पास जमा कराएँ। अगले महीने राजधानी में रैली है, उसके लिए भी हमें अभी से तैयारी करनी है। रही स्थानीय समस्या की बात, जिस ओर आप लोगों ने अभी सदन का ध्यान आकर्षित किया। तो उस संदर्भ में सभी कर्मचारियों से मेरा निवेदन है कि वे साहब के व्यक्तिगत कार्यों में अपना योगदान देना बंद करें और सभी पीड़ित जन ठाकुर दद्दा के नेतृत्व में परसों साहब से मिलेंगे। वहीं आमने-सामने शिकायतों का निराकरण हो जाएगा और साहब से अपना व्यवहार सुधारने के लिए भी कह दिया जाएगा।''

अध्यक्ष महोदय के संबोधन के पश्चात् समिति के कोषाध्यक्ष ने उपस्थित सदस्यों के नाम पुकारकर उनसे आवश्यक कोष जमा करने की अपील की। सचिव (मैं) ने अपना रजिस्टर खोलकर उसमें संपूर्ण कार्यवाही दर्ज की और लोगों के हस्ताक्षर हेतु रजिस्टर आगे बढ़ा दिया। समिति के सदस्य आज से साहब का कोई व्यक्तिगत कार्य नहीं करेंगे—इस संकल्प के साथ आज की महत्त्वपूर्ण मीटिंग संपन्न हुई।

शाम को टहलते हुए मैं सिनेमाहाल की तरफ गया तो वहाँ रामलखन बाबू टकरा गए। हाथ में सिनेमा की कई टिकटें लिए हुए जल्दी में दिखे। मैंने पूछा, ''का हो रामलखन बाबू, सिनेमा देखने जा रहे हैं ?''

वे शर्माकर बोले, ''वो⋯वो साहब के यहाँ गेस्ट आए हैं। उन्हीं के लिए⋯ ।''

दूसरे दिन साइकिल में बड़ा-सा झोला लटकाए श्रीवास्तव जी सब्जी मंडी में टकराए। मुझे देखते ही कन्नी काटने को हुए। परंतु मैंने पूछ ही लिया, ''साहब के लिए सब्जी ले जा रहे हो ?''

वे झेंपते हुए बोले, ''मैं तो अपने लिए सब्जी लेने घर से निकला था। मेम साहब ने देख लिया और लिस्ट सहित ये झोला थमा दिया। साहब होते तो मैं साफ मना कर देता। अब मेम साहब से भला क्या कहता ! सोचा, चलो आखिरी बार बेगारी कर देता हूँ। फिर न करूँगा।''

दोपहर को ऑफिस जाते समय मैंने एकाउंट सेक्सन के सिन्हा जी को साहब के बच्चों के साथ स्कूटर पर देखा। वे चेहरा घुमाकर तेजी से निकल गए।

ऑफिस में साहब के चेंबर में घुसा तो तिवारी जी वहाँ खुसुर-पुसुर करते दिखे। वे कल की मीटिंग का संपूर्ण ब्यौरा साहब को बता रहे थे। मुझे देखकर सहमे।

स्थापना-कक्ष में जाकर बैठा तो मालूम हुआ कि साहब ऑफिस की व्यवस्था में कुछ परिवर्तन करने जा रहे हैं। बड़े बाबू ने बताया कि कुछ लोगों की सीटें बदलेंगी। कुछ फील्ड वाले ऑफिस में आएँगे और ऑफिस वाले फील्ड में जाएँगे। एकाउंट सेक्सन में भी परिवर्तन होगा।

अगले दिन ठाकुर दद्दा के नेतृत्व में कर्मचारियों के प्रतिनिधि मंडल को साहब से मिलना था। दस-बारह लोगों को घेरकर, बमुश्किल एक जगह इकट्ठा किया गया।

साहब को जानकारी थी कि आज कुछ कर्मचारी उनसे मिलने आ रहे हैं। वे पूरी तरह तैयार थे। कॉलोनी से तो लोग इकट्ठे चले। रास्ते में पान की दुकान पड़ी। आधे लोग वहाँ पान खाने रुक गए। साहब के घर पहुँचते-पहुँचते कुछ लोगों को जोर की पेशाब लगी। वे किसी कोने में फारिग होने चले गए। अंततः साहब के कमरे में सिर्फ दो ही लोग पहुँचे—ठाकुर दद्दा और समिति के अध्यक्ष महोदय।

साहब आए हैं। दस लोगों को सुपरसीट करके अफसर बने हैं। कई मंत्रियों और सांसदों से उनके मधुर संबंध हैं। वे भली-भाँति जानते हैं, किसको किस प्रकार पटाना है। उन्होंने दोनों लोगों को बड़े प्रेम से बिठाया। नास्ता कराया। चाय पिलाई। कुछ मधुर-मधुर बातें हुई। अंत में प्रसन्नचित्त कर्मचारियों के दोनों प्रतिनिधि बाहर आ गए।

जैसे अंग्रेज किसी के कंधे सहलाते थे और किसी पर चढ़ाई करते थे। किसी को रायबहादुर का खिताब देते थे और किसी को फाँसी पर लटका देते थे। इस देश में यह शैली अत्यंत सफल है। हमारे साहब इस शैली में पारंगत हैं।

आगामी इतवार को फिर कर्मचारियों की मीटिंग है। अगले महीने राजधानी में रैली निकाली जानी है। लोगों से चंदे वसूलने हैं। भविष्य में संघर्ष की रूपरेखा तय करनी है।

मुझे यह शेर याद आता है—

बहुत शोर सुनते थे पहलू में दिल का,
जो काटा तो एक क़तरा-ए-ख़ूं निकला।

हम नहीं हैं आदमी, हम झुनझुने हैं

जब भैया जी से पहली मुलाकात हुई, तब उन्होंने प्रेस के सामने चालीस मजदूरों को प्रस्तुत करते हुए बताया था कि उन्होंने इन बँधुआ मजदूरों को ठेकेदारों के जुल्म से मुक्त कराया है। उस समय सभी अखबारों में उनके बड़े-बड़े चित्र छपे थे। पत्रकारों ने उनकी तारीफ में कई पन्ने काले कर डाले थे। दूसरे ही दिन उनमें से कई मजदूर शहर की गलियों में भीख माँगते हुए देखे गए।

मैंने उनसे पूछा, "भैया जी, आपके द्वारा मुक्त कराए गए मजदूर तो आज भीख माँगते हुए दिखाई दे रहे हैं ?"

वे तुनककर बोले, "तो का हम उनका ठेका लिए हैं ! हमारा काम है मुक्ति दिलाना। बस ! उन मजदूरों को काम नहीं मिल रहा है तो हम का करें ! अब तो स्वतंत्र हैं। चाहें तो भीख माँगें और चाहें तो चोरी-चकारी करें। हम इसमें का कर सकते हैं जी ! हमारा तो काम है, मजदूरों को आजादी दिलाना। सो हमने दिला दी। अब कल का ही अखबार उठाकर देख लो। प्रधानमंत्री तक हमारे काम की तारीफ किए हैं। ई देखो, हमारा फोटो। कैसा बढ़िया छपा है !"

जैसे, किसानों के नेता, छात्रों के नेता, गुंडों के नेता, महिलाओं के नेता और अल्प-संख्यकों के नेता होते हैं, वैसे ही भैया जी मजदूरों के नेता कहलाते हैं। मजदूरों की कोई भी समस्या हो, वह मजदूरों को बाद में ज्ञात होती है, पहले भैया जी को पता लग जाती है। वे खट्ट से हाथ में झंडा लिए जुलूस में आगे चलते हुए दिखाई देते हैं। भले ही कोई मुद्दा हड़ताल करने लायक हो या न हो। परंतु हर दशा में भैया जी का एक ही नारा है, "हर जोर-जुलुम की टक्कर में हड़ताल हमारा नारा है।"

भैया जी का प्रिय शगल है, चंदा वसूल करना। वे सदा अपने पास किसम-किसम की रंग-बिरंगी रसीद बुकें रखते हैं। चंदा वसूलने के मामले में वे कोई भेदभाव नहीं रखते। मजदूर और मालिक दोनों से वे समान रूप से चंदा वसूलते हैं। दोनों की समस्याएँ भी वे समान स्तर पर निपटाते हैं। बावजूद इसके, सब लोग उन्हें सिर्फ मजदूरों का ही नेता कहते हैं।

एक बार उन्होंने कागज के कारखाने में इस मुद्दे पर मजदूरों की हड़ताल करवा दी कि कारखाने के मजदूर निवास परिसर में मजदूरों के मनोरंजनार्थ एक टाकीज खोली

जाए। इस माँग को लेकर मिल मजदूरों की एक लंबी रैली उन्होंने निकाली और कारखाने का कामकाज ठप्प करा दिया। ऐसे ही ज्वलंत मुद्दों को लेकर शहर के कई उद्योग बंद कराने का श्रेय उन्हें प्राप्त है। दो दिन तक पेपर मिल बंद रही। बहुत जोशीले नारे हवाओं में गूँजते रहे। तीसरे दिन भैया जी हवाई जहाज से विदेश-यात्रा पर चले गए। फैक्ट्री चालू हो गई और मजदूरों की तनख्वाह में से दो दिन का वेतन काट लिया गया।

चार महीने बाद भैया जी फिर शहर में प्रकट हुए। अबकी बार वे किसान मजदूरों के पीछे पड़े हुए दिखाई दिए। उन्होंने गाँव-गाँव में सभाएँ कीं। लोगों को उन्होंने बताया कि दूसरे की भूमि पर किसी भी शर्त में खेती-किसानी करना बँधुआ मजदूरी है। उन्होंने बँधुआ मजदूरी की ऐसी जोरदार व्याख्या की कि लोग सकते में आ गए। शहर में एक विशाल किसान रैली निकाली गई। अखबारों में फिर उनके बड़े-बड़े फोटो छपे। मजदूर बेसहारा कामकाज की तलाश में भटकने लगे।

अब तो भैया जी बहुत बड़े नेता हो गए हैं। राजधानी के सबसे महँगे इलाके में उनका एक बड़ा-सा फ्लैट है। मारुति कार में भ्रमण करते हैं। एक बड़े फार्म हाउस के मालिक हैं। अकसर हवाई यात्राएँ करते हैं। गर्मियों में योरोप घूमने जाते हैं। वे गरीबों और मजदूरों के मसीहा हैं।

शहर में जब कभी भी भैया जी दिखाई देते हैं, सबसे चंचल और बेचैन लगते हैं। उन्हें सदा मजदूर समस्याओं की तलाश रहती है। यदि एक-दो महीने तक अखबारों में उनकी कोई चर्चा नहीं छपी तो पक्का समझिए कि जल्द ही भैया जी कोई हंगामा करने वाले हैं। वे जरूर किसी खदान या फैक्ट्री में किसी समस्या को ढूँढ़ रहे होंगे या फिर गाँव-गाँव में मजदूरों और किसानों को किसी बड़ी रैली अथवा सभा के लिए तैयार कर रहे होंगे। कभी-कभी उन्हें जब मजदूरों का जत्था नहीं मिल पाता और कोई रैली, प्रदर्शन या घेराव उन्हें अत्यंत जरूरी लगता है तो वे किराए पर लोगों को बुलवाकर अपना रंगारंग कार्यक्रम संपन्न करा लेते हैं।

गए हफ्ते उन्होंने लगभग 30-30 मजदूरों को रेलवे स्टेशन में धर पकड़ा। ये मजदूर बाहर कहीं काम की तलाश में जा रहे थे। भैया जी ने अपनी खास शैली में रेलवे प्लेटफार्म पर ही हंगामा खड़ा कर दिया। उन्होंने वहीं एक छोटी-सी आम सभा करके उन मजदूरों को पहले बँधुआ मजदूर घोषित किया, फिर अपने क्रांतिकारी अंदाज में उन्हें मुक्त कर दिया। मजदूरों को कुछ समझ में नहीं आया कि माजरा क्या है ! एक बुजुर्ग ने रोते हुए बताया, "बाबू, गाँव में दुकाल पड़े है। घर में खाए बर एक्को दाना नीं है। और एतीकौनौ काम भी नी मिलत है। पास गाँव में नदिया कि ऊपर एक ठन पुल बनत है। हमन ओती काम करे जात रहेन !"

हमने भैया जी से कहा, "नेताजी, मजदूरों के लिए यहाँ काम के अवसर नहीं हैं। उनकी रोजी-रोटी के लिए यहाँ कोई इंतजाम नहीं है।"

भैया जी तपाक से बोले, "ये सब सोचना सरकार का काम है। हमारे रहते इस इलाके से काम की तलाश में कोई बाहर नहीं जा सकता।"

"भैया जी, आप मजदूरों के नेता हैं। उन्हें काम दिलाने के लिए प्रयास करिए।" मैंने कहा।

"यह हमारा क्षेत्र नहीं है। हमारा क्षेत्र आंदोलन है। काम में लगे हुए आदमी को मुक्त कराना हमारा धर्म है।" भैया जी बोले।

"जहाँ मिल मालिक, उद्योगपति और बड़े सेठ-साहूकार, मजदूरों को पूरी पगार नहीं देते। जोखिम के कार्यों में जहाँ सुरक्षा-व्यवस्था का अभाव है। जहाँ मजदूरों को ज्यादा समय तक भारी परिश्रम करने पर विवश किया जाता है। ऐसी जगहों पर आप अपने कार्य क्यों नहीं करते ?" मैंने जिज्ञासावश पूछा।

"वैसे तो हमारा मिलना-जुलना, उठना-बैठना और खाना-पीना बड़े उद्योगपतियों, मिलमालिकों और सेठ-साहूकारों के साथ ही होता है। परंतु आज तक हमारी नजर के सामने ऐसी कोई जगह नहीं आई, जहाँ ये समस्याएँ हों। इधर अपने आसपास ही मजदूरों की इतनी सारी समस्याएँ बिखरी पड़ी हैं कि उन्हें सुलझाने से ही हमें फुर्सत नहीं मिलती। फिर समय-समय पर मुख्यमंत्री और प्रधानमंत्री का बुलावा भी आता रहता है। हमें मजदूरों से ज्यादा तो उनसे संपर्क बनाकर रखना पड़ता है। अखबार, रेडियो और दूरदर्शन पर हमारे कार्यों को प्रमुखता प्रदान की जाए, इसके लिए भी हमें समुचित प्रयास करने पड़ते हैं। ये सब सेवा के कार्य हैं। बड़े लफड़े हैं इसमें। न जाने कैसे-कैसे पापड़ बेलने पड़ते हैं मुझे ! अब देखो न अपने तिवारी जी बड़े नेता बने फिरते थे। एक दिन ठन गई हमसे। उनके यहाँ के माली ने अपनी बिटिया की शादी के लिए उनसे 2000 रुपए उधार लिए थे। अपनी तनख्वाह में से वह कटवा रहा था। हमने उसे बँधुआ मजदूर घोषित कर दिया। फँसवा दिया साले को धारा 16 के अंतर्गत। अब तिवारी जी सब जगह मिमियाते घूम रहे हैं। कोई नहीं सुनता उनकी। अरे, उनकी कोई सुनेगा कैसे ! मजदूरों के नेता हम हैं कि वे ? तो भैया, हमसे जो उलझेगा न, उसकी ऐसी ही दुर्गति कर देंगे हम। हमें बँधुआ मजदूर प्रथा निवारण अधिनियम का पूरा ज्ञान है। पहुत पेंच हैं इसमें। एक ही प्वाइंट में हमने तिवारी जी को चारों खाने चित्त कर दिया। तो यह सब सेवा का काम है। बहुत मेहनत लगती है इसमें। तब कहीं जाकर लोग हमारे लिए 'जिंदाबाद' और 'अमर रहे' टाइप के नारे लगाते हैं !" इतना कहकर भैया जी अपनी कार से कहीं जाने लगे।

सचमुच भैया जी, मजदूरों के लिए सत्यनारायण भगवान। पूँजीपतियों, ठेकेदारों और मिलमालिकों के लिए संकटमोचन। अखबारों के लिए जनप्रिय नेता। सरकार के लिए बिचौलिए। किसानों के लिए आकाश में उड़ते बादल। अफसर तंत्र के लिए जरूरी कल-पुर्जे। समाजवाद के पुरोधा। प्रजातंत्र की गाड़ी के गतिशील पहिए। नगर को राजधानी से जोड़ने वाले मजबूत सूत्र। और दुश्मनों के लिए अज्ञात दिशा से

कड़कड़ाकर गिरती हुई गाज हैं—भैया जी। भले ही विधिवत् उन्हें अभी तक कोई राष्ट्रीय सम्मान नहीं मिला है। (निकट भविष्य में अवश्य मिलेगा) परंतु वे इस देश के जगमगाते हुए रत्न हैं। उन पर नाज है, इस देश को। वे जनता, नेता, मजदूर, पत्रकार और बुद्धिजीवियों तक को सदा भ्रम में रखने वाले बिजूके हैं।

आज फिर मैंने उन्हें एक विशाल जनसभा को संबोधित करते देखा। वे मजदूरों के लिए चिंतित हैं। व्यथित हैं। देश में आम चुनाव की घोषणा होने वाली है। इसके पूर्व भैया जी को अपनी शक्ति का प्रदर्शन करना है। उन्होंने अपने कार्यकर्ताओं को सतर्क किया। आनन-फानन में अनाथ आश्रम, विधवा आश्रम और वृद्ध निवास केंद्रों सहित कई स्थानों से हजारों लोगों की भीड़, सभा के लिए इकट्ठी कर ली गई। गाँवों से ट्रकों और ट्रैक्टरों में लादकर किसानों और मजदूरों को सभा-स्थल में लाया गया।

मैंने एक वृद्ध से पूछा, ''बाबा, इस सभा में आप कैसे आए ?''

उन्होंने हँसकर कहा—

''जिस तरह चाहो बजाओ
इस सभा में
हम नहीं हैं आदमी,
हम झुनझुने हैं।''

हिंदी साहित्य में नई दिशाएँ

आप मानें या न मानें परंतु हमारा हिंदी साहित्य इन दिनों बहुत प्रगति कर रहा है। पहले कई साहित्यिक पत्रिकाएँ निकला करती थीं। उनमें कहानियाँ छपती थीं, गीत प्रकाशित होते थे। अच्छे ललित निबंध और संस्मरण भी पढ़ने को मिल जाते थे। लगभग सभी रचनाओं में वही मध्यवर्गीय परिवारों का रोना-धोना, गीतों में गँवई बिंब या फिर फूल, पत्ते, बादल, बिजली, चंदन, पानी की बातें होती थीं। निबंधों में गौरवशाली अतीत के गुणगान और संस्कृति की दुहाई पर विस्तार से चर्चा हुआ करती थी। ये सब पुरानी बातें हैं। इधर जब से हिंदीभाषियों की संख्या ने विकास की रफ्तार पकड़ी है, सभी विधाओं का केंद्रीय विषय हो गया है—राजनीति।

सबसे पहले शुभ शुरूआत यह हुई कि जो पत्रिकाएँ पुराने टाइप के साहित्य-वाहित्य को छापा करती थीं, वे बंद हो गईं। हिंदी साहित्य के राजनीतिक रुझान को जिन पत्रिकाओं ने समझा, वे ही जीवित रह पाईं। उन्होंने झट अपना कलेवर बदल डाला। पहले ये पत्रिकाएँ गीत, कहानियाँ, रिपोर्ताज आदि प्रमुखता से छापती थीं, अब प्रगति के दौर में वे राजनेताओं के भाषण, उनकी चुहलबाजी और सत्ता की उठा-पटक के षड़यंत्रभरे किस्से विस्तारपूर्वक छापती हैं। सालों से किसी पत्रिका के मुख्य पृष्ठ या भीतर के रंगीन पृष्ठों पर किसी साहित्यकार का रंगीन चित्र नहीं देखा ! हाँ, नेताओं और अभिनेताओं के बहुरंगी चित्र सभी पत्रिकाओं में सुशोभित हैं। पहले इतिहास की महत्त्वपूर्ण घटनाओं का विवेचन, मानव-मन की कोमल भावनाओं का प्रस्तुतीकरण, बदलते सामाजिक परिवेश का विश्लेषण आदि, साहित्य की विभिन्न विधाओं में छपता था। विकास के नये दौर में विधायकों, सांसदों और मंत्रियों का प्रेरणास्पद जीवन-चरित्र, उनकी विदेशयात्राओं के विवरण और उनकी हर बात पर क्रिया-प्रतिक्रिया का विस्तारपूर्वक विवरण ही विभिन्न पत्र-पत्रिकाओं में छपता है। हर पत्रिका की आमुख कथा इसी प्रकार की होती है।

बामुश्किल घर खर्च में कटौती करके आपने यदि कोई हिंदी पत्रिका खरीद ही ली हो तो सबसे पहले तो उसके मुख्य पृष्ठ पर खीसें निपोरते हुए आपको किसी नेता या अभिनेता का चेहरा दिखाई देगा या फिर अल्प वस्त्रों में अंग प्रदर्शित करती हुई कोई नाजनीं दिखाई दे जाएगी। आमुख कथा आपको सनसनीखेज हत्या का विवरण या

बलात्कार की रसभरी कथा या फिर किसी राजनीतिक पार्टी के विघटन का रोमांचकारी विवरण अथवा बड़े-बड़े नेताओं की कीचड़उछालू बयानबाजी की रिपोर्ट, विस्तारपूर्वक पढ़ने को मिलेगी। अगले पन्नों पर आपको गोभी का अचार बनाने की विधि और एक सुंदर यौवना के रंगीन चित्र के साथ जूड़ा बाँधने के विविध प्रकार पढ़ने को मिलेंगे। अगले कई पन्ने फिल्मों के ग्लैमर्स समाचारों के लिए सुरक्षित हैं। संसार में सबसे ज्यादा फिल्में हमारे देश में बनती हैं। 'प्रेम' इनका प्रमुख विषय होता है, मानो देश की एकमात्र समस्या यही है। अब चूँकि इस विषय पर सैकड़ों पन्ने काले किए जा सकते हैं। इसलिए नायक-नायिकाओं के रोमांसभरे किस्से, पत्रिका के कई पन्ने खा जाते हैं। बचे-खुचे पन्नों पर बड़े-छोटे विज्ञापन और राशिफल आदि को स्थान मिल जाता है। अब साहित्य-वाहित्य के लिए जगह ही कहाँ बचती है ?

वैसे दूरदर्शन पर प्रायोजित कथित या तथाकथित साहित्यिक कृतियों पर जो सीरियल दिखाए जा रहे हैं, उनकी चर्चा छापने से साहित्य को भी कुछ-न-कुछ स्थान मिल ही जाता है। हाँ, जब कभी राजधानियों में नेता लोग साहित्यकारों या कलाकारों को पुरस्कार आदि बाँटते समय जो उद्‌गार प्रकट करते हैं, उनका विस्तृत विवरण (फोटो सहित) तो अखबारों और पत्रिकाओं में छपता ही है। इस प्रकार साहित्य को यथोचित स्थान पत्रिकाओं में मिल जाता है। जब लोग-बाग साहित्य-वाहित्य का रोना कुछ ज्यादा रोने लगते हैं, तो हमारी पत्रिकाएँ और अखबार कभी-कभार एकाध विशेषांक निकालकर कुछ कहानियाँ और कविताएँ आदि प्रकाशित करके, साहित्य के प्रति अपने पूर्ण उत्तरदायित्व का निर्वाह कर डालते हैं।

जिस जमाने में न पत्रिकाएँ थीं, न रेडियो, न दूरदर्शन और न ही ये साहित्य के पुरस्कार, उस समय तुलसीदास, सूरदास और कबीर जैसे रचनाकार हुए। उस समय के लेखक 'स्वांतः सुखाय' लिखा करते थे। अब दूसरों के लिए लिखने की परिपाटी का विकास हुआ है। भैयाजी का भाषण लिखा जाना है। उन्हें राष्ट्र के नाम संदेश देना है। दस लेखक लाइन लगाए खड़े हैं। लिखा लो जैसा लिखवाना हो। ये सब कलम के धनी हैं। शब्दों के जादूगर हैं। ये अपने तर्कों-कुतर्कों से सिद्ध कर देंगे कि हम सुनहरे कल की ओर बढ़ रहे हैं और बढ़त में एकमात्र भैयाजी का ही योगदान है।

इस प्रगति के दौर में हमारे लेखकों के पास बहुत काम हैं। इनके सौभाग्य से अब देश में चुनाव हर साल होने लगे हैं। यह स्वस्थ प्रजातंत्र की निशानी है। चुनावों में नारे, भाषण, पोस्टर, गीत, कव्वाली और जाने क्या-क्या लिखना होता है। लेखकों को उन दिनों बिल्कुल भी फुर्सत नहीं रहती। चुनाव के दिनों में ही हिंदी साहित्य में नये-नये प्रयोग देखने को मिलेंगे। कुछ प्रयोग तो इतने क्रांतिकारी होते हैं, जिन्हें सुनकर-पढ़कर आत्महत्या करने का मन होने लगता है। 'जो ताकत तोप, तलवार और बम के गोलों में नहीं होती, वह साहित्य में होती है', इस उक्ति का साक्षात् स्वरूप कोई देखना चाहे तो चुनाव के दिनों में देख ले। चुनाव खत्म होते ही लेखकगण, जिन्होंनें किसी भी पक्ष

के लिए अपनी सेवाएँ अर्पित की हों, वे झट से जीती हुई पार्टी के प्रवक्ता बनकर आपके सामने होंगे। पुराने समय में भले ही संतों को सीकरी से कोई काम न रहा हो, लेकिन अब तो सीकरी के बिना संतों का कोई काम ही नहीं चलता।

पुराने कई प्रतिबद्ध लेखक, जिन्हें अब शायद परंपरावादी कहा जाने लगा है, उन्होंने इतना लिखा कि उनके कृतित्व का मूल्यांकन करके कई आलोचक हिंदी साहित्य में स्थापित हो गए। लेकिन अब आलोचक, लेखकों को स्थापित करने का ठेका लेते हैं। बड़े-बड़े साहित्यिक जलसों में अब आलोचक, मुख्य अतिथि या अध्यक्ष के रूप में आपको नजर आएँगे। लेखक उनके सम्मान में वक्तव्य झाड़ते हैं और कार्यक्रम के बाद अपनी कृतियाँ सादर उनके चरणों में समर्पित करते हुए भक्ति भाव में भजते मिलेंगे, ''यह विनती रघुबीर गुसाई। और आस विश्वास भरोसो, हरो जीव-जड़ताई।''

यह प्रयोगवादी युग है, इसलिए हिंदी साहित्य की हर विधा में जमकर प्रयोग हो रहे हैं। अब कविता को ही देख लो। पहले कविता रस, छंद और अलंकार से सजी रहती थी। धीरे-धीरे कविता से ये चीजें हटती गईं। कपड़े सरकते गए और वह नई कविता से, अकविता होते हुए अब बिलकुल नग्न-सी कुकविता होकर प्रसन्न है। इसी प्रकार कथा जगत् में भी कई स्वागतेय प्रयोग हुए। लोग कहने लगे कि कहानी प्रेमचंद की परंपरा से भटक गई है। भटककर वह कहाँ जाती ? नई कहानी, समांतर कहानी, जनवादी कहानी, आंचलिक कहानी, साहित्यिक कहानी होते हुए अब कहानी एक सपाट बयान होकर गर्वित है।

गोष्ठियाँ और साहित्यिक सम्मेलन इन दिनों खूब हो रहे हैं। सरकार भी इनमें रुचि ले रही है। हिन्दी साहित्य में नई दिशाओं और नई संभावनाओं पर अच्छा-खासा गंभीर विचार-विमर्श चलता रहता है। रेडियो है, दूरदर्शन है, सेमिनार है, विदेशों में सांस्कृतिक उत्सव हैं, फेलोशिप है, किताबों की सरकारी खरीद है, पुरस्कार हैं, अलंकार हैं—इन सब में साहित्य को खपाना है। गीता में भले ही श्रीकृष्ण यह कहें—'कर्मण्येवाधिकारस्ते मा फलेषु कदाचन...' (फल की चिंता छोड़कर, सिर्फ कर्म करो) परंतु साहित्य में अब लक्ष्य तय करके ही लिखा जाता है। अकादमी पुरस्कार पाना है कि फेलोशिप प्राप्त करना है ? इस सबकी साहित्य में दिशाएँ निर्धारित हैं। भाई दुष्यंत कुमार के शब्दों में—

> दोस्तो ! अब मंच पर सुविधा नहीं है,
> आजकल नेपथ्य में संभावना है।

थाने में बजरंगबली

थानेदार साहब, जो कल तक लाइन हाजिर थे, बमुश्किल लाख कोशिशों के बाद एक थाने में पदस्थ हुए। बजरंगबली की कृपा से शनि का अढ़ैया खत्म हुआ और थानेदार साहब को मनपसंद थाना मिल गया। बहुत लोगों की यहाँ आँख लगी हुई थी। कई घाघ लोग इस थाने के लिए घात लगाए बैठे थे। परंतु बजरंगबली ने अपने परम भक्त की सुन ली और दिलावर सिंह को ही यह थाना मिल गया। दिलावर सिंह इसे अपने इष्ट की असीम कृपा मानते हैं। वे कहते हैं—

संकट कटै मिटै सब पीरा,
जो सुमरै हनुमत बलबीरा।

थाने में पहले दिन घुसते ही उन्होंने सभी सिपाहियों और मातहतों को डाँटा, "कैसे पुलिस वाले हो तुम लोग ! थाने में हनुमान जी की एक फोटो तक नहीं है ? लानत है तुम सब पर !"

"हुजूर, पहले वाले थानेदार नास्तिक थे। वे क्या जानते हनुमान जी की महत्ता। उन्होंने कभी थाने में हनुमान जी को लाने में रुचि नहीं ली। इसलिए हम सिपाही भी हुजूर, कुछ नहीं कर पाए !"

"स्साला नास्तिक ! हनुमान जी के बल को नहीं जान पाया इसीलिए तो छै महीने के भीतर ही इस अच्छे-खासे थाने से उसका ट्रांसफर हो गया!" दिलावर सिंह ने मूँछों पर ताव दिया।

"हुजूर, बाहर 7-8 जन रिपोर्ट लिखवाने आए हैं। अब आपने आज से थाने का चार्ज ले लिया है तो आप ही बताएँ कि श्रीगणेश कैसे करें ?" मुंशी जी मंद-मंद मुस्कुराए।

बाहर एक लहूलुहान औरत, जिसकी सास-ननद ने उसे बेहिसाब पीटा है, खड़ी-खड़ी कराह रही है। एक के घर में गई रात चोरी हो गई है। दूसरे की नाबालिग बिटिया को पड़ोसी का आवारा छोकरा बहला-फुसलाकर हीरोइन बनाने के लिए बंबई भगाकर ले गया। कुछ किसान-मजदूर ठेकेदार से पूरी मजदूरी माँगने के कारण उसके गुंडों से पिटकर आए, थाने के बाहर खड़े हैं।

"मुंशी जी ! मैं बजरंगबली का अनन्य भक्त हूँ। उन्हीं की अपार कृपा से इस थाने में मेरी पोस्टिंग हुई है। मैं उनकी पूजा-पाठ के बगैर कोई भी काम कैसे शुरू कर सकता हूँ ! सबसे पहले मेरी कुर्सी के ठीक सामने बजरंगबली का एक फोटो लगवाओ। पूजा-पाठ कर लें फिर देखें का काम-धाम है इहाँ !"

"आप ठीक कहते हैं हुजूर ! नगरसेठ किरोड़ीमल हैं न ! वे भी बजरंगबली के परम भक्त हैं। कई काले और सफेद धंधे हैं उनके। अपने आसामी हैं। वे हर साल बजरंगबली का कलेंडर छपाते हैं। हम अभई फोन घुमाए देते हैं उनको। और हुजूर, नारियल, बतासे तथा अगरबत्ती आदि भी मँगवाए देते हैं। आप इत्मीनान से पूजा कर लीजिए। फिर किसी काम में हाथ डालिए।"

मुंशी जी इतना कहकर फोन पर किरोड़ीमल का नंबर घुमाने लगे, "जै रामजी की सेठ जी, आप पूछ रहे थे न कि नए थानेदार साहब कब आ रहे हैं ? सो अपने सिंह साहब आ गए हैं। बजरंगबली के भगत हैं। आपकी तो उनसे बढ़िया जमेगी। थाने में मुहूरत करना है। आप तो बजरंगबली का बढ़िया फोटो, फ्रेम किया हुआ, लेके तुरतै यहाँ आ जाइए। नए साहब से मुलाकात भी हो जाएगी और आप दोनों बजरंगबली के भगत मिल के थाने में मुहूरत का पूजा-पाठ भी कर लेना।"

बाहर खड़े लोगों ने फिर गुहार लगाई, "मुंशी जी, आप हमारी रिपोर्ट क्यों नहीं लिखते ? आखिर कब तक हम यहाँ यूँ ही खड़े रहें ?"

"लिखे लेते हैं रिपोर्ट, ऐसी कौन-सी जल्दी पड़ी है। मुहूरत तो हो जाने दो। देखो, हमारे नये थानेदार साहब बड़े ही धार्मिक किस्म के आदमी हैं और बड़े कड़क भी हैं। बिना भगवान की आराधना किए वे किसी भी लफड़े में नहीं पड़ते। आप लोग पूजा-पाठ में उनकी मदद करो। भगवान सब ठीक करिहैं।"

"हम लोग क्या कर सकते हैं मुंशी जी ?"

"लो, कर लो बात ! लगता है पहली बार थाने आए हो। खैर, कोनऊ बात नहीं। सिपाही रामदीन सब तुम्हें ठीक से समझा देगा। मुंशी जी ने ऊँची आवाज में एक टेर लगाई, "का हो रामदीन, पूजा के सामान की लिस्ट बनी कि नहीं ?"

रामदीन ने पेन कान के ऊपर खोंसकर एक लंबी लिस्ट मुंशी जी की ओर बढ़ाते हुए कहा, "ई देख लो सामान की लिस्ट। सब ठीक है न ? कहो किसको थमाना है ई कागज का पुर्जा ?"

"रामदीन, अबै तो एई लोग आए हैं रिपोर्ट लिखाने। इनई को दो, सो पूजा को सामान लेकर आ जाएँ।" मुंशी जी ने कहा।

रामदीन ने बाहर खड़े लोगों को समझा दिया कि किसे नारियल, किसे अगरबत्ती और किसे बतासे लाने हैं।

थोड़ी देर बाद थाने में सस्वर गूँजने लगा—

"जय हनुमान ज्ञान गुन सागर,
जय कपीस तिहुँ लोक उजागर..."

पूजा पूरी हुई। प्रसाद बँटा। नगरसेठ किरोड़ीमल का थानेदार से परिचय हुआ। चाय पी गई, फिर रिपोर्ट दर्ज हुई। सभी सिपाही खुश हुए कि चलो नये थानेदार द्वारा शुभ शुरूआत हुई।

धीरे-धीरे थाने का काम गति पकड़ने लगा। दिलावर सिंह फूले न समाते। उन्होंने कइयों को ठिकाने लगा दिया और कई ठिकानों पर खुद जाकर बैठने लगे। शहर का हर गुंडा उन्हें पहचानने लगा। चोर-उचक्के और उठाईगीर उन्हें नित सलाम करने आने लगे। वे दिन-दूनी और रात-चौगुनी गति से विकास करते चले गए। कोई उनकी सफलता का राज पूछ लेता तो वे झट शर्माकर कहते, "अजी, अपनी कूबत क्या है ? करने वाले तो सब बजरंगबली हैं। वे ही सपने में हमको बता देते हैं कि कैसे काम करना है। एक मर्डर के केस में मुलजिम नहीं मिल रहा था। पूरा महकमा परेशान था। सी. आई. डी. वाले तक मुलजिम का पता नहीं लगा पाए। तब हनुमान जी ने एक रोज सपने में आकर मुझे बताया कि दिलावर, तू नाहक परेशान है। मुलजिम तो तेरे घर के पिछवाड़े ही घूम रहा है। मैंने सबेरे उठकर घर के पिछवाड़े देखा तो वहाँ एक आदमी गैया चरा रहा था। मैंने उसे धर पकड़ा। बहुत रोया-चिल्लाया वह। परंतु मैं भी बजरंगबली का भगत ठहरा। ऐसी पिटाई लगाई मैंने उसकी कि जुरुम कुबूल करवा के ही दम लिया। तो भैया सब बजरंगबली की कृपा है। हनुमत सेई, सर्व सुख करई।"

थानेदार साहब सुबह-सुबह थाने आकर सबसे पहले बजरंगबली की तस्वीर के सम्मुख दंडवत् प्रणाम करते फिर मुंशी जी से पूछते, "आज के लिए भोग-प्रसाद की क्या व्यवस्था है ?"

मुंशी जी तत्परतापूर्वक रामदीन के नाम की टेर लगाते और रामदीन थोड़ी ही देर में सब व्यवस्था फटाफट कर देता।

प्रारंभ में हनुमान जी को नारियल और बतासों का भोग लगाया जाता रहा फिर मिठाई और गुलाबजामुन का भोग लगने लगा। अब भुजिया, समोसे, कचौरी एवं चाय-कॉफी तक भोग के नाम से थाने में आने लगी। शहर के लोग तो इतने समझदार हो गए कि वे जब भी थाने आते तो हनुमान जी के लिए जरूर कुछ-न-कुछ ले आते। हालात ये हो गए कि रात में जब दारू पी जाती तब भी यही कहा जाता, "भई, हमें तो इससे बहुत परहेज है परंतु क्या करें, हनुमान जी का प्रसाद समझ के ग्रहण करना ही पड़ता है।"

जब किसी ने पूछा, "हनुमान जी और नशा ? इसका तो कहीं कोई मेल नहीं बनता।"

तब विद्वान् दिलावर सिंह ने उलाहना देते हुए कहा, "कैसा जमाना आ गया है ! लोग अपने धार्मिक ग्रंथ नहीं पढ़ते। किसी को भी अपने पोथी-पुराण का ज्ञान नहीं रह

गया है। सब भूल गए अपनी धार्मिक मान्यताएँ। अरे, शिवजी के लिए सब नशे-पत्ती का भोग चलता है कि नहीं ?''

''हाँ, चलता तो है।'' किसी ने हामी भरी।

''फिर हनुमान जी और शिवजी में का फर्क है भैया ? रामायण में साफ-साफ लिखा है कि हनुमान जी शिवजी के अवतार हैं। तुलसीदास भी कहे हैं, ''शंकर सुवन, केशरी नंदन ...''

कुछ दिनों बाद थाने में हनुमान जी का माहात्म्य इतना बढ़ा कि थाने का वह कमरा उनकी पूजा-पाठ के लिए छोटा पड़ने लगा। किसी ने दिलावर सिंह को सुझाव दिया, ''क्यों न थाने के बगल वाली जमीन पर बजरंगबली का एक मंदिर ही बनवा दिया जाए !''

दिलावर सिंह को बात जम गई। पुण्य के काम में दिलावरसिंह कभी देर नहीं करते। उन्होंने झट सिंचाई विभाग के ठेकेदार चंदूलाल को बुलवाया। चंदूलाल उल्टे पैर सलाम बजाते हुए आए।

''भई चंदूलाल, आजकल सरकारी सीमेंट काले बाजार में धड़ल्ले से बिक रहा है !'' दिलावर सिंह ने कहा।

''हुजूर की कृपा है !''

''नहीं, हनुमान जी की कृपा कहो। उन्हीं के काम से मैंने तुम्हें यहाँ बुलवाया है।''

''हुकुम करिए हुजूर !'' चंदूलाल ने कहा।

''थाने के बगल में बजरंगबली का एक भव्य मंदिर बनना है। इस पुण्य कार्य में आपको भी हाथ बंटाना है। कल से ही यहाँ मंदिर-निर्माण का कार्य शुरू हो जाना चाहिए। समझे !''

''ठीक है हुजूर ! कल से ही शुरू हो जाएगा यह काम।'' चंदूलाल बोले।

दूसरे दिन विधवा कीरतबाई आई, जिसके दो छोटे बच्चे हैं, उसका पति रिक्शा चलाता था। पिछले वर्ष सांप्रदायिक दंगाइयों की भीड़ में पुलिस की गोली से मर गया। कीरतबाई अब कुछ घरों में झाड़ू-पोंछा करके अपना गुजर-बसर करती है। थाने के बगल वाली जमीन का वह टुकड़ा, जिस पर चंदूलाल के मजदूर नींव खोदने जुट गए हैं, वह उसी का है। वह थाने में आकर गिड़गिड़ाई, ''माई बाप, मेरी जमीन पर मंदिर न बनवाइए। मेरे बच्चे बेसहारा हो जाएँगे।''

''अरे, क्यों रोती है बाई। तेरी जमीन पर हम कोई घर थोड़े ही बनवा रहे हैं। वहाँ तो भगवान का मंदिर बन रहा है। तेरे करम खराब थे, सो तू विधवा हुई। अब कुछ दान-धरम कर ले। मंदिर बनवाना पुण्य का काम है। शहर के सब बड़े-बड़े लोग इसमें सहयोग कर रहे हैं। तू भी अपनी जमीन मंदिर के लिए दे देगी तो तेरा भला होगा। पाप कटेंगे तेरे और भगवान तेरी मनोकामना पूर्ण करेंगे। जा, अब रोना-गाना बंद कर। मंदिर तो उसी जमीन पर बनेगा। भगवान का काम है, उसे कोई नहीं रोक

सकता, समझी !'' थानेदार दिलावर सिंह ने उसे दिलासा दी और सिपाही रामदीन ने उसकी बाँह पकड़कर उसे थाने के बाहर धकेल दिया।

अब यह नियम हो गया कि थाने के सामने वाली मुख्य सड़क से कोई भी ट्रक, भवन-निर्माण की किसी भी सामग्री से लदा हुआ निकलता तो उसका आधा माल मंदिर निर्माण के लिए थाने के बगल में गिरवा लिया जाता। इस प्रकार ईंटें, सीमेंट, छड़ें, गिट्टी, पत्थर किसी भी चीज की कोई कमी मंदिर के लिए नहीं हुई। थाने के बगल में मंदिर-निर्माण का कार्य हो तो भला किसकी हिम्मत है कि ना-नुकुर करे ! दिन-दूनी और रात-चौगुनी गति से मंदिर बनने लगा और एक दिन पूरा बनकर तैयार हो गया। हनुमान जी की भव्य मूर्ति मँगाई गई और मंदिर में स्थापित हुई। एक बड़ा जलसा हुआ। काफी प्रसाद बाँटा गया। दोने में कुछ पंजीरी, थोड़े से बतासे, एक केला और चंद नारियल के टुकड़ों का प्रसाद कीरतबाई और उसके बच्चों के लिए भी दिया गया। सहसा शाम की डाक से दिलावर सिंह के लाइन अटैच होने का ऑर्डर आ टपका। यह क्या हुआ! घोर कलियुग ! ऐसी महान् पुण्य आत्मा के आदर्श कार्यों का यह फल !

आदेश पढ़कर दिलावर सिंह चिंतित होकर कहने लगे, ''मुंशी जी, हमने तो किसी का कोई बुरा नहीं किया। नेता, अफसर, पत्रकार, दलाल, तस्कर, गुंडे, बदमाश, उचक्के और उच्च अफसर, सबका हमने बराबर ख्याल किया। फिर मुझ पर यह संकट क्यों ?''

किसी ने पीछे से कहा, ''सब बजरंगबली की माया है।''

दिलावर सिंह ने सोचा, शायद पूजा-पाठ में कोई कमी रह गई। उन्होंने मंदिर में देर तक माथा रगड़ा। आधा घंटे तक हनुमान चालीसा का पाठ किया फिर पंडित जी के अनुरोध पर, आँखें मूँदकर रामचरित मानस की पोथी में उन्होंने अपनी उँगली फँसाई। उत्सुकतापूर्वक सबने देखा। बालकांड का यह दोहा निकला—

कुपथ, कुतरक, कुचालिकलि, कपट, दंभ, पाखंड।
दहन राम गुन ग्राम जिमि, ईंधन अनल प्रचंड।।

(कुमार्ग, कुतर्क, कुचाल, कलियुगी कपट, आडंबर और पाखंड रूपी ईंधन को भस्म करने के लिए श्री राम गुण समूह, प्रचंड अग्नि के समान है।)

शोक-सभा

बचपन में लोग उसे कल्लू कहते थे। मिडिल तक पढ़ाई पूरी करके उसने अपना सार्थक रास्ता पकड़ लिया। जल्द ही उसने तस्करी का सामान बाजार में गलाने से लेकर सुपारी (ठेका) लेकर हत्याएँ करने की दिशा में आशातीत प्रगति कर ली। अब वह तस्कर सम्राट के. कालिया के नामसे विख्यात था। हथियारों की तस्करी, जमीनों पर जबरन कब्जा, फ्लैटों की मनमाने ढंग से बिक्री और होटलों में अवैध धंधों से लेकर सत्ता की शतरंज में अपने मोहरे बिठाने तक सभी महत्त्वपूर्ण कार्यों में के. कालिया की केंद्रीय भूमिका हुआ करती थी। राष्ट्र की प्रगति में कालिया जी का विशिष्ट योगदान देखते हुए लोग उन्हें प्यार से कालिया साहब कहा करते थे।

इसे दुर्भाग्य ही कहें कि नगर में नए-नए आए युवा पुलिस अधिकारी की गोली से, कल रात कालिया साहब शहीद हो गए। पहले तो कालिया साहब की मौत पर किसी को विश्वास ही न हुआ, लोग बराबर यही कहते रहे कि जरूर इस खबर में कालिया साहब का कोई कमाल होगा। परंतु सुबह के पूरे अखबार में कालिया साहब की संघर्षमय जीवनगाथा और उनके जीवन की झलकियों के रंगीन चित्र देखकर लोगों को भरोसा हो गया कि सचमुच कालिया साहब अब इस दुनिया में नहीं रहे।

उनकी मौत पर पूरे शहर ने शोक मनाया। बड़े उद्योगपतियों ने शोक-संतप्त होकर अपनी दुकानें बंद रखीं। कुछ लोगों ने लूटपाट और दंगे-फसाद के डर से अपनी दुकानों के शटर गिरा दिए। शेष लोगों की दुकानें जबरन बंद करा दी गईं। राजनीतिक और सामाजिक कार्यकर्ताओं ने कालिया जी के घर जाकर शोक प्रकट किया। नेता, अभिनेता, पार्षद, व्यापारी, अधिकारी समेत कई महत्त्वपूर्ण लोगों ने शाही शवयात्रा में हिस्सा लिया।

दूसरे दिन कालिया साहब की भव्य हवेली के बड़े हॉल में शोकसभा आयोजित हुई। उसमें सैकड़ों गण्यमान्य नागरिक उपस्थित हुए। सर्वप्रथम नगरनिगम अध्यक्ष, कालिया जी के आदमकद चित्र पर माल्यार्पण करते हुए बोले, ‘‘भाइयो, कालिया जी के आकस्मिक निधन से यह नगर अनाथ हो गया है। इस नगर के विकास के लिए उन्होंने अपने प्राणों की आहुति दे दी। वे इस नगर के, इस बस्ती के सच्चे सपूत थे। उन्हें हमेशा गरीबों की, मजदूरों की और पिछड़े वर्ग की बहुत चिंता रहती थी। इसलिए

इस बस्ती में शराब का ठेका, उनके रहते कोई माई का लाल, कभी नहीं ले पाया। कालिया जी को सोते-जागते सदा अपने नगर के उत्थान की चिंता लगी रहती थी। नगर में उन्होंने कई आलीशान होटल बनवाए। बड़े पुल के पास वाली सरकारी जमीन, जो बहुत दिनों से खाली और बेकार पड़ी थी, उस पर कई लोग अपनी गिद्धनिगाहें गड़ाए हुए थे परंतु मैंने वह कालिया जी को दे दी। कालिया जी ने तो उस बेकार जमीन का उद्धार कर दिया। वहाँ एक विशाल डिस्कोथिक खोलकर कालिया जी ने युवा पीढ़ी के नैराश्यभरे जीवन में उमंग और तरंग की नई थिरकन पैदा कर दी। सही माने में वे एक स्वप्नद्रष्टा थे। उनकी महानता और त्याग के किस्से अनंत हैं। आज वे हमारे बीच नहीं हैं। मुझे हार्दिक दुख है कि नगर की बेकार और खाली पड़ी जमीनों का उद्धार अब कौन करेगा ?'' इतना कहते-कहते उनकी आँखें गीली हो गईं। अपने नेत्रों को रूमाल से पोंछते हुए वे एक ओर बैठ गए।

खादी का सफेद झकाझक कुर्ता-पाजामा पहने हुए 'भैया जी' आगे बढ़े, अँजुरी भर फूल कालिया जी की तसवीर में चरणों के निकट अर्पित करते हुए, भरे गले से वे कहने लगे, ''कालिया जी गरीबों के मसीहा थे, मुझ पर उनके बड़े एहसान हैं। राजनीति के पावन क्षेत्र में आज मेरी जो स्थिति है, उसके निर्माण में कालिया जी का अमूल्य योगदान है। पिछले आम चुनाव में मुझ जैसे मामूली आदमी को पार्टी का टिकट दिलवाने से लेकर येन-केन-प्रकारेण चुनाव जितवाने तक, कालिया जी की महत्त्वपूर्ण भूमिका को मैं कभी नहीं भूल सकता। मैं उनके एहसानों के बोझ तले दबा हुआ हूँ। उन्होंने मेरे लिए इतना किया और मैं चंद परमिट, कुछ ठेके और थोड़े से लायसेंस आदि दिलवाने के अलावा उनके लिए कुछ न कर सका। हाय ! मेरा तो दिल बैठा जा रहा है। चुनाव सर पर आ गए हैं। इस संकट की घड़ी में प्यारे कालिया जी हमें छोड़कर बहुत दूर चले गए। उनके अभाव से सक्रिय राजनीति में जो शून्य उभरा है, उसे कभी नहीं भरा जा सकता।'' भैया जी अभी आगे और बोलते परंतु उनके गले में कफ अटक गया इसलिए वे खँखारते हुए उदास-से अपने स्थान पर बैठ गए।

वातावरण में महँगी अगरबत्ती और ताजे फूलों की भीनी खुशबू तैर रही थी। सहसा प्रसिद्ध समाजसेवी पंडित रामखिलावन जी अपना मुँह लटकाए हुए सामने आए। तसवीर के सम्मुख हाथ जोड़कर प्रणाम करते हुए वे बोले, ''भाइयो, मेरी बहुत उमर हो गई है। मैंने अब तक बहुत जमाना देखा है परंतु कालिया जी जैसा सच्चा समाजसेवी मैंने आज तक नहीं देखा। अपने देश में होली एवं दीवाली की भाँति हर साल कहीं-न-कहीं सूखे और बाढ़ का आगमन जरूर होता है। ऐसे अवसरों पर कालिया जी कभी पीछे न हटे। वे दिल खोलकर दान करते थे। हम जब किसी भी प्रकरण के लिए उनके पास चंदे के लिए गए, तो उन्होंने हमें कभी निराश नहीं किया। नगर में जो एकमात्र 'नारी कल्याण केंद्र' पिछले वर्ष खुला, उसके पीछे उन्हीं की प्रेरणा थी। वे सदा निराश्रित नारियों की समाज में दुर्दशा पर चिंता व्यक्त किया करते थे। उनके जैसे

रहमदिल और नेक इंसान दुनिया में बहुत कम पाए जाते हैं। ऐसे महान् व्यक्ति को मेरा शत शत प्रणाम !''

जिला व्यापारी संघ के अध्यक्ष सेठ चंदूलाल जी एक भारी-भरकम पुष्पहार लेकर प्रकट हुए। कालिया जी की तसवीर पर वह पुष्पहार पहनाते हुए वे शुरू हो गए, ''भाइयो, सारा नगर जानता है कि कालिया जी हमारे परिवार के सर्वाधिक जिम्मेदार सदस्य थे। उद्योग और उद्योगपतियों को बढ़ाने में उनके असाधारण योगदान को कभी नहीं भुलाया जा सकता। नई दिशाएँ और बृहद् संभावनाओं के साथ उन्होंने व्यापार जगत् में प्रवेश किया था। सारा शहर जानता है कि बहुत कम समय में कालिया जी ने व्यापार के क्षेत्र में नए कीर्तिमान स्थापित कर दिखाए। हम सबने जल्द ही उन्हें अपना पथ-प्रदर्शक मान लिया था, उन्होंने उद्योग और व्यापार के क्षेत्र में जो नए आयाम स्थापित किए, वे अद्वितीय हैं। बड़े दुःख की बात है कि ऐसे परम प्रतिभाशाली और महान् व्यक्ति कालिया जी आज हमारे बीच से उठकर चले गए। वे हमारे आदर्श थे। उनकी प्रेरणा हमें सदा आगे बढ़ने में सहायक होगी।''

युवा बेरोजगार संघ के अध्यक्ष ने कालिया जी के प्रति अपनी श्रद्धांजलि अर्पित करते हुए कहा, ''आज कालिया जी को अपने बीच न पाकर हमें ऐसा लग रहा है जैसे हमारे रक्षक, हमारे अभिभावक, हमें बीच मँझधार में छोड़कर कहीं खो गए हैं। उनके पास जो भी बेरोजगार युवक काम माँगने गया, उन्होंने कभी किसी को निराश नहीं किया। भले ही वह कार्य वैध या अवैध, कैसा भी रहा हो परंतु कालिया जी ने सबका उद्धार किया। कालिया जी ने इस बस्ती के सभी पढ़े-लिखे और गैर पढ़े-लिखे युवकों को काम दिलाने में महत्त्वपूर्ण पहल की। कुछ दिनों पहले तक इस बस्ती के कितने बेरोजगार युवक दर-दर भटक रहे थे। कालिया जी से उनका दुख-दर्द देखा नहीं गया। उन्होंने सबको लाइन पे लगा दिया। अब कोई जुए का अड्डा चला रहा है, कोई शराब बेच रहा है तो कोई बड़े होटल में लगा है। कालिया जी की दया से आज सब अपने पेट पाल रहे हैं। कोई भूखों तो नहीं मर रहा, परंतु आज उनकी मौत के साथ ही हमारा सुरक्षित भविष्य भी मर गया है। अब हमें कौन पालेगा ? कौन सहारा देगा इन बोरजगारों को ? सचमुच आज हम अनाथ हो गए। कालिया जी बहुत महान् थे। वे आदमी के रूप में देवता थे। भगवान ऐसी पवित्र आत्मा को शांति दे।''

इस शोक सभा में कई पत्र-पत्रिकाओं के मालिक, संपादक और तथाकथित पत्रकार भी पधारे हुए थे। कालिया जी की मौत पर अखबारों ने विशेषांक निकाले और पत्रिकाओं ने अपने मुख्य पृष्ठ पर उनकी रंगीन तसवीरें छापीं। स्थानीय प्रेस क्लब के अध्यक्ष महोदय ने आगे बढ़कर कालिया जी की तसवीर के सम्मुख अगरबत्ती सुलगाई और गंभीर मुखमुद्रा बनाकर कहने लगे, ''कालिया जी एक कुशल व्यापारी, शक्तिशाली राजनीतिज्ञ, गरीबों के मसीहा और प्रसिद्ध समाजसेवी होने के साथ ही प्रखर बुद्धि के धनी थे। आए दिन समाचार-पत्रों में उनके वक्तव्य, तीखी टिप्पणियाँ और

साक्षात्कारों में उनकी प्रतिभा साफ झलकती थी। प्रेस जगत् से सदा उनके मधुर संबंध रहे। वे प्रेस के महत्त्व को भली-भाँति जानते थे। कभी शुभकामनाएँ, कभी बधाई, कभी किसी मंत्री का स्वागत, कभी किसी का अभिनंदन, इस प्रकार आए दिन वे हर छोटे-बड़े अखबार को पूरे पृष्ठ का विज्ञापन देते ही रहते थे। ऐसी विलक्षण प्रतिभा के धनी कालिया जी का नाम इस शहर के इतिहास में अमर रहेगा।''

कई गण्यमान्य नागरिकों की भावभीनी श्रद्धांजलि के पश्चात् शोकसभा के अंत में किसी ने प्रस्ताव रखा कि नगर के प्रसिद्ध चौक में बीचों-बीच कालिया जी की एक भव्य प्रतिमा स्थापित की जानी चाहिए। इससे उनके महान् गुणों और आदर्शों से भावी पीढ़ियाँ भी प्रेरणा पाती रहें। आनन-फानन में प्रस्ताव सर्वसम्मति से पास हो गया। कालिया जी की तसवीर जहाँ रखी थी, वहाँ से ऊँचे स्वर में आवाज गूँजी—

''जब तक सूरज चाँद रहेगा,
कालिया तेरा नाम रहेगा।''

पहाड़ों पर न जाने का दुख

कभी हम हिंदी फिल्में देखकर पहाड़ों के प्रति आकृष्ट हुआ करते थे। अब पंडित सुमित्रानंदन पंत, महादेवी वर्मा और शिवानी की रचनाएँ पढ़कर पहाड़ों के प्रति आकृष्ट हो रहे हैं। तब से अब तक, हम सिर्फ आकृष्ट ही हो रहे हैं। इसके सिवा और हम कर भी क्या सकते हैं !

अपनी आधी उमर यहीं मैदानों में खपाते हुए मैं आज तक पहाड़ों पर नहीं पहुँच पाया। यों पहाड़ों पर पहुँचने के लिए बहुत पापड़ बेलने पड़ते हैं। मैंने इतिहास में पढ़ा है कि मेहनत, लगन और तपस्या के बल पर लोग शिखरों पर पहुँचते थे। अब विकास हुआ है। इन दिनों सिफारिश, चाटुकारिता और बड़ों की कृपा से अपने लिए लोग शिखर सुरक्षित कर लेते हैं। हम पर आज तक किसी की कृपादृष्टि नहीं पड़ी, इसलिए अपुन अपनी मेहनत, लगन और तपस्या को अँगोछे में गठियाये यहीं मैदानों में खप रहे हैं।

शादी के बाद 'हनीमून' के लिए पहाड़ों पर जाने की परंपरा है। अपुन की जब नई-नई शादी हुई थी, तब सोचते थे कि पहाड़ पर जाएँगे, फिर नून, तेल और लकड़ी के चक्कर में अब पहाड़ की जगह सिर्फ पहाड़ा याद रह गया है। अरे, जब उन दिनों न गए तो अब इस बुढ़ापे में क्या खाक पहाड़ पर जाएँगे हम ! हाँ, जब से पहाड़-यात्रा पर 'शिवानी जी' का रिपोर्ताज पढ़ा है, तब से मन मसोस रहा है कि काश, जीवन में हम भी एक बार पहाड़-यात्रा पर जाते। अब तो रह-रहकर यह शेर याद आता है—

बसर राजे दिल कहके जलील और खार होता है,
निकल जाती है जब खुसबू तो गुल बेकार होता है।

सुना है, पहाड़ों पर इन दिनों मौसम बहुत सुहाना रहता है। यों यहाँ भी मौसम कम सुहाना नहीं है।मजेदार गर्मी गनगना रही है। घर में बीवी गरम है कि उसे पहाड़ कब ले जा रहे हैं ? दफ्तर में बॉस गरम हैं। उन्हें महीने भर का काम तीन दिन में चाहिए, क्योंकि परसों वे सपरिवार पहाड़ जा रहे हैं। जिनकी जेबें गरम हैं, पहाड़ उन्हें बुला रहे हैं। मैं अपनी टेबुल पर जमा हुआ, पसीने से तर-बतर पहाड़ों पर लेख लिख रहा हूँ।

संपादक जी की चिट्ठी आई है, ''भैये, पत्रिकाओं के मुख्य पृष्ठों पर अब पहाड़ की रंगीनियाँ दिखाई देने लगी हैं। जिसे देखो वही एक अदद पर्यटन विशेषांक निकालने में जुटा हुआ है। जैसे हर साल दिवाली विशेषांक, होली विशेषांक, ठीक ऐसे ही हर गर्मी में पर्यटन विशेषांक। तो फटाफट पहाड़ यात्रा पर जोरदार, असरदार संस्मरण हमारी पत्रिका के लिए भिजवाओ।''

अब संपादक जी की चिट्ठी आई है तो रचना तो भेजनी ही पड़ेगी। बिना पहाड़ों पर जाए यात्रा-संस्मरण लिखने का हिंदी साहित्य में पुराना फैशन है, जैसे कि बिना फिल्में देखे ही लोग फिल्म समीक्षा लिख मारते हैं। हाँ, तो मुझे पहाड़-यात्रा पर एक जोरदार संस्मरण लिखना है। सोचता हूँ कहाँ से शुरू करूँ ? लीजिए रेल-यात्रा से ही छोर पकड़ते हैं। मैं फर्स्ट क्लास के कंपार्टमेंट में सफर कर रहा था (हालाँकि मैं कभी फर्स्ट क्लास के कंपार्टमेंट में नहीं बैठा)। खिड़की के बाहर दूर-दूर तक पहाड़-ही-पहाड़ बिखरे हुए थे। नीले आसमान में बादलों के छौने अठखेलियाँ कर रहे थे। मेरा मन फिल्मी स्टाइल में गाना गाने के लिए मचल रहा था, ''सुहाना सफर और ये मौसम हसीं, हमें डर है हम खो न जाएँ कहीं...''

शिमला पहुँचकर मैं सीधे एक पंच सितारा होटल में घुसा। होटल साफ-सुथरा और आरामदेह था परंतु यहाँ हिंदी बोलने वालों को जाहिल, गँवार और पिछड़ा हुआ माना जाता था। दूसरे दिन मैं सुबह से शिमला की रंगीन वादियों में था। मौसम इतना खुशगवार था कि मन 'बाग-बाग' हो गया। दुख तो सिर्फ इस बात का रहा कि इस 'बाग-बाग' में, मैं नितांत अकेला था। जैसे, हिंदी फिल्मों में नायक को कभी कश्मीर की कली, कभी कोई मालिन अलबेली मिल जाती है, वैसे ही कोई नायिका मुझे शिमला की वादियों में नहीं मिली। हाँ, पहाड़ों पर बादल ऐसे झुक आए थे, जैसे सुराही से प्याले भरे जा रहे हों। शीतल पवन घने पत्तों के बीच ऐसे सरसरा रही थी, जैसे किसी ने वीणा पर भैरवी छेड़ दी हो। सचमुच शिमला भारतवर्ष की शान है। वहाँ के होटल बहुत महँगे हैं। पहाड़ी लोग बहुत नेकदिल और भोले होते हैं। इत्यादि...इत्यादि।

हमारे बॉस अपनी पहाड़-यात्रा पूरी करके ऑफिस में आ धमके। उनके हाथ में एक प्रसिद्ध हिंदी पत्रिका का पर्यटन विशेषांक था। अपनी कुर्सी पर पसरते ही उन्होंने घंटी घनघनाई। चपरासी ने मुझसे कहा, ''साहब ने आपको याद किया है।''

''तुम शिमला कब गए ? इस साल तो मैंने तुम्हारी कोई भी छुट्टी मंजूर नहीं की और वो जी. पी. एफ. एडवांस के लिए तुमने एप्लाई किया था, वह एप्लीकेशन भी यहीं पड़ी हुई है। फिर तुम शिमला कब और कैसे घूम आए ?''

''वो जब मैं माँ की गोद में था, तब एक बार गया था सर !'' मैंने अपना व्यंग्य वाण छोड़ा।

''ओ, आई सी. बढ़िया लेख है आपका। ऐसी ही मजेदार रचनाएँ लिखा करिए, वो आपके व्यंग्य आदि मेरी समझ में नहीं आते।''

सचमुच मेरा यह लेख कई लोगों को पसंद आया जो बिलकुल मनगढंत था। ऐसी ही घोर काल्पनिक रचनाएँ लोग पसंद कर रहे हैं, जिन्हें मैं टेबुल पर सर औंधाए यूँ ही लिख डालता हूँ और वो व्यंग्य रचनाएँ, कहानियाँ, जिन्हें मैं जीकर, भोगकर, नंगी आँखों से देखते हुए लिखता हूँ, उन्हें पढ़कर लोग तिलमिलाते हैं परंतु प्रशंसा नहीं करते। काश, मैं भी कभी पहाड़ पर गया होता !

सिविल लाइन में होली

भारत में सिविल लाइन का चलन अंग्रेजों के जमाने से शुरू हुआ। उन दिनों सिविल लाइन में अंग्रेज अफसर रहा करते थे। पूरे कड़क ! वे भारत में जब तक रहे, कभी नहीं मुस्कुराए। वो कहावत है न कि अंग्रेज चले गए अपनी औलादें छोड़ गए। उनकी औलादें भी इन पचास सालों में ठीक से मुस्कुराना नहीं सीख पाईं।

सिविल लाइन में सिविलियन रहते हैं और लोग इन्हें ही सिविलाइज्ड या कल्चर्ड भी कहते हैं। सिविल लाइन में भारत है और इसके बाहर शेष भारत है, जिसमें हिरजन, आदिवासी, गरीब और गरीबी रेखा से नीचे वाले लोग रहते हैं।

सिविल लाइन की अनोखी संस्कृति है। वह भारतीय संस्कृति से कुछ उच्च किस्म की है। उसे वर्णसंकरी संस्कृति कह सकते हैं। घरेलू नौकर, दूध वाले और अखबार वाले यदि किसी दिन एक साथ छुट्टी पर चले जाएँ तो शायद उस दिन सिविल लाइन में सवेरा ही न हो। ये जब आते हैं तभी घरों की घंटी की घिर्र के साथ यहाँ के निवासियों का सवेरा होता है।

जब रेडियो पर गीत बजने लगा, "होली आई रे कन्हाई, रंग बरसे..." तब पता चला कि अरे ! आज तो होली है। हाँ, गई रात सामने वाली सड़क के उस पार, दूर मैदान में आग जलते हुए भी दिखाई दी थी। ओह ! आज होली है।

"अरे मैडम ! सुनती हो, आज होली है ! कुछ मिठाई, नमकीन आदि मँगाकर रखा है कि नहीं ! सुबह से मिलने वालों का ताँता शुरू हो जाएगा। कुछ रंग-गुलाल की भी जरूरत पड़ेगी।"

"हाँ-हाँ, सब मँगवा लिया है जी। आप तो जल्दी मूँ-हाँथ धो-धाकर ये सफेद रेशमी कुर्ता-पाजामा पहनकर बाहर लान में बैठ जाओ। कहे देती हूँ, यहाँ भीतर किसी को मत बुलाना। चले आते हैं जाने कहाँ से कैसे-कैसे लोग ! सोफों पर ठीक से बैठने तक की तमीज नहीं होती उन्हें। बैठेंगे भी तो पूरा पालथा मारकर। पिछले साल तुम्हारे ऑफिस के चपरासी तक यहाँ बैठक में घुस आए थे। मुझे ये बिल्कुल नहीं भाता। त्यौहार है तो इसका मतलब ये तो नहीं कि लोग बिल्कुल ऊँच-नीच और अफसर-मातहत का फर्क ही भूल जाएँ ! बाहर लान में आपके लिए एक आरामकुर्सी और सामने दो बेंचें डलवा दी हैं। वहीं एक रकेबी में रंग-गुलाल भी रखवाए देती हूँ।

थोड़ी मिठाई और नमकीन भी भिजवा दूँगी। बस, वहाँ से चाय-वाय का ऑर्डर भर मत मारना। पहले से कहे देती हूँ।''

''हाँ बाबा, नहीं कहूँगा चाय बनाने के लिए। बस !''

इस प्रकार साहब तैयार होकर बाहर लान में होली का त्यौहार मनाने के लिए जाकर आरामकुर्सी में पसर गए। लोग अपने-अपने घरों के लॉन में बनियान-पाजामे पहने अंगड़ाई लेते हुए दिखाई देने लगे। सामने की सड़क पर हुड़दंग शुरू हो गया है। दूर कहीं से नगाड़े की आवाज के साथ हो-हल्ला भी सुनाई देने लगा है। शर्मा जी अपने लॉन में ब्रश से दाँत घिसते हुए पड़ोसी वर्मा जी को आवाज देते हैं, ''अरे मियाँ, कब तक सोए रहोगे। भई, आज होली है। बाहर भी निकलो। साहब के यहाँ होली मिलने के लिए चलना है कि नहीं ?''

वर्मा जी अलसाए-से खिड़की से झूँके, ''आप भी तो अभी ब्रश घिस रहे हो मियाँ। वो तिवारी को भी बुलवा लो। अपने पहले ही मिल आते हैं। वर्ना श्रीवास्तव अपने ग्रुप के साथ टपक पड़ेगा तो फिर साहब से कोई बात ही न हो पाएगी। वही अकेला टपर-टपर करता रहेगा। अपन पहले ही पहुँच चलते हैं। साहब भी अभी अच्छे मूड में होंगे। मौका देखकर मुझे अपने प्रमोशन की भी बात करनी है।''

''मुझे भी अपनी सीट बदलवाने के लिए उनसे रिक्वेस्ट करनी थी। बहुत दिनों से साहब से मिलने के लिए सोच रहा था। कोई मौका ही नहीं मिला। चलो, जल्दी चलते हैं। आज गुलाल के टीके के साथ अपन अपनी समस्याएँ भी निपटा डालें।''

साहब अपने लॉन में आरामकुर्सी पर झकाझक सफेद कुर्ता-पाजामे में सजे बैठे हैं। उन्हें पता है कि आज बहुत सारे लोग सुबह-सुबह उन्हें प्रणाम करने आएँगे। सामने कुछ कुर्सियाँ और बिछा दी गई हैं। बीच की गोल टेबुल पर एक बड़ी-सी ट्रे में गुलाल भरा हुआ रखा है।

इधर छोटे गेट से शर्मा, तिवारी और वर्मा का गुट लॉन में घुसा तो बगल के बड़े गेट से श्रीवास्तव भी अपने चार-छह चमचों को साथ आते दिखा। सबने एक-दूसरे को घूरा और मन-ही-मन कहा, ''लो, हो गया होली का सत्यनाश !''

सबने बारी-बारी से साहब को गुलाल का टीका लगाया और दोनों हाथ जोड़कर उन्हें प्रणाम किया। कुछ ने अति उत्साहपूर्वक उनके चरणस्पर्श भी किए। फिर बातों का सिलसिला चल निकला। मीटिंग, दौरा, रिपोर्ट, फाइल, डी. ओ., मेमो, रिमाइंडर, ऑर्डर, टेंडर, प्रमोशन ऐसे जाने कितने शब्द वहाँ की हवा में तैरने लगे। यों तो वहाँ भरे पूरे दफ्तर का दृश्य दिख रहा था, फर्क सिर्फ इतना था कि लोग अलग-अलग सीटों पर न होकर एक साथ अपने अफसर के सामने थे। अफसर को ज्यादा रंग-गुलाल पसंद नहीं है। वह सादगी और स्वच्छतापसंद आदमी है।

गंभीरतापूर्वक वह कहता है, ''हँसी-खुशी का त्यौहार है यह। परंतु लोगों ने इसका रूप बिगाड़ दिया है। व्यर्थ ही हो-हल्ला करते हैं लोग। रातभर सड़क के उस पार

हुड़दंग होता रहा। नगाड़ों की कर्कश आवाज के कारण मैं रातभर ठीक से सो भी नहीं सका ! अभी भी सड़क के उस पार नाच-गाना चल ही रहा है। लगता है, इस देश के लोगों के पास कोई काम-धाम नहीं है। यूँ ही लोग रात-रात भर हुड़दंग करते रहते हैं। इसीलिए तो देश तरक्की नहीं कर पा रहा है।''

वर्मा जी ने बात आगे बढ़ाई, ''आप ठीक कहते हैं सर ! गँवार हैं वे लोग ! आज तो साहब, कॉलोनी से बाहर जाने का धर्म नहीं है। कोई वारनिश पोत रहा है। कोई कीचड़ फेंक रहा है। वहीं टोलियों में निकलकर लोग सामूहिक रूप से किसी को भी पकड़कर रंगीन पानी में उसे नहला दे रहे हैं। अब भले ही वह बीमार हो, बूढ़ा हो या अफसर हो। उन्हें इससे क्या ! बस होली है। अरे, ये भी कोई तरीका है, होली मनाने का। जाहिल कहीं के।अब हम भी तो यहाँ होली मना रहे हैं। लगा दिया एक-दूसरे को रंग-गुलाल का टीका। बैठे हैं यहाँ शांति से। मना रहे हैं होली।''

श्रीवास्तव ने सोचा ये वर्मा तो बोले ही जा रहा है। साहब तो उसी की तरफ देख रहे हैं। मैं पिछड़ रहा हूँ। मुझे भी कुछ बोलना चाहिए, ''सर, सचमुच बहुत गँवार हैं ये छोटे लोग। आज तो उनके छोटे मुँह बहुत बड़े हो जाते हैं सर ! ये गंदी-गंदी गालियाँ बकते रहते हैं। सड़क से चुपचाप निकलो और टप्प से कोई फिकरा कस देता है। भला यह भी कोई ढंग है होली मनाने का कि सारी मान-मर्यादा और ऊँच-नीच का भेद-भाव सब ताक में रखकर होली मनाएँ !''

अब तक नौकर कुछ प्लेटों में नमकीन और मीठा सामने की गोल टेबुल पर रख गया। साहब ने धीरे से कहा, ''लीजिए भाई, होली शालीनता से मनाएँ और मुँह मीठा करें।'' सब लोगों ने बिलकुल नपे-तुले अंदाज में हें-हें किया फिर धीरे-धीरे प्लेट से पीस उठाने लगे।

कुनकुनी धूप है। फागुनी हवा है। चारों तरफ होली का मादक वातावरण व्याप्त है परंतु आप सिविल लाइन में अफसर के बँगले में बैठे हैं। न वह खुद मुस्कुराता है और न आप उसके सामने मुस्कुरा सकते हैं। हँसी-ठिठोली यहाँ अशिष्टता है। जब तक साहब से आपको मेमो न मिल जाए, आप अपने हाथ-पैर नहीं हिला सकते। साहब को चुस्त प्रशासन चाहिए। उनके सामने आप एक फाइल से ज्यादा नहीं हैं। और 'होली' यह एक केस है, जो वे यहाँ आपसे अपने माथे पर टीका लगवाकर निपटा रहे हैं।

साहब से मिल लिए। आपस में एक-दूसरे से मिल लिए। अब क्या करें ? पूरा पहाड़-सा दिन पड़ा है। कॉलोनी के बाहर जाकर कौन दुर्गति कराए। चलो क्लब चलते हैं।

दूसरे दिनों क्लब में रात को शराब पी जाती है और देर रात तक पपलू की बाजी चलती रहती है। आज होली है। साहब के अनुसार हँसी-खुशी का दिन है, इसलिए आज यहाँ दिन में ही कॉकटेल पार्टी आयोजित है।

बोतलें खुलते देर नहीं लगती। जाम से जाम टकराते हैं। टेबुलों पर ताश के पत्ते

बाँटे जा चुके हैं। अब शाम तक यहाँ बढ़िया होली होती रहेगी।

बीबियाँ भी आपस में मिलकर मेम साहब को गुलाल का टीका लगा आई हैं। मिसेज वर्मा ने कल ही नई फिल्म का कैसेट मँगवा लिया था। आज तो बाजार बंद है। कैसेट लाइब्रेरी भी बंद रहेगी।

अब महिलाएँ घरों में क्या करें ? कैसे मनाएँ होली ? इस मामले में मिसेज वर्मा की बड़ी तारीफ हुई कि उन्होंने कल ही कैसेट मँगवा ली थी। चलो, सब उन्हीं के यहाँ फिल्म देखते हैं। मिसेज वर्मा का रुतबा बढ़ जाता है। वे आज सबको अपने यहाँ होली मनाने जो ले जा रही हैं। कुछ बच्चे अपनी मम्मियों की गोद में दुबके फिल्म देख रहे हैं। शेष बाहर थोड़ी-बहुत उछल-कूद कर रहे हैं। बच्चों की किसी हुड़दंग से परेशान हो उनकी मम्मी उन्हें डाँटते हुए कहती हैं, ''राजू ! बहुत हो गई होली। अब शरीफों की तरह यहाँ आकर बैठ जाओ।''

सड़क के उस पार कोई रसिया लंबी तान में गा रहा है—

दीपक दया धरक को जारौ !
सदा रहत उजियारौ !
धरम करे बिन करम खुले न, कुची बिना ज्यो तारौं।।
समझा चूके, करें ना रहियो, दिया तरें अँधियारौ।।
कात 'ईसुरी' सुन लो प्यारी, लग जै पार निबारौ।।

साहित्य के क्षेत्र में संबंधों का महत्त्व

एक मित्र का पत्र आया, ''आपने फलाने जी के उपन्यास की समीक्षा लिखी। वे नाराज हैं। आपने उनसे संबंध खराब कर लिए। अच्छा नहीं किया। फलाने जी साहित्य जगत् में 'बोफोर्स' हैं। लंबी मार है उनकी। ऊँची पहुँच वाले हैं। वे आपकी खाट खड़ी कर देंगे। आप उनकी तारीफ में एक लेख लिख दीजिए। वे खुद उसे बड़े पत्रों में छपवा देंगे। इस प्रकार उनसे आपके संबंध फिर मधुर हो जाएँगे।

इन दिनों साहित्य जगत् में नाम बड़ा होता है, रचना नहीं। नाम बड़ा हो तो उस नाम से घटिया रचना भी बड़ी पत्रिका में सुगमतापूर्वक छपेगी। कई गोष्ठियों में मैंने अज्ञेय जी की रचनाएँ अपने नाम से पढ़कर, उनकी अद्‌भुत छीछालेदर देखी है। यदि वे रचनाएँ सचमुच साधारण और कमजोर थीं तो मेरे द्वारा रहस्य उद्‌घाटन करने पर कि रचनाएँ मेरी नहीं, अज्ञेय जी की हैं, लोगों को अपनी समीक्षा पर कायम रहना चाहिए। परंतु वे समीक्षाएँ तो मेरा नाम देखकर की गई थीं। 'अज्ञेय जी' के लिए तो और किस्म की समीक्षा करनी होगी।

आजकल हर पत्रिका और अखबार किताबों की समीक्षा छापता है। समीक्षा का यह कालम विज्ञापन की भाँति है और तलवार की तरह भी। साबुन का विज्ञापन, तेल का विज्ञापन और अंडरवियर का विज्ञापन तो फिर किताब का विज्ञापन क्यों नहीं ? इस तरह के विज्ञापन के लिए प्रकाशक या लेखक, पत्र के संपादक को दो किताबें भेज देते हैं। एक किताब अखबार के कार्यालय की सुंदर आलमारी में बंद हो जाती है। दूसरी अखबार के ग्रुप का कोई लेखक वहाँ से उड़ा लाता है। अब आप भी यदि उसी ग्रुप के हैं तो समीक्षा आपके लिए विज्ञापन। यदि दूसरे ग्रुप के हैं तो तलवार।

साहित्य के क्षेत्र में संबंधों के गणित का बड़ा महत्त्व है। आपका ग्रुप अभी संदिग्ध है और किसी पत्र ने भूलवश आपको कोई किताब दे दी समीक्षा के लिए। आपने अपनी 'नीर-क्षीर' शैली का उपयोग कर दिखाया। अब साहित्य के क्षेत्र में अपनी दुर्गति के लिए तैयार रहिए।

आजादी के बाद जिस प्रकार महँगाई, भुखमरी, बेकारी और आतंकवाद के क्षेत्र में विकास हुआ, उसी प्रकार साहित्य के क्षेत्र में भी बहुत विकास हुआ है। अब 'आलोचना' रचनात्मक लेखन से बड़ी चीज है। आलोचक साहित्य का सर्वमान्य मसीहा

है अब। वह राई को पहाड़ और पहाड़ को राई बना सकता है। साहित्य जगत् का महाबली है वह। लेखक उसके सामने अपनी घंटी बजाते हुए, अक्षत, चंदन और पुष्प अर्पित करके खुश होते हैं। ''जाऊँ कहाँ तजि चरन तुम्हारे ?''

साहित्य जगत् में कुछ देवतागण और हैं जो संपादक कहलाते हैं। उनमें अधिकांश की अपनी मुर्गी की एक टाँग होती है। एक पुराना किस्सा है, किसी बड़े लेखक-संपादक का। वह नदी में डूब रहा था। किसी मछुआरे ने उसकी जान बचाई। निकाल दिया उसे नदी से। संपादक ने धन्यवाद दिया और कहा, ''मेरे लायक कोई सेवा कहें।''

मछुआरा जानता था, वह आदमी एक बड़ी पत्रिका का संपादक है। उसने अपने झोंपड़े से निकालकर एक पुर्जा उन्हें देते हुए कहा, ''कृपा कर मेरी ये कविताएँ आप अपनी पत्रिका में छाप दें।''

संपादक ने कविताएँ देखकर कहा, ''भाई, मुझे पुनः इस नदी में डाल दो। डूब जाने दो मुझे। लेकिन मैं तुम्हारी ये कविताएँ नहीं छाप सकता।''

ऐसे पिछड़े और दकियानूस संपादक अब कहाँ ! प्रगतिशीलता का जमाना है अब। साहित्य जगत् में अब बहुत तरक्की हो गई है। जो लोग संपादक के साथ कभी गिल्ली-डंडा खेलते थे, परीक्षाओं में नकल टीपने के लिए जिन्होंने संपादक की मदद की, वे लोग आए दिन जो प्रदूषण कर रहे हैं, वह सब रंगीन पृष्ठों पर प्रमुखता से छप रहा है। बतर्ज 'सैयाँ भये कोतवाल तो अब डर काहे का !'

मान लिया कि आप लेखक बनना चाहते हैं और आपके पास सिवाय प्रतिभा के कुछ नहीं है, तो आप अपनी दुर्दशा को जल्द देखेंगे।

आप यही करेंगे न कि रातभर जागकर एक कहानी लिख लेंगे। सुबह उसे टाइप कराएँगे। फिर एक टिकट लगे लिफाफे के साथ उसे दूसरे लिफाफे में बंद करके स्केच पेन द्वारा बढ़िया सजाकर, संपादक का नाम-पता लिखकर, उस लिफाफे को पोस्ट कर देंगे। इस पूरी प्रक्रिया में आपकी मेहनत की कमाई के कम-से-कम 20 रुपए अवश्य डूब जाएँगे। अब आप संपादक के पत्र का इंतजार करिए। गोया महबूबा के प्रेम-संदेश का इंतजार कर रहे हैं।

लो आ गई एक छपी हुई चिट, ''खेद है, आपकी रचना का हम उपयोग नहीं कर पा रहे हैं। अन्यत्र उपयोग के लिए रचना वापस की जा रही है।''

आपकी यह रचना अब अन्यत्र उपयोग के लायक नहीं रही। संपादक ने सैकड़ों पिनें छेदकर और बीस जगह से उसे मोड़कर इस लायक ही नहीं रखा कि आप 'उसे' अन्यत्र भेज सकें। अन्यत्र भेजना ही है तो फिर ढीलो गाँठ से बीस रुपए।

कभी-कभी संपादकगण सालभर तक, वापसी लिफाफा संलग्न होने के बावजूद कोई जवाब नहीं देते। चिमा के रह जाते हैं वे। गोया आपकी रचना पर निर्णय कोई राष्ट्रीय समस्या है। अब आपने एक साधारण-सा स्मरण-पत्र क्या डाल दिया कि उनका क्रोध, (जो सदा उनके साथ रहता है) सातवें आसमान पर पहुँच जाएगा। झट आपकी रचना

वापस। आपसे संबंध खराब।

देखा, साहित्य जगत् के संबंध कितने नाजुक होते हैं, बिल्कुल कच्चे धागों की तरह। इन्हें टूटते और खराब होते तनिक भी देर नहीं लगती।

संपादक जब स्वयं लेखक थे (लेखक जब जुगाड़ जमा-जुमू के संपादक हो जाते हैं तो बहुधा वे लिखना छोड़ देते हैं।) तब संबंधों की ऐसी ही सँकरी गलियों से उन्हें भी गुजरना पड़ा था। परंतु संपादक होते ही वे सब भूल जाते हैं। फिर तो साक्षात् ब्रह्म हैं वे। सत्य के एकमात्र रक्षक।

उनके निर्णय के अभाव में, निराश होकर आपने अपनी रचना फिर से टाइप कराकर किसी स्थानीय अखबार में भेज दी। दुर्भाग्य से दोनों जगह वह रचना छप गई तो साहित्य के क्षेत्र में आपने धारा 302 का अपराध कर दिया। संपादकों (दोनों) से आपके संबंध खराब हुए सो हुए। बहुत मुमकिन है कि वे अपने पत्र-पत्रिका में बॉक्स लगाकर आपके इस जघन्य अपराध को ऐसे उछाल दें कि साहित्य जगत् में कहीं आप मुँह दिखाने लायक न रह जाएँ। आपका साथ कोई लेखक न देगा। लेखक समुदाय तो आपको सहजता से बेईमान तक कह देगा। सबको संपादकों से अपने संबंध की फिक्र है।

पारिश्रमिक देने के मामले में नब्बे प्रतिशत संपादक बहुत काइयाँ होते हैं।एक तो छह महीने में, बमुश्किल थोड़ी-सी रुपल्लियों का चेक भिजवाएँगे। कुछ इस अंदाज में जैसे आपके ऊपर कोई एहसान कर रहे हों। आए दिन प्रेस में तनख्वाह बढ़ाने के लिए हड़तालें होती हैं। मालिकों से संपादक मंडल की जोरदार बहसें चलती हैं। वे येन-केन-प्रकारेण अपनी माँगें मनवा भी लेते हैं। परंतु खुद जब निर्णय लेना होता है तो लेखक के प्रति उनकी कोई सहानुभूति नहीं होती।

लेखक और लेखकों के ये संघ, रचनाओं में, मंचों पर और सेमीनारों में शोषण के खिलाफ खूब नारेबाजी करते हैं। गला फाड़-फाड़कर चिल्लाते हैं वे अन्याय के खिलाफ। क्रांति के मसीहा बनते फिरते हैं और खुद जाने कितने प्रकाशन-संस्थानों से खुशी-खुशी अपना शोषण करवाते हैं। कुछ इस अंदाज में—भैया, आओ हमारा शोषण कर लो। तुम जब हमारा शोषण करते हो तो हमें मजा आ जाता है। आत्मा तृप्त हो जाती है हमारी। शोषण है तो हम हैं। पर्याय हैं दोनों। शोषण की अदा तुम्हारी बड़ी प्यारी है। हम तो कायल हैं इस शैली के। तुम हमारा यदि शोषण न करो तो हमें फिर कौन पूछेगा ! तुम्हारे इस सदाबहार शोषण के कारण ही तो हम जिंदा है। अहा ! ''प्रभु, तुम चंदन हम पानी।''

बड़े संस्थानों के चंद पत्रों और कुछ उँगलियों पर गिनी जाने वाली पत्रिकाओं को अपवादस्वरूप छोड़कर, कुकुरमुत्तों की तरह हर शहर-कस्बे में उग आए दैनिक अखबारों की नीति बहुत काबिले-तारीफ है। इनके मालिक, संपादक, पत्रकार और हाकर तक सरेआम लेखक को उल्लू समझते हैं। कागज पैसों से खरीदा जाता है। कंपोजीटर को

तनख्वाह मिलती है। एजेंट को कमीशन मिलता है। पत्रकार 'अपने परिचय पत्र' के बल पर जाने क्या-क्या धंधे करते हैं। रह गया 'लेखक', जो सोचता है। चिंतन करते हुए अपना स्वास्थ्य खराब करता है। अपनी गाँठ के पैसों से टाइप कराकर, लिफाफे में टिकट चिपकाकर दैनिकों को अच्छी-अच्छी रचनाएँ (मौलिक, अप्रकाशित और अप्रसारित) भेजता है। उसे पारिश्रमिक तो दूर, अखबार की वह प्रति, जिसमें उसकी रचना छपी है, वह भी नहीं भेजी जाती। फिर भी लेखक खुश है। जीवट का प्राणी है वह। अखबार में छपी अपनी रचना को सीने से लगाकर वह रात में सोता है। सुबह बच्चों को फख्र से वह अपनी रचना बताता है। पत्नी को कई बार पढ़वाता है। मित्रों को चाय पर बुलाकर अखबार दिखाता है। रिश्तेदारों को चिट्ठी डालकर रचना के प्रकाशित होने की खबर देता है।

अपने सृजन पर इतने हर्षित, इतने उल्लसित लेखक के कार्य को अखबार के स्वामी 'नान प्रोडेक्टिव' वर्क कहते हैं। उनकी नजर में अनुत्पादक है लेखक का काम, इसलिए उसे पैसे क्यों देना ?

और लेखक कभी शिकायत नहीं करेगा क्योंकि संबंध खराब हो जाने का खतरा है। उसके मुँह से तो अखबारवालों के लिए तारीफ के फूल ही झड़ेंगे।

साहित्य का क्षेत्र बहुत बड़ा है। इसमें पत्रिकाएँ, अखबार, प्रकाशक, साहित्यिक संस्थान, पुरस्कार, आकाशवाणी, दूरदर्शन, शासन की साहित्य परिषदें, विश्वविद्यालय और लेखक संघ आदि हैं, इन सबके केंद्र में संबंधों की महत्त्वपूर्ण भूमिका है। 'अब्दुर्रहीम खानखाना' यदि आज के युग में होते तो वे कुछ इस तरह लिखते, ''रहिमन, संबंध बना के रखिए, विन संबंध सब सून।''

संबंधों से साहित्य के पुरस्कार मिलें। संबंधों के बिना आपको किसी सम्मेलन, सेमीनार में न बुलाया जाए। संबंधों से आपकी कृति कालजयी सिद्ध हो जाए। संबंधों के अभाव में आप अपनी पांडुलिपि छाती से चिपकाए रहो, कोई प्रकाशक आपके सामने घास तक न डाले। संबंधों के बल पर आप विदेश घूम आओ, टी. वी. में घुस जाओ और सरकार से तरह-तरह के लाभ ले लो। संबंध न बना पाओ तो लिख-लिख के किए जाओ पन्ने काले, कोई दो कौड़ी के लिए नहीं पूछने वाला। होगे बहुत बड़े लेखक। मर जाओगे तो तुम्हारे नाम से लाभ कमाने वाले कई आ जाएँगे। फिर हो जाएगा तुम्हारी कृतियों का मूल्यांकन। तुम्हें उससे जीते जी भले ही कुछ न मिल पाए, मरकर तुम लोगों का भला कर जाओगे। फिर तुम्हारे नाम से गोष्ठी, सम्मेलन एवं सेमीनार। और उसमें फिर वही—संबंधों का अपना-अपना गणित। कहा है, किसी कवि ने—

चंद शातिर मुट्ठियों में कैद भिनसारे रहे।
मुक्तिबोधों के यहाँ ताउम्र अँधियारे रहे।।

भैयाजी का दौरा

भैयाजी बहुत व्यस्त रहते हैं। विश्वव्यापी समस्याएँ हैं उनके सामने। विदेशी दौरों में, अंतर्राष्ट्रीय समस्याओं में वे इतने उलझे रहते हैं कि देशी समस्याओं के लिए उनके पास समय ही नहीं रहता। उनकी सबसे बड़ी समस्या यह है कि वे किस प्रकार आगे भी अपने पद पर बने रहें। उनकी पार्टी के लोग, उनके सहयोगी सिंघासन की टाँगें खींचने का कोई भी मौका हाथ से नहीं जाने देते। इस बार यह मौका सूखे के कारण मिला। कार्यकर्ता खुश हुए। अहा ! क्या बढ़िया सूखा पड़ा है। भूख से कुछ लोग मर गए। उन्हें मरना ही था। प्रभुइच्छा। सोने में सुहागा। अफसर फड़फड़ाए। जीपें दौड़ीं। कैमरे किलकाए और अखबारों के विशेषांक निकले। भैया जी को रिपोर्ट की गई कि सिंघासन खतरे में है।

अब भैयाजी के दौरे की तारीख निश्चित हुई तो सहसा सूखा प्रभावित क्षेत्र में सक्रियता बढ़ी। मौत के मातम को दिखाना है। सूखे के दर्शन कराना है भैयाजी को। ढूँढ़ो रे भई ढूँढ़ो, कौन-कौन मरा है भूख से ! न मरा हो तो मार डालो। संख्या बड़ी दिखनी चाहिए। अच्छा इंप्रेशन पड़ेगा भैया जी पर। देखो, कोई कसर न रह जाए सूखे की भव्यता में। सूखे का श्रृंगार होने लगा। फाइलें बनीं। वीडियो रिकार्डिंग की गई। फोटो एलबम सजाए गए ! अखबारों की कटिंग्स सहेजी गईं। कुछ सूखा पीड़ित लोग तैयार किए गए।

इस क्षेत्र में हर साल सूखा पड़ता है। प्रायः अकाल के कारण लोग यहाँ मरते हैं। अक्सर श्रमिक कार्य की तलाश में यहाँ से पलायन करते हैं। दलालों द्वारा बाहर ले जाए जाते हैं। परंतु किसी साल कोई चर्चा नहीं होती। इस साल हमारे गाँव की बड़ी चर्चा है। इस गाँव के कारण कई लोगों का राजनीतिक भविष्य दाँव पर लगा है। लोगों को भूखे-नंगे गाँव वालों की नहीं, अपने भविष्य की ज्यादा चिंता है।

हरी पार्टी में एक ग्रुप के गुर्गे मंत्रीमंडल में हैं और दूसरे ग्रुप के लोग सिर्फ कार्यकर्ता। कार्यकर्ताओं का कहना है, "उस ग्रुप के लोग सूखे के नाम पर अपना घर भर रहे हैं। क्षेत्र में कोई राहत कार्य नहीं चल रहे।"

पहले ग्रुप का जवाब है, "हम पूरा ध्यान दे रहे हैं। राहत कार्यों के लिए हमने करोड़ों रुपयों का एलाटमेंट कराया है।"

एक ही पार्टी के लोग आपस में एक-दूसरे पर आरोप उछाल रहे हैं। विपक्ष की भूमिका भी यहाँ प्रशंसनीय है। वह दोनों ग्रुपों का विरोध करता है। नीली पार्टी विपक्ष में है, उसका यही काम है कि हरी पार्टी के हर ऐरे-गैरे नेता या अभिनेता के विरोध में वक्तव्य देना। यों सभी पार्टियों के सभी घटक, गरीबों का भला चाहते हैं। वे महँगाई दूर करने की बात दोहराते हैं। भ्रष्टाचार के खिलाफ लड़ मरने की बातें करते हैं। समझ में नहीं आता, जब सब लोग देश का भला ही चाहते हैं तो फिर इनमें इतना मतभेद क्यों है ?

इस बार बहस का मुद्दा है, 'सूखा'। विपक्षी खुश हैं कि चलो अच्छा सूखा पड़ा। इससे हरी पार्टी की छवि धूमिल करेंगे। दस-पच्चीस आदमी अकाल में और मर जाते तो मजा आ जाता। फिर तो हम सरकार भंग करवाकर ही दम लेते। वैसे यह माँग तो हम अभी भी करेंगे परंतु 'सूखे' में उतना दम नहीं दिखता कि सरकार गिर जाए। हाँ, वह लड़खड़ा जरूर जाएगी। इतना तो हम नीली पार्टी वाले कर ही डालेंगे।

हरी पार्टी का वह घटक, जिसके सदस्यों को मंत्रिमंडल में नहीं लिया गया, वे सरकार से असंतुष्ट हैं। वे उस समय की तारीफ करते नहीं थकते, जब उनके लोग मिनिस्टर हुआ करते थे। उनके वरिष्ठ सदस्य मूँछों पर ताव देकर कहते हैं, "अरे, हम इतने दिन खाद्य मंत्री रहे। कभी कोई मरा भूख से ? और यदि मर भी गया तो हमने उसे अखबारों में नहीं छपने दिया। हमारे समय में भी सूखा पड़ता था परंतु लोग कहते थे, देश में हरित क्रांति हो रही है। अब नए-नए लौंडों को मंत्री बनाओगे फिर सूखा न दिखेगा तो क्या हरियाली के दर्शन होंगे।"

दूसरा घटक परेशान है। उन्होंने सिंचाई के लिए अफसरों को फंड दिलवाया। सूखे से प्रभावित तो ठीक, अप्रभावित क्षेत्रों तक के लिए उन्होंने राहत कार्यों का प्रावधान कराने में एड़ी चोटी का पसीना एक कर दिया। अफसर, दलाल, कार्यकर्ता, छुटभैये नेता, पत्रकार, कलाकार, कवि सबको उन्होंने खुश रखने का प्रयास किया। परंतु हाय ! दुर्भाग्य, ये मुआ 'सूखे' की बात भैया जी के दिमाग में बैठ गई तो समझो मंत्री पद गया हाथ से। फिर दूसरे ग्रुप के लोग आ जाएँगे। और अपन अपने हाथ मलते ही रह जाएँगे। हे भगवान, "कृपा करो गुरुदेव कि नाईं।"

जैसे-जैसे भैया जी के दौरे की तिथि नजदीक आती जाती, वैसे ही अखबारों में बयानबाजी का दौर बढ़ता जाता। विपक्षियों ने 'सूखे' के मुद्दे को खूब उठाया। इस शुभ कार्य में हरी पार्टी के असंतुष्ट घटक वालों ने उनकी यथेष्ट मदद की। 'सूखे' के विरोध में शहरों में रैलियाँ निकलीं। बंद का आयोजन हुआ। सरकार भंग करने की माँग दोहराई गई। भैया जी को तुरंत इस्तीफा दे देना चाहिए—जैसे, वाक्य भी उछाले गए।

अबकी लगता है, यह सूखा जरूर रंग लाएगा। लोगों की भूख से मौत बेकार नहीं जाएगी। सरकार में परिवर्तन निश्चित है। कुछ मंत्रियों के पद छिनेंगे और दूसरों की

झोली में आ गिरेंगे। वे 'सूखे' को धन्यवाद देंगे। हे सूखा, हे अकाल, भला हुआ तू समय से आया। तेरे आते ही हमारे भाग जागे। मंत्री पद मिला, दुश्मनों की तूने मिट्टी पलीत की। तू महान् है। तू पूज्य है। हम तेरा अभिनंदन करते हैं।

हवाई जहाज से भैया जी आए। विपक्षियों ने काले झंडे दिखाए। पार्टी वालों ने स्वागत किया। भैया जी द्वारा सूखे का मुआयना किया गया। उन्होंने एक नंगे बच्चे को गोद में उठाकर फोटो खिंचवाई। कुछ बूढ़े पुराने लोगों से उन्होंने बातचीत भी की। वे गाँव की गलियों में घूमे। अफसरों से बतियाये। खेत की मेड़ पर बैठकर उन्होंने सूखे के लिए चिंता व्यक्त की। राहत कार्यों का जायजा लिया। एक आदिवासी के हाथ से लेकर जंगली फल चखा। इस प्रकार 'सूखा-दर्शन' के पश्चात् एक भव्य सभा आयोजित की गई। दूर-दूर से लोगों को ट्रकों में लाया गया था। उन्होंने 'जिंदाबाद, अमर रहे' टाइप के नार लगाए। फिर भैया जी ने भाषण दिया।

"मेरी प्यारी जनता। हम सूखे से लड़ने का पूरा प्रयास कर रहे हैं। आप गुमराह न हों। यह प्राकृतिक विपदा है, जिससे हमें मिलजुलकर निपटना है। आपका विश्वास और हमारी योजनाएँ ही वे हथियार हैं, जिनसे हम इस भयंकर सूखे से निपट सकते हैं। हमें दुख है कि हमारे विपक्षी भाई इस सूखे से राजनीति कर रहे हैं। सूखे को मुद्दा बनाकर लोग तरह-तरह की बातें कर रहे हैं। वे सूखे से राजनीतिक लाभ उठाना चाहते हैं। हम ऐसा नहीं होने देंगे। चाहे सूखा पड़े या बाढ़ आए। लोग भुखमरी से मरें या महामारी से। परंतु सरकार भंग नहीं होगी। (तालियाँ) सरकार अपना काम करती है। नदियाँ अपना काम। सूरज अपना काम। अब सूखा पड़ गया तो क्या सरकार ने पड़वा दिया ? व्यर्थ ही लोग सरकार को भंग करने की माँग करते हैं। इस साल पानी नहीं बरसा तो इसमें सरकार का क्या दोष है ! कोई 'इंद्र देव' हमारी सरकार में मंत्री तो हैं नहीं, जो हम उन्हें पानी रिलीज करने का ऑर्डर दे दें और वो बिना सोचे-समझे झट से पानी बरसाने लगें। हम दुखी हैं, इस सूखे से। अपने कई विदेशी दौरे कैंसिल करके हम इसे देखने यहाँ तक दौड़े चले आए। अब हमने इसे देख लिया है। यह ज्यादा दिन यहाँ नहीं टिक सकता। आप निश्चिंत रहें। हमारे मंत्री, कार्यकर्ता और अफसर इसे जरूर मार भगाएँगे···।" (तालियाँ)

शाम को सर्किट हाऊस में डिनर हुआ। हरी पार्टी के नेताओं की बैठक हुई। भैया जी इस सूखे के हो-हल्ले से बहुत नाराज हैं। उन्होंने नेताओं को फटकार लगाई। कार्यकर्ताओं को झिड़का और पार्टी में गुटबाजी पर गहरी चिंता व्यक्त की। उन्होंने पार्टी में एकता और सामंजस्य पर जोर दिया। आपसी फूट के कारण सत्ता हाथ से निकल जाने के खतरे के प्रति भी उन्होंने लोगों को सचेत किया।

सूखा प्रभावित क्षेत्र में रात देर तक दारू पी गई। मुर्गों की टाँगें चबाई गईं। फिर हरी पार्टी के सारे गुटों ने मिलकर एक प्रेस विज्ञप्ति जारी की—"इसमें कोई गुटबाजी नहीं है।" भैया जी के दौरे की यह सबसे बड़ी उपलब्धि थी।

भैयाजी ने खुशी-खुशी सबसे विदा ली। उनकी यात्रा सार्थक हुई। सूखा तो जहाँ था वहीं है। बल्कि वह अपनी जगह और फल-फूल रहा है। गरीब और असहाय लोग अब भी भूख से मर रहे हैं। बहुत सारे लोग ठेकेदारों के साथ ईंट-भट्ठों के लिए माटी थापने उत्तर प्रदेश और बिहार चले गए। विपक्षी दल वाले कुछ दिनों तक हाय-तौबा करके शांत हो गए। हरी पार्टी के असंतुष्ट घटक में से कुछ लोगों को केबिनेट में ले लिया गया।

सूखे के कारण सरकार पर जो संकट आया था, वह टल गया। भगवान करे फिर किसी सरकार पर सूखे के कारण ऐसा संकट न आए। 'अकबर इलाहाबादी' का एक शेर याद आता है—

क़ौम के ग़म में डिनर खाते हैं हुक्काम के साथ।
रंज लीडर को बहुत है, मगर आराम के साथ।।

ये है बांबे मेरी जान

न जाने कितने सालों से, उस शहर का नाम बंबई है। बंबई या बांबे रहने से इतने सालों तक किसी को कोई फर्क नहीं पड़ा। मजे से अपराध होते रहे। स्मगलिंग का धंधा दिन-दूना, रात-चौगुना बढ़ा। बिल्डर्स हँसी-खुशी झोंपड़-पट्टी को मिटाकर कंक्रीट के जंगल उगाते रहे। गरीबी बढ़ी। बेरोजगारी के आँकड़े आसमान छूने लगे। कानून और व्यवस्था पंगु हो गई। जनता पर लगातार अत्याचार बढ़े। फिल्मों में नंगापन और हिंसा प्रतिष्ठित हुई। सांप्रदायिक दंगे हुए। अपराधी सिर चढ़कर बोलने लगे। कुल मिलाकर बंबई में सब कुछ ठीक चल रहा था, भगवान भरोसे।

हमारे यहाँ नाम बदल देने से समस्या मिट जाती है। अंधे को सूरदास, वृद्ध एवं लाचार आदमी को बाबा कहकर हम छुट्टी पा लेते हैं। हो गया उनके प्रति हमारा कर्तव्य। एक अच्छा-सा नाम दे दिया बस ! अब कुछ नहीं करना हमें। मरें सूरदास भूखों। माँगें सड़कों पर भीख। अपनी बला से ! वे वृद्ध हो गए। बीमार हैं। दवा के लिए व्यवस्था नहीं है। लड़के मदद नहीं करते। सब अपने आप में मस्त हैं। बहू द्वारा अपमान किए जाने के कारण उन्होंने चार दिनों से भोजन नहीं किया। घर में किसी ने नहीं पूछा। हम कहते हैं—"बाबा बड़े धार्मिक हैं। पुण्यात्मा हैं। उनका उपवास चल रहा है।" हो गई हमारे कर्तव्य की इतिश्री। बाबा कह दिया। धार्मिक कह दिया। यहाँ तक कि पुण्यात्मा कह दिया। अब क्या चाहिए बुढ़ऊ को !

उस महानगर को बांबे या बंबई कहना हमारी संस्कृति का अपमान करना है। हम उसे 'मुंबई' बनाकर ही दम लेंगे। मुंबई में स्मगलिंग हो, कालाबाजारी हो, हत्याएँ हों, बलात्कार हों ...चलेगा, लेकिन बंबई और बांबे बिल्कुल नहीं चलेगा। हम भूखों मर सकते हैं। गुंडों और मवालियों के अत्याचार सहर्ष सह सकते हैं, यहाँ तक कि सांप्रदायिकता की आग में अपना सर्वस्व स्वाहा कर सकते हैं परंतु अपनी संस्कृति का अपमान कतई बर्दास्त नहीं कर सकते !

तो भैया, संस्कृति संकट में है। उसे बचाना है। निकालो जुलूस। आयोजित करो रैलियाँ। जहाँ-जहाँ 'बंबई' या 'बांबे' लिखा है, वहाँ डामर पोत दो। ये अखबार वाले अपने आपको जाने क्या समझते हैं ! गली, मोहल्ला, सड़क, सिनेमाहाल, बस स्टैंड, रेलवे स्टेशन और जाने कहाँ-कहाँ हमने बंबई/बांबे मिटाकर 'मुंबई' कर दिया, परंतु ये

अखबार वाले नहीं सुधर रहे। बहुत समझाया इनको। अपने आपको तीसमारखाँ समझते हैं। इनको सुधारना पड़ेगा। घेरो इनका दफ्तर। आग लगाओ इनके प्रेस में। पिटाई करो संपादकों की। हो जाए करोड़ों की संपत्ति स्वाहा। अपनी बला से ! मर जाएँ सैकड़ों लोग जुलूसों और दगों में, वे शहीद कहे जाएँगे। परंतु बंबई या बांबे की जगह 'मुंबई' जरूर होना !

कहीं से एक बहु प्रचलित नारा सुनाई दिया, ''अभी तो ये अँगड़ाई है, आगे और लड़ाई है।'' सचमुच इस रास्ते पर आगे हमें बहुत लंबी लड़ाई लड़नी पड़ेगी। अब जैसे दिल्ली है। हमारे देश की राजधानी दिल्ली, यह नाम बहुत घटिया है। यह भी कोई नाम हुआ, बिल्ली की तर्ज पर दिल्ली। पुराना नाम 'इंद्रप्रस्थ' क्या बुरा है ? अभी तक दीवानी और लगान संबंधी कागजों में दिल्ली का 'इंद्रप्रस्थ' नाम मिलता है। 'इंद्रप्रस्थ' पौराणिक, ऐतिहासिक और सांस्कृतिक नाम है। अतः दिल्ली जैसे फालतू नाम को हटाकर उस शहर का नाम 'इंद्रप्रस्थ' रखा जाना चाहिए। कुछ लोग इसे 'हस्तिनापुर' भी कहते हैं। इस नाम पर भी विचार किया जा सकता है। किंतु दिल्ली नाम तो हटाना ही चाहिए। आगे और लड़ाई है।

घटिया, दकियानूस और सामंती नामों वाले शहरों की, स्थानों की सूची बहुत लंबी है। औरंगाबाद औरंगजेब ने बसाया। शाहजहाँपुर सम्राट शाहजहाँ ने। सिकंदराबाद, फिरोजाबाद, अहमदनगर, मुजफ्फरनगर, वाल्टेयर, राबर्ट्सन, डलहौजी पार्क, विक्टोरिया गार्डन···इस प्रकार यह लिस्ट लंबी होती चली जाएगी। जिन शहरों और स्थानों के नाम बादशाहों, नवाबों और अंग्रेज अफसरों के नाम से हैं, उनके नाम अवश्य बदले जाने चाहिए। ये गुलामी के प्रतीक हैं। अब हम आजाद हो गए हैं। और याद दिला दूँ आजाद हुए हमें पूरे पचास साल भी हो गए हैं। इतने सालों में हमने इतनी प्रगति भी नहीं की कि अपने महानगरों को अच्छे और सुसंस्कृत नाम ही दे देते ! धिक्कार है हमें ! लेकिन अब यह सार्थक कदम उठाना ही पड़ेगा। शुरूआत बंबई से करते हैं। आगे और लड़ाई है।

हमारा दस साल का बिट्टू बड़े चाव से गाता है, ''ई है बंबई नगरिया तू देख बबुआ ···'' हिंदी सिनेमा को पूरे सौ साल हो गए। इस सौ साल के सिनेमा ने हर पीढ़ी को 'बंबई' के ऊपर एक गीत जरूर दिया है, जो दस साल के बिट्टू से लेकर सौ साल के बूढ़ों तक के दिलो-दिमाग पर छाया है। करोड़ों लोगों की जुबान पर बंबई टँका हुआ है। तो भैया, सब जगह डामर पोतना पड़ेगा। हजारों टन डामर लग जाएगा इस कार्य में। फिर डामर पोतकर हम सब जगह से बंबई मिटा पाएँगे, इसमें भी संदेह है। सैकड़ों किताबें, न जाने कितने गीत, कितने पोस्टर, कितनी फिल्में, सबमें से बंबई निकालकर 'मुंबई' चिपकाना होगा। कितना काम है और साधन सीमित। इस महान् कार्य के लिए तो पूरा एक विभाग खोलना पड़ेगा। कार्यकर्ता सक्रिय होंगे। सालों-साल काम चलेगा। शांतता काम चालू आहे !

मुझे एक प्रसिद्ध गीत याद हो आता है—

ये दिन है मुश्किल से जीना यहाँ
जरा हट के, जरा बच के, ये है बांबे मेरी जां
कहीं बिल्डिंग, कहीं मोटर, कहीं ट्रामें, कहीं मिल
मिलता है यहाँ सब कुछ, एक मिलता नहीं दिल···

मेरी चिंता यह है कि बंबई में जब सब कुछ मिलता है तो एक संवेदनशील और धड़कता हुआ दिल क्यों नहीं मिलता ?

मुझे अपराधमुक्त, साफ-सुथरी, बिना झोंपड़-पट्टी वाली ऐसी बंबई चाहिए, जहाँ कोई शायर फिर यह न गाए कि यहां मिलता नहीं दिल !

किसानों पर सोचें

भारत बहुत दिनों से कृषिप्रधान देश कहलाता है। इसलिए हमारे नेताओं ने 'कृषि' को छोड़कर शेष सभी विषयों पर बहुत सोचा। उन्होंने शुरू में ही कश्मीर पर सोचा, अतः वह मसला आज तक हल न हुआ। फिर धर्मनिरपेक्षता पर विचार किया। वर्षों से अयोध्या में बंद पड़ी एक इमारत के द्वार खुलते ही हमें ज्ञात हुआ कि भारत एक धर्मप्रधान देश है। बकौल शायर :

> मैं ढूँढ़ता रहा, कोई बंदा न मिल सका
> हिंदुस्तान इतने खुदाओं का देश है।

इन दिनों सहसा राजनीति में किसानों की चिंता बढ़ी है। एक अरसे से हम मजदूरों के नेता सुनते आए थे। फिर हरिजनों और पिछड़े वर्ग के नेता हुए तो उनके विचार भी हमने सुने और समझे। अब किसान नेताओं की बारी है। पहले उत्तर प्रदेश में, फिर देश की राजधानी में किसान नेताओं ने अपनी पंचायत बिठाई और उठाई। माँगें हुईं कि बिजली के खर्चे किसान नहीं पटाएँगे और बैंकों से उठाए गए ऋण भी नहीं पटाए जाएँगे। ये माँगें पूरी हुईं या नहीं ? मालूम नहीं।

अभी-अभी एक बड़ी किसान रैली आयोजित हुई। माँगों ने फिर जोर पकड़ा। वहाँ इकट्ठे हजारों किसानों की समस्या यह बताई गई कि आगामी स्वतंत्रता दिवस पर लाल किले पर झंडा कौन फहराए ?

किसी ने कहा, "शहर वाले किसानों का शोषण कर रहे हैं। अभी तक सुनते थे, मिलमालिक मजदूरों का शोषण करते हैं। सूदखोरों के शोषण की बात भी जानी-पहचानी है। एक समय साहित्य में वर्ग-संघर्ष की बहुत रचनाएँ लिखी गईं। अब गाँवों और शहरों के बीच ऐसे ही किसी संघर्ष की बातें सुनकर संतोष हुआ कि चलो हमारा देश दिन-दूनी, रात-चौगुनी तरक्की कर रहा है। क्योंकि यह देश शुरू से ही कृषि प्रधान देश है इसलिए कृषि के विकास पर सोचने की भला क्या जरूरत है ! वैज्ञानिक तकनीक, उत्पादन का लक्ष्य और सिंचाई के क्षेत्र में देश पूरी तरह आत्मनिर्भर है, यह जानकर हमें अत्यंत प्रसन्नता है।

इतनी बड़ी रैली देखकर झंडा फहराने वालों को लगा कि किसानों के लिए कुछ

घोषणा-वोषणा हो जाए। सो उन्होंने अगला दशक 'किसान दशक' के रूप में घोषित कर दिया। अब यह किसान दशक क्या है ? अरे होगा कुछ। माथा-पच्ची करने से क्या फायदा। जब वे किसानों के लिए रोज कुछ-न-कुछ करते रहते हैं तो हमें भी तो कुछ करना चाहिए न, सो हमने घोषणा कर दी-- 'किसान दशक'।

आपने महिला वर्ष, युवा वर्ष और बालिका वर्ष तो सुना ही होगा। क्या होता है, इन सालों में ? गोष्ठियाँ होती हैं, सम्मेलन होते हैं और पुरस्कार बाँटे जाते हैं। ठीक ऐसे ही हम आगामी दस सालों तक लगातार किसानों पर बहसें करते रहेंगे। अब बहस करने के अलावा और हम कर भी क्या सकते हैं ! क्योंकि देश तो सदा से ही कृषि प्रधान देश है।

पिछले दिनों शहर में भटकते हुए गाँव के एक किसान से भेंट हो गई। मैंने पूछा, ''भैया, तुम्हें पता है कि इन दिनों राजनीति में तुम्हारी बड़ी चर्चा है। बड़े-बड़े दिग्गजों का भविष्य तुम्हारे नाम से दाँव पर लगा है ?''

''बाबू, हमें क्या लेना-देना राजनीति से। 'चेरी छोड़ न हुइबे रानी' हम तो धरती माँ के सेवक हैं। जो मिल जाता है, उसी में संतोष कर लेते हैं।''

''वाह भई, तुम्हें पता नहीं कि तुम्हारे नाम से एक पूरे दशक की घोषणा हुई है। क्या तुम्हें यह भी ज्ञात नहीं कि शहर वाले तुम्हारा जबरदस्त शोषण कर रहे हैं ?''

''हमें इन ऊँची-ऊँची बातों से क्या मतलब भैया ! हम तो जो पैदा करते हैं, सो शहर में जाकर बेच आते हैं। और शहर से दवाई, कपड़ा और साबुन, तेल आदि हम अपने लिए ले आते हैं, बस। अब ई में कोई शोषण हो जाए तो हमें मालूम नहीं। और ई दसक-वसक का है, ये भी हमें नहीं मालूम बाबू। हाँ, हम तो इतना जाने हैं भैया कि आजादी मिले पचास बरस हो गए पर हमारे गाँव में न तो बिजली है, न सड़क है और न नहर है। हम गाँव वाले तो भगवान भरोसे जिंदा है।''

मैंने कहा, ''किसान भैया, काहे को हमीं से दिल्लगी कर रहे हो। तुम्हारे नाम पर राजधानी में इनता हो-हल्ला है। लोग चिल्ला-चिल्लाकर कह रहे हैं कि कृषि के क्षेत्र में हमारे अनुसार कुछ करने को बचा ही नहीं है। हमने तुम्हारे लिए ये किया, वो किया और तुम कहते हो कि क्या किया ? हमें पता ही नहीं। अरे भैया, सिर्फ तुम्हारे कारण इन दिनों बड़े-बड़े नेताओं की नींद हराम है। मुझे तो डर है कि कहीं तुम्हारे नाम के कारण फिर कोई संकट न खड़ा हो जाए। इसलिए केवल तुम्हारी खुशहाली के लिए पूरे दस साल विचार-विमर्श करते रहने का निर्णय लिया गया है और तुम हो कि कहते हो, हमें कुछ नहीं मालूम।''

''बाबू, तुम्हारी बातें सुनकर हमें तो डर लगने लगा है। बड़े-बड़े महारथी जब हम मामूली लोगों के विषय में चिंतित हो जाएँ तो समझो कि अब खतरा है। इसलिए बाबू, हमें माफी दो। बहुत काम निपटाने हैं। हम तो ये चले।''

मैं उस बुजुर्ग किसान की बात का अतीत से सूत्र जोड़ता हूँ। कश्मीर पर, पंजाब

पर और धर्मनिरपेक्षता पर हमने खूब सोचा और आज तक हम सिर्फ सोच ही रहे हैं। परंतु मामला दिनों-दिन पेचीदा होता जा रहा है। अब किसानों पर सोचने की बारी है। आइए, आप भी किसानों पर कुछ सोचिए। एक शेर याद आ रहा है—

> वार्ताएँ, घोषणाएँ, योजनाएँ, फैसले,
> इतने पत्थर, और तनहा आईना निष्कर्ष का।

हो जाएँ कुछ संस्मरण अपने भी

हिंदी जगत् में इन दिनों संस्मरण लिखने का फैशन चल पड़ा है। जिसे देखो वही एक अदद संस्मरण घसीटने में व्यस्त है। पकड़े बैठे हैं लोग पत्रिकाओं में अपने-अपने कॉलम और पानी पी-पी के दुश्मनों को गरियाने का पुण्य कार्य किए जा रहे हैं। साहित्य में न होकर ये लोग यदि पुरातत्व विभाग में होते तो देश का बड़ा भला होता। करते रहते वहाँ उत्खनन। प्रस्तुत करते इतिहास और संस्कृति की नई-नई व्याख्याएँ। बिना किसी आधार के साहित्य में ये लोग ऐसी ऊल-जुलूल मीमांसाएँ परोस रहे हैं कि बस दाँतोंतले उँगलियाँ चबा लेने का मन होने लगता है।

लगता है, इन दिनों हिंदी के आला लेखकों के पास अब भविष्य की कोई अवधारणा नहीं रही। इसलिए वे आँखें मूँदकर अतीत चिंतन में मस्त हैं। और अतीत चिंतन भी कैसा बढ़िया मसालेदार, चटखारेदार कि पाठकगण बस सीः सीः करके रह जाएँ। इधर थोक में जो संस्मरण विभिन्न पत्र-पत्रिकाओं में देखने को मिले, उन्हें पढ़कर ऐसा लगा कि आदमी जब से लेखक हो गया, तब से उसके जीवन में इंसानों की स्थिति दो कौड़ी की भी नहीं रही। सारे संस्मरण वाले बस यही बताने में व्यस्त हैं कि किस लेखक के साथ उन्होंने कितनी दारू पी। किसी के साथ विश्वविद्यालय में विभागाध्यक्ष के कमरे में पी तो किसी के यहाँ उसके बाथरूम में घुसकर रात भर पी। या फिर किसी गोष्ठी, सम्मेलन में पीकर मदहोश हुए कि जूतम-पैजार पर उतर आए। अहा ! क्या बढ़िया हालावादी युग छाया हुआ है हिंदी जगत् में।

लेखकों के प्रेम-प्रसंगों का विस्तारपूर्वक वर्णन भी संस्मरणकारों का प्रिय शौक है। कौन-कौन लेखक अपनी जवानी में किस-किस मादा जात के पीछे पड़ा रहा। किस-किस ने अपने और दूसरों के चुराए हुए प्रेमगीत गाकर अपनी छात्राओं पर डोरे डाले तथा किसने अपनी कहानी और उपन्यास को काँटा बनाकर लड़कियों को फँसाया—इस सबका रसदार शैली में विस्तारपूर्वक वर्णन इन दिनों हिंदी में छप रहे संस्मरणों में सहज उपलब्ध है। कहीं-कहीं तो यह वर्णन इतना सजीव हो उठा है कि रीतिकाल के रसिक कवि भी बहुत पीछे रहे गए हैं।

इन संस्मरणों में मुझे लेखक और लेखकों के अलावा कहीं आदमी नजर नहीं आए। कई पन्ने जब साहित्यिक अखाड़ेबाजी में काले हो गए तो पत्नी ने घुड़की दी,

''अजी, तुम्हारी जिंदगी में मैं भी कहीं हूँ कि नहीं ?''

तब उन्हें ख्याल आया कि अरे हाँ, ये रोज-रोज बिरयानी और पुलाव कोई आसमान से थोड़े ही टपक रहा है। ये तो पत्नी ही बनाकर खिलाए जा रही है। लो, उसको भी खुश किए देते हैं। दो-तीन किस्तों में अब पत्नी-पुराण छपेगा। उनका क्या जाता है ! पाठक को तो वे धोबी का गधा समझते हैं, लादे जाओ उस पर कुछ भी।

इन संस्मरणकारों की दुनिया अच्छी-भली है। बिलकुल स्वप्नलोक-सी। इनकी जिंदगी में चंद लेखक, कुछ बड़े नेता (जिनसे मतलब सिद्ध होता हो), एक अदद पत्नी तथा कुछ प्रेमिकाओं के अलावा दूर-दूर तक कोई और इंसान नजर नहीं आता ! दारूबाजी, साहित्यिक दाँव-पेंच, दुश्मनों के लिए गाली-गलौज, नेताओं के चरणवंदन और पत्नी-स्तुति के अलावा इनके जीवन में और कोई भी घटना नहीं है। हाँ, इस बीच अपवाद स्वरूप संस्मरण की एक किताब : 'जाने पहचाने लोग' पढ़ने को मिली। इसमें लेखक भी आदमी जैसे लगे। राहत की साँस मिली।

कुछ लोगों को स्यापा करने में मजा आता है। घरेलू गोष्ठियों, महँगे सम्मेलनों और साहित्य के सरकारी आयोजनों में ये लोग लगातार रोए जा रहे हैं। रोने का एकमात्र कारण है—'न लिखने की समस्या'। लिखना एक साधना है, जो कठिन होती है। इस लफड़े में कौन पड़े ? स्यापा करना एक नाटक है, सहज, सरल और सुलभ, इसलिए यही करके प्रतिष्ठा पाई जा रही है।

जो सचमुच साधनारत हैं। वे कलम घिस-घिस के परेशान हैं। कोई नहीं पूछता उन्हें। प्रेमचंद जैसे संपादक तो आजकल हैं नहीं, जो कहानी के पेजों से ज्यादा पन्नों में सुझाव और टिप्पणियाँ लेखक को लिख भेजते थे। अब तो एक छपी हुई चिट के साथ रिश्ता खत्म ! होगे तुम बहुत प्रतिभाशाली ! बहुत होते हैं। खाली प्रतिभा से क्या होता है ! कलम पकड़ने के पहले तुमने किसी लेखक संघ, किसी राजनीतिक पार्टी या किसी साहित्य के मसीहा का दामन पकड़ा कि नहीं ? नहीं पकड़ा न ! तो धरे रहो अपनी प्रतिभा। अचार डालना उसका। बहुत खुजली हुआ करे तो 'पाठकों के पत्र' में चिट्ठियाँ लिखा करो। बस !

लिख-लिख के लोग इतने चर्चित न हो पाए, जितना 'न लिखने के कारण' पर बोलकर लोग रातों-रात चर्चित हो गए। अब न लिखने पर गंभीर भाषण पेलने वाले ही बड़े साहित्यकार हैं। या फिर वे, जो इन दिनों संस्मरण ढकेल रहे हैं।

अकविता और अकहानी के चलते 'पत्र-लेखन' भी साहित्य में एक विधा कहलाती है। इस विधा के कारण बड़े-बड़ों की दुर्गति हो गई। 'पंत के सौ पत्र' छपते ही पंत जी और बच्चन जी में ठन गई। लंबी मुकदमेबाजी चली। नतीजा—दोनों ने वर्षों पुरानी आत्मीयता खोई और दुखी हुए। एक पत्र के कारण ही 'इंडिया टुडे' के कार्यकारी संपादक के पसीने छूट रहे हैं। एक पाठक के पत्र को न छापते हुए उन्होंने उसे लिख भेजा कि हम कूड़ा नहीं छापते। पाठक को भी ताव आ गया कि हमारे पत्र को कोई

संपादक कूड़ा कहे ! वे अन्य कई संपादकों की टिप्पणियाँ लेकर प्रेस कौंसिल पहुँच गए। मामला चल रहा है। इस प्रकार पत्र-लेखन की विधा बहुत खतरनाक है।

इधर संस्मरणों के नाम से नामालूम कौन-सी विधा में जाने क्या-क्या लिखा जा रहा है ! यह सत्साहित्य कालजयी है। फिर इस सब पर प्रतिक्रियास्वरूप जो पत्र लगातार छप रहे हैं, वे पत्र भी बड़े दिलचस्प हैं। उनमें हास्य और फूहड़ता के बहुत सारे तत्त्व दिखाई देते हैं। यह 'पत्र-लेखन' विधा का विकास है। कुछ चमचों ने और बहुत कुछ स्वयं लेखक ने नाम बदल-बदलकर ये खूबसूरत पत्र लिखे। इनमें उन संस्मरणों को साहित्य के इतिहास की सर्वश्रेष्ठ रचनाएँ बताया गया। लेखक की तुलना बालजॉक, गोर्की, टालस्टाय और प्रेमचंद तक से की गई। कुछ दुश्मनों के पत्र छपे, जिनमें संस्मरण और उसके बाहर के कई किस्सों पर अद्‌भुत छीछालेदार की गई। जिन लेखक पात्रों का संस्मरण में जिक्र हुआ, उनमें कई बौखलाए, कुछ झुँझलाए और शेष अपने पत्रों में गंदी गालियाँ देने से नहीं चूके। लेखक जो ठहरे । उनके हाथ में भी तो कलम है। उन्हें भी तो राई को पर्वत और पर्वत को राई कर देने की कला आती है। कुल मिलाकर ऐसे मजेदार पत्र छप रहे हैं कि देखते ही बनता है। ऐसा लग रहा है, जैसे इन दिनों हिंदी साहित्य में कीचड़ की होली चल रही है।

आजकल यही साहित्य माना जा रहा है और ऐसा ही कुछ तो भी ऊल-जुलूल लिखे जाने को महिमामंडित किया जा रहा है, तब बाअदब, बामुलाहजा, होशियार, मैं भी सोच रहा हूँ—हो जाएँ कुछ संस्मरण अपने भी।

संपादक महोदय (जो कि मेरे अभिन्न मित्र होंगे) से निवेदन है कि वे अपने दोस्तों और दुश्मनों की एक लिस्ट हमें तुरत भेज दें। पहले से वे बता दें कि मुझे अपने संस्मरणों में किसकी तारीफ के पुल बाँधने हैं और किसकी खटिया खड़ी करनी है। यह संपादक और लेखक का मिला-जुला आयोजन है। हम दोनों उसी को महान् सिद्ध करेंगे, जो भले ही प्रतिभाहीन हो परंतु उससे हम दोनों का उल्लू भली-भाँति सीधा हो जाता हो। फिर 'वह' रवीन्द्रनाथ, प्रेमचंद और निराला से भी बड़ा लेखक है।

जैसा कि चलन है कि संस्मरण में नेताओं को भी खुश करना है। इसलिए उस नेता को मस्का लगाना ठीक होगा, जिससे अगले गणतंत्र दिवस पर 'पद्मश्री' मिलने में सुविधा हो। भले ही उस नेता से मेरी कभी मुलाकात न हुई हो परंतु संस्मरण में तो उन्हें अपना विशेष अंतरंग और अभिन्न मित्र बताना होगा। उनकी उदारता और महानता के किस्से भी मुझे गढ़ने होंगे। भई, एक 'पद्मश्री' का सवाल है।

जो मेरे साथ पढ़े, साथ-साथ खेले, वे स्साले सब मेरी उन्नति से जलते हैं। अपने संस्मरण में एक-एक को देख लूँगा।

जल्द ही मेरे संस्मरण धारावाहिक छपने वाले हैं। 'पाठकों के पत्र' स्तंभ में पत्रों की चरखी चले, इसकी पूरी तैयारी है। अधिकांश पत्र मैं ही नाम बदल-बदल कर लिखूँगा। यों तो मैंने पहले भी कुछ खास साहित्य-वाहित्य नहीं लिखा और इधर पिछले

एक दशक से तो बिलकुल लिखना छोड़ ही दिया है।लेकिन इस बीच साहित्यकार के रूप में जगह-जगह मैं घुसपैठ जरूर करता रहा हूँ। फिर जैसे ही हिंदी जगत् में 'संस्मरण युग' आरंभ हुआ तो हमने सोचा कि चलो बहती गंगा में अपुन भी हाथ धो लें। यह 'संस्मरण युग' हिंदी साहित्य का स्वर्ण काल है। साहित्य के पुराने इतिहास में संतों को सीकरी से कोई काम नहीं रहता था। कुंभनदास ने कहा है—

> ''संतन को कहा सीकरी सो काम।
> आवत जात पन्हैंया टूटी बिसरि गयो हरिनाम।''

इस युग में संत सीकरी में पिले पड़ रहे हैं। बढ़िया पेलमपेल मची है। राजनेताओं की वंदना गाने के लिए संतों की लाइन लगी है। कोई चुनाव प्रचार के लिए कव्वाली लिख रहा है। कोई नौटंकी में व्यस्त है। वहीं कुछ लोग रातभर जागकर चुनाव 'घोषणा-पत्र' और भैया जी का लच्छेदार भाषण लिखने में संलग्न हैं। आधुनिक संतों का कहना है कि वे सामाजिक परिवर्तन में साहित्य की भूमिका का निर्वाह कर रहे हैं।

मैं अपनी टेबुल पर पूर्व निर्धारित लिस्ट के अनुसार संस्मरण लिखने में भिड़ा हूँ। खिड़की के बाहर सड़क पर कोई सिरफिरा 'धूमिल' की ये पंक्तियाँ गाए जा रहा है—

> और बाबूजी ! असल बात तो यह है कि जिंदा रहने के पीछे
> अगर सही तर्क नहीं है
> तो रामनामी बेचकर या रंडियों की
> दलाली करके रोजी कमाने में
> कोई फर्क नहीं है।

नेता कैसे-कैसे

साहित्य में नेता शब्द कब घुसा—यह शोध का विषय है। अलबत्ता आधुनिक साहित्य की सबसे बड़ी विशेषता है कि उसमें 'नेता' शब्द का प्रचुर मात्रा में प्रयोग हुआ है। कविता, कहानी, नाटक और व्यंग्य, साहित्य की हर विधा में इस शब्द का आतंक छाया हुआ है।

अंग्रेजों के दाँत खट्टे करने वाले जो नेता हुए, वे इतिहास में राष्ट्रपिता, देशबंधु और लोकनायक आदि विशेषणों के साथ विख्यात हुए। अंग्रेजों ने इतने बड़े महादेश को एक सूत्र में बाँधकर वर्षों तक इस पर मजे से शासन किया। आजादी मिलते ही पहली उपलब्धि यह हुई कि इस एकता के सूत्र के दो टुकड़े हुए—भारत और पाकिस्तान। फिर हम इसी दिशा में आगे बढ़ने लगे। भारत में भाषा के आधार पर प्रांतों का गठन हुआ और पाकिस्तान में तानाशाही के खिलाफ बँगलादेश का निर्माण हुआ। चर्चिल की आत्मा यह सब देखकर बहुत प्रसन्न हुई होगी। हमारे नेताओं ने उसका स्वप्न साकार किया।

देश एक जमाने में सिर्फ राष्ट्रीय नेताओं से संतोष कर लेता था। वह जमाना नेतृत्व का प्रागैतिहासिक काल था। आजादी के बाद देश में नेताओं की जो पीढ़ी आई, उनकी प्रमुख समस्या थी—येन-केन-प्रकारेण चुनाव जीतकर सरकार में बने रहना। जब लगातार हर कीमत पर चुनाव जीतना ही है तो यह जरूरी हो गया कि एकता के उस सूत्र के, जिसके आजादी के तुरंत बाद दो टुकड़े हुए थे, उसके और ज्यादा टुकड़े किए जाएँ। हमारे महान् नेता इस महत्त्वपूर्ण कार्य में तन-मन-धन से जुट गए। उन्हें इस नेक काम में आशातीत सफलता मिली। बधाई !

कभी नेता का अर्थ राष्ट्रीय नेता होता था, यह दकियानूसी दर्शन है। हमारे आधुनिक नेता बहुत आगे बढ़ गए। अब कश्मीर के नेता अलग, असम के नेता अलग और पंजाब के नेता अलग कहे जाते हैं। हालाँकि ये सब अपने-अपने क्षेत्र को राष्ट्र और खुद को राष्ट्रीय नेता ही मानते हैं। इतना बड़ा देश और पिद्दी-सा वर्गीकरण ! भला, इससे देश का सत्यानाश कैसे होगा ? इतने से काम नहीं चला तो किसानों के नेता अलग हुए। फिर मंडल का कमंडल घुमाते हुए पिछड़े वर्ग के नेता सामने आए। जब अल्पसंख्यकों के ठेकेदार बड़े-बड़े नेता हो गए तो फिर बहुसंख्यकों का उद्धार क्यों

न हो ? यहाँ तो विशाल वोट बैंक है। इसपर कब्जा करने की होड़ चली। महँगाई, गरीबी और भुखमरी को बलाए ताक में रखकर कई लोग सामने आ गए। हिंदू, मुस्लिम, सिख, गाँव वाले, शहर वाले, किसान, पिछड़ा वर्ग—अभी ये थोड़े से वर्गीकरण हो पाए हैं और भी सोचा जा रहा है। इस दिशा में अभी बहुत विकास करना है।

पिछले दिनों हमारे शहर में साहू समाज का एक बड़ा सम्मेलन हुआ। उस सम्मेलन में एक महान् राष्ट्रीय नेता की मूर्ति चौक में स्थापित की गई। भाषण देनेवालों ने बड़े गर्व से बताया कि फलाँ-फलाँ राष्ट्रीय नेता साहू जाति के थे। मुझे भी उस सम्मेलन में पहली बार ज्ञात हुआ कि वे महान् राष्ट्रीय नेता साहू जाति के थे। दूसरे दिन सुबह ज्ञात हुआ कि कुर्मी समाज के कुछ असंतुष्ट नेताओं ने चौक से साहू जाति के उन महान् नेता की मूर्ति हटाकर अपनी जाति के एक राष्ट्रीय नेता की मूर्ति वहाँ रातोंरात स्थापित कर दी। इस वारदात से शहर में दंगे-फसाद हुए। दो दिन तक कर्फ्यू लगा रहा। कई जानें गईं। आसमान से वे दिवंगत नेता यदि यह सब देख रहे होंगे तो जरूर अपने बाल नोच रहे होंगे।

परसों बाजार में मैंने देखा कि 'किराना दुकान संघ' वाले एक रसीद बुक लिए चंदा इकट्ठा कर रहे हैं। वे आठ-दस लोग हर दुकान पर जाते और कहते, "बनिया समाज संकट में है। हमें एक होना है। इसलिए एक सम्मेलन करना जरूरी है। चंदा दो।" मैंने देखा, लोग खुशी-खुशी मुँहमाँगी रकम दे रहे हैं। मैंने आश्चर्यपूर्वक एक व्यक्ति से पूछ ही लिया, "भैया, ये कैसा सम्मेलन करने जा रहे हैं आप ?"

वह व्यक्ति तुनककर बोला, "बापू के देश में बनियों पर हिंसा हो रही है। अब हमें संगठित होना है। हम बनिए क्या सदा नून, तेल और गुड़ ही तौलते रहेंगे ? हमें भी आगे बढ़ना है। अपने समाज का संगठन बनाकर हमें सरकार से अपनी माँगें मनवानी हैं। हमारे समाज में भी बहुत वोट हैं। सरकार हम पर लगातार अत्याचार कर रही है। छापा पड़े तो हमारे घर में। सेल टैक्स, इनकम टैक्स, प्रापर्टी टैक्स—ये सब थोपे जाएँ तो हम पर। कोई भी इंस्पेक्टर बाजार में आता है तो बस दूल्हा बना चला आता है। हम उसकी यथासंभव खातिरदारी भी करते हैं परंतु देखते हो उनके नखरे, कभी हमारा तराजू खराब है तो कभी हमारे बाँट में बट्टा है तो कहीं दुकान में रेट लिस्ट क्यों नहीं टंगी ? और ऊपर से धौंस कि तुम्हारा माल मिलावटी है। आखिर हम बनिए कब तक सहें ये अत्याचार ? लोग इतनी जल्दी भूल गए कि जिन गाँधी जी ने देश को आजादी दिलाई, वे बनिए ही थे। मालूम होता कि आजादी में हमें ये दिन भी देखने पड़ेंगे तो उसी समय हमारे समाजवाले गाँधी जी को चेता देते कि बापू, मत पड़ो इस स्वराज के लफड़े में। यहाँ हमें कोई नहीं पूछने वाला। हमारी जाति के गाँधी जी ने देश के लिए कितना किया। और देश ने हमारे समाज के लिए क्या किया ? खाक !! अब ये धाँधली हम नहीं चलने देंगे। 'देश के बनिए एक हों'—यह नारा लगाता हुआ वह आगे बढ़ गया।

फिर ठाकुरों का एक सम्मेलन देखने को मिला। उनके नेता भी स्वराज से असंतुष्ट दिखे। ठाकुर समाज के अध्यक्ष, मंच से चीख रहे थे, "हमारे साथ अन्याय हो रहा है। आजादी के बाद लगातार हमारे समाज का शोषण हुआ है। एक अंग्रेज थे जो हमारा मूल्य जानते थे। उस समय हमें 'रायबहादुर' का खिताब मिलता था। अब हम बँधुवा मजदूर नहीं रख सकते। हरिजन-आदिवासियों से बेगार नहीं करा सकते। जंगलों में शेर-चीते का शिकार नहीं कर सकते ...आखिर कहाँ तक सहें हम ये अत्याचार। हमारी जमींदारी डूब गई। रियासतें विलीन हो गईं। रहा-सहा पी. वी. पर्स भी बंद हो गया...अब भी यदि हम नहीं जागे तो इस प्रजातंत्र में अपने समाज की लुटिया डूबने में ज्यादा दिन नहीं लगेंगे...।"

कल चौक में पंडित रामसहाय जी से भेंट हो गई। मैंने उनसे पूछा, "पंडित जी, शहर में साहू समाज, कुर्मी समाज, बनिया समाज और ठाकुर समाज के सम्मेलन तो आए दिन देखने को मिल रहे हैं। आप ब्राह्मण लोग कब चेतोगे ? क्या आपको अपने समाज का उद्धार नहीं करना ?"

पंडित जी मेरी बात सुनकर बहुत उदास हो गए। उन्होंने पहले तो ब्राह्मणों को हजारों गालियाँ दीं फिर शर्द आह भरकर बोले, "क्या करें भैया, हमारी जातीय परंपरा ही ऐसी है—"ब्राह्मण, कूकुर, नाऊ, जात देख गुर्राऊ।"

भारत वर्ष दुनिया का सबसे बड़ा प्रजातांत्रिक देश है। यहाँ सैकड़ों जातियों के लोग रहते हैं। प्रजातंत्र में सबके हितों की रक्षा होनी चाहिए। इसके लिए जरूरी है कि अगड़ी जाति, पिछड़ी जाति, अनुसूचित जाति...आदि सबके अलग-अलग प्रतिनिधि होने चाहिए। अगर किसी जाति या समुदाय में नेता न हों तो हम आरक्षण देकर उस जाति में नेता पैदा कर देंगे। परंतु हर जाति, हर वर्ग, हर समुदाय में एक अदद नेता जरूर होना।

पिछले दिनों किसी प्रदेश में एक नए मुख्यमंत्री हुए। उनकी जाति के नाम से प्रभावित होकर प्रदेश में छिपिया जाति के लोगों ने खूब खुशियाँ मनाईं और मुख्यमंत्री महोदय को ढेर सारे बधाई पत्र भेजे। आनन-फानन में छिपिया समाज वालों ने प्रादेशिक स्तर का एक जातीय सम्मेलन आयोजित कर डाला। मुख्यमंत्री महोदय को सम्मेलन की अध्यक्षता के लिए आमंत्रित किया गया। बेचारों की आशा पर पानी तो तब फिरा, जब मुख्यमंत्री ने अपने पत्र में सूचित किया कि मैं छिपिया जाति का नहीं हूँ। मैं तो बनिया हूँ। खाँटी बनियाँ !

आजादी के बाद हमारे प्रजातंत्र की सबसे बड़ी उपलब्धि यही है कि हमने भारतीय समाज में कई घटक पैदा कर दिए, युवा वर्ग, महिला वर्ग, पिछड़ा वर्ग, अल्पसंख्यक, छत्तीसगढ़ी, बुंदेलखंडी, निमाड़ी...आदि। इतने बड़े देश की चिंदी-चिंदी करने के लिए पचास साल का समय बहुत कम होता है। इस दिशा में अभी हमें बहुत प्रगति करनी है। हर पार्टी चुनाव के दिनों में जातिगत समीकरण बिठाती है। एक-एक पोलिंग बूथ

का विस्तारपूर्वक जातीय, सांप्रदायिक और क्षेत्रीय भावनाओं का गहन अध्ययन किया जाता है। नेताओं को लोगों की सोई हुई भावनाओं को जगाना है। वे बुद्धिजीवियों से अपने लिए भाषण, कविता और लेख लिखवाते हैं, जिसमें किसी जाति और संप्रदाय का गौरवशाली अतीत होता है। बड़ी ही भावुक भाषा में महान् भारतीय संस्कृति की दुहाई होती है। फिर अंततः उत्तेजित शब्दों में उस जाति या संप्रदाय वालों को, वर्तमान में उनकी उपेक्षा का एहसास दिलाया जाता है। नतीजतन लोग अलग-अलग झंडे फहराते और डंडा घुमाते हुए देश की सड़कों पर छुट्टा घूम रहे हैं। मेरा अब यह दृढ़ विश्वास हो गया है कि सामाजिक परिवर्तन में साहित्य की महत्त्वपूर्ण भूमिका होती है।

किसी छात्र ने अपने शिक्षक को सरेआम पीट दिया तो वह छात्र नेता हो गया। मोहल्ले की नाली सफाई के नाम पर किसी ने नगरपालिका में जाकर हुज्जत की तो वह मोहल्ले का नेता हो गया। बात-बेबात शहर में कोई रैली निकालकर चौक से किसी ने दहाड़ लगा दी तो वह पूरे शहर का नेता हो गया। इस प्रकार क्या गाँव, क्या शहर, पूरे देश में विभिन्न प्रकार के नेताओं का जमघट बढ़ता जा रहा है। याद आती हैं किसी कवि की ये पंक्तियाँ—

> जनता का है राज यहाँ पर, गली-गली खुशहाल है।
> ठुकी गरीबों के पाँवों में, प्रजातंत्र की नाल है,
> चौराहों पर नेताओं की, दादुर जैसी तान है।
> मेरा देश महान् है।।

हिंदी साहित्य का रुदन काल

हिंदी साहित्य में कई काल हैं। वीरगाथा काल, रीति काल और भक्ति काल, ये अतीत की बातें हैं। अब साहित्य में 'रुदन काल' चल रहा है। यह साहित्य का विकास है।

पिछले दिनों देश में हरित क्रांति हुई। बेरोजगारी बढ़ी और महँगाई ने उन्नति के शिखर छुए। जब सब क्षेत्रों में प्रगति हुई तो साहित्य पीछे क्यों रहता ! साहित्य ने गति पकड़ी और अकविता, अकहानी के बाद 'न लिखने' की विधा के रूप में विकासमान हुआ। साहित्य में भी हम सुनहरे कल की ओर बढ़ रहे हैं। जगह-जगह रुदनोत्सव मनाए जाने लगे। जो जितना रोए, वह उतना प्रगतिशील। जो न रोए, वे पिछड़े, परंपरावादी, रूढ़िवादी, अप्रासंगिक आदि। जो मुर्दे से लिपट-लिपटकर रोए, वह बड़ा प्रेमी, ज्यादा संवेदनशील। न रोने वाला, बेशर्म, निर्लज्ज और पत्थरदिल। इस प्रकार साहित्य में इन दिनों कुछ लोग लगे हाथ बड़े चिंतक, बड़े मनीषी और बड़े लेखक कहलाने लगे। शेष लोग यों ही बैठे-ठाले बेहया हो गए।

प्रकाशक अपनी सुविधानुसार रो रहे हैं। पुस्तक मेले पर कई पत्रिकाओं ने अपने परिशिष्ट निकाले। पत्रिकाओं के पन्ने प्रकाशकों के आँसुओं से तर-बतर थे। रोने वालों में होड़ लगी थी। जो जितना छाती पीटकर रोए, वह उतना ही ईमानदार। विकट विलाप दिखाई दिया इस पुस्तक मेले पर।

'किताबें इतनी महँगी क्यों ?' तमाम रुदन के पश्चात् उपर्युक्त समस्या टस से मस न हुई। समस्या न हुई अंगद का पाँव हो गया। समस्या और समाधान तो सब लोग खूब जानते-समझते हैं। परंतु जब समस्या के बने रहने में ही सबके हित सुरक्षित हों तो समस्या पर सिर्फ अच्छी-खासी बहस भर हो सकती है। तो लोगों ने शर्द आहें भर-भरकर रसदार चर्चा की।

कुछ प्रकाशक अलापे, "पिछले कई दशकों में हर चीज के भाव बढ़े हैं। दूसरे लोगों ने ढेर सारा मुनाफा कमाया है। फिर किताबों के दाम क्यों न बढ़ें ? हम प्रकाशकों ने कौन से पाप किए हैं जो महँगाई के बढ़ते लाभों से हमें वंचित करने की बातें की जाती हैं !"

पाप तो सिर्फ लेखक करता है, जो रात-दिन जागकर, अपने स्वास्थ्य का भुर्ता बनाकर मुफ्त में प्रकाशक के झोले में अपनी पांडुलिपि सरका देता है। उसके

पारिश्रमिक (जिन्हें मिलता हो ?) पर बढ़ती हुई महँगाई का कोई असर नहीं है। लेखक का पारिश्रमिक तो पूर्ण है। स्थिर है। ठीक ब्रह्म की तरह। ''पूर्णस्य, पूर्णमादाय, पूर्णमेवावशिष्यते।''

फिर कुछ और प्रकाशक रिरियाए, ''किताबों का बाजार नहीं है... हिंदी जगत् में पाठक नहीं रहे... साक्षरता का अभाव है... लोगों की क्रय शक्ति घट रही है... बावजूद इसके हम पुस्तकें छापकर हिंदी माँ की निःस्वार्थ सेवा में संलग्न हैं।''

सचमुच इस युग में लेखक नहीं, प्रकाशक सरस्वती के वरद पुत्र बनकर पूज्य हो गए। जो लेखक कहलाते हैं, वे 'लिखने' को धर्म नहीं, यशोपार्जन का सहज और सस्ता साधन मानते हैं। प्रकाशक के सम्मुख वे दीन-हीन मुद्रा में भजन गाते हैं—''दीनबंधु दीनानाथ, पकड़ो निबल हाथ।''

जिस भाषा में इतने महान् लेखक हों, उसकी प्रगति कोई नहीं रोक सकता।

इन दिनों प्रकाशकों में सरकारी खरीद पर लच्छेदार शब्दों में आपत्ति करने का फैशन है। वे शर्माकर कहते हैं, ''हाय ! इस सरकारी खरीद ने तो हमको पाठक समाज से विलग कर दिया। हमारे बड़े बाजार का सत्यानाश हो गया इससे।''

यह निमंत्रण है सरकारी खरीद के लिए। सरकारी खरीद है, इसलिए प्रकाशकों की फौज है। वर्ना इनमें अधिकांश तो साबुन बेचने के भी काबिल नहीं हैं।

साबुन के व्यापार में बड़ा श्रम है। कच्चा माल खरीदना पड़ता है। मजदूरों को भुगतान करना पड़ता है। तब कहीं जाकर बनती है साबुन की टिकिया। फिर, अखबार, रेडियो, दूरदर्शन और जाने कहाँ-कहाँ, कैसे-कैसे उनका विज्ञापन करना पड़ता है। एजेंटों को आकर्षक कमीशन देना पड़ता है। फुटकर विक्रेताओं को पटाना होता है। हर साल नया कलेंडर छापकर मुफ्त बाँटना पड़ता है। तब कहीं जाकर बिकता है साबुन।

किताबें बेचने में प्रकाशकों को इतने झमेले कहाँ ! न विज्ञापन, न विक्रेता, न समीक्षा, न कोई प्रचार-प्रसार। इसमें पैसा बर्बाद करने से क्या लाभ ! इसकी अपेक्षा किसी 'अफसर' की लिखी महागाथा पुस्तकाकार छाप देंगे तो वह खुश होकर अपनी और पराई किताबें खरीदवाकर उन्हें गोदामों में पहुँचा देगा।—यही तो हिंदी माँ की परम सेवा है।

यदि अफसर लेखक न हुआ तो उसे और तरीकों से खुश कर देंगे। इस बाजार में किताबों की गुणवत्ता का कोई महत्त्व नहीं है। दूसरे क्षेत्रों में चीजें देख-भाल के, ठोक-बजा के और पूरी तरह जाँच-परख के ली जाती हैं। इधर इस सबकी कोई जरूरत नहीं है। यहाँ प्रकाशक क्या दे रहा है, यह कोई नहीं देखता। बस, ग्राहक (अफसर) को खुश रखिए और माल कुछ भी दे दीजिए। सब चलेगा यहाँ। कोई बताए, इतना अच्छा एवं उन्नत बाजार भला और कहाँ है !

पिछले दिनों एक प्रकाशक मिले। मुँह लटकाकर बोले, ''दुबे जी, हम तो इसे

'आदर्श व्यवसाय' समझकर कर रहे हैं। इसमें लाभ-आब कहाँ ! कागज, प्रिंटिंग, बाइंडिंग और अफसरों को खुश करने के बाद कुछ बचता ही नहीं ! लेखक को कहाँ से दें ?''

मैंने कहा, ''फिर इस क्षेत्र में आप अपनी प्रतिभा बर्बाद क्यों कर रहे हैं ? कोयले की दलाली करिए आप। सुना है, उसमें बड़ा लाभ है।''

वे आँखें तरेरकर चले गए।

गोष्ठियों, सम्मेलनों और सेमीनारों में आजकल लेखकगण भी गला फाड़-फाड़कर रो रहे हैं। वे कुछ यों चीत्कार करते हैं, ''हाय ! हमें अब कोई नहीं पूछता। एक जमाना था जब महाराजा छत्रसाल कवि भूषण की पालकी में अपना काँधा लगाते थे। आजकल के राजनेता पतित हो गए हैं। समाज भ्रष्ट हो गया है। लोगों में अब साहित्यिक चेतना नहीं रह गई...।'' दूसरे दिन यही लेखकगण किसी राजनेता की पालकी में अपने-अपने कंधे जोतने के लिए धक्का-मुक्की कर रहे होते हैं।

कविता रो रही है। कहानी सिसक रही है और नाटक मिंमिया रहा है। व्यंग्य को लोगों ने मरा हुआ घोषित कर दिया। हाँ, इन दिनों संस्मरणों में जरूर स्यापा करने की नई शैली विकसित हुई है। कुल मिलकार हिंदी साहित्य में अच्छा-खासा शोकातुर काल चल रहा है। अपने-अपने शोकावेग में लेखकगण जो रचनाएँ पेल रहे हैं, उन्हें पढ़कर पाठक भी अपना माथा पकड़कर कहता है, ''अब कविता गुनगुनाने और कहानी सुनाने के दिन लद गए। यह साहित्य, जिंदगी से इतना बाहर क्यों हो गया ?''

यही तो साहित्य के रुदन काल की उपलब्धि है और विशेषता भी।

संपादक अलग रो रहे हैं। उनकी पीड़ा है कि साहित्य के क्षेत्र में रूपवती महिलाओं के योगदान पर संकट गहरा रहा है। पहले जमाने में कैसे-कैसे सुंदर चेहरे साहित्य जगत् में दिखाई देते थे। अब वे कहाँ बिला गए ? परिचर्चाएँ छापने में अब कोई रस नहीं रहा। एक जमाने में जैनेन्द्र कुमार जी की अमर सूक्ति : ''लेखक के लिए पत्नी के अलावा प्रेयसी भी जरूरी है'', पर सालों तक कैसी अद्‌भुत परिचर्चाएँ छपती रहीं। अब ऐसा सुख नहीं रहा।

संपादकगण ठंडी आह भरकर कहते हैं, ''आज के युवा लेखक साहित्य का मर्म नहीं समझते। वे शिष्य नहीं, मित्र होना चाहते हैं। भूल गए अपनी परंपरा, जो ढोल पीट-पीटकर कह रही है— ''गुरु बिन विद्या सिद्ध न होई।'' अब इन नवसिखियों को भला कौन समझाए कि गुरु कितनी बड़ी चीज है ! साहित्य जगत् में तो एक से एक प्रतिभाविहीन लोग, सिर्फ गुरुप्रताप से ही महान् हो गए। एक जमाना था, जब हमारा दरबार चेले-चेलियों से भरा रहता था। अब भी लोग चरण-स्पर्श करने आते रहते हैं और जिसका जैसा सेवा भाव होता है, वैसा वे फल भी प्राप्त करते हैं। परंतु अब चेलों की संख्या घट रही है। इसीलिए तो साहित्य रसातल की ओर जा रहा है।''

पत्र-पत्रिकाओं के जो मालिक हैं (सेठ जी) उनके दुखड़े भी काबिले तारीफ हैं।

वे अपने बाप-दादों के कार्यों को कोसते हैं। आजादी के बाद औद्योगिक क्रांति के नाम से जब पूरे देश में लूट-पाट मची और हर लल्लू-खल्लू व्यापारी काले-पीले धंधों में संलग्न हो गया, तब हमारे बुजुर्गों ने नये अखबार के दफ्तर खोलकर, जाने कैसे-कैसे लोगों को पल्लू से बाँध लिया। अब इन ससुरों से पीछा छुड़ाना मुश्किल पड़ रहा है। पता नहीं हमारे बुजुर्गों को इनमें क्या खास बात नजर आती थी कि वे इनकी खूब इज़्ज़त करते थे। हमें तो इनमें दो कौड़ी की काबिलियत नजर नहीं आती। क्या धरा है इस कागज छपाई के धंधे में ? हाँ, सीमेंट का कारखाना, लोहे का कारखाना और कपड़े का कारखाना खोला जाए तो चार पैसे लाभ हो। हमारे बुजुर्ग न जान पाए, परंतु हम धंधे के गणित को जानते हैं। हमने बिजनिस मैनेजमेंट में डिप्लोमा किया है। इसीलिए तो हम धीरे-धीरे पुराने दफ्तरों का भट्ठा बिठाने में लगे हुए हैं। कई पत्रिकाएँ बंद करा दीं हमने। साफ-साफ कह दिया हमने अपने स्टाफ से, ''भैया, एक-दो अखबार रखो, जिससे अपनी राजनीति चलती रहे। नेता लोग हम पर हाथ न डाल सकें। बस ! क्या करना है हमें साहित्य-वाहित्य से ? हमें व्यापार करना है भई, कोई खिलवाड़ करने के लिए हमारा पैसा थोड़े ही है !''

इस प्रकार साहित्य के इस युग में पाठक, लेखक, प्रकाशक, संपादक सब रो रहे हैं। साहित्य में इन दिनों आँसुओं का बोलबाला है। पहले सिर्फ प्रसाद का 'आँसू' होता था। अब यहाँ हरेक की आँखों में आँसुओं की गंगा हिलोरें ले रही है। यह हिंदी साहित्य का रुदन काल है। रोए जाने में मैराथन दौड़ चल रही है। कोई छाती पीटकर रो रहा है तो कोई सिसकियों से काम चला रहा है। कोई सिर्फ सुबककर ही रह जाता है। सबके रोने-बिसूरने की अपनी-अपनी शैली है। बिलकुल मौलिक। इन दिनों साहित्य की आँसुओं से दोस्ती चल रही है। अच्छी-भली। कुछ इस तरह—

ग़म से बढ़कर दोस्त कोई और होता नहीं।
सब बिछड़ जाते हैं, लेकिन गम जुदा होता नहीं।।

नाटक जारी रहेगा

"देखो बबुआ, ये नाटक-वाटक आज से तुम बंद कर दो। ई चौराहे पर गला फाड़-फाड़कर तुम्हारे चिल्लाने से कौनऊँ क्रांति न हुई जाएगी। हमहूँ बहुत जमाना देखे हैं बबुआ। ई राजकाज तो ऐसे ही चलेगा। हाँ, नाटक-नौटंकी खेलना है तो ऊ 'लैला-मजनू' खेलो, 'शीरी-फरहाद' खेलो। कैसा-कैसा बढ़िया किस्सा-कहानी हमारे पुराने साहित्य में भरा पड़ा है। परंतु तुम सबको तो हर जगह वही अनैतिकता, अनाचार, भुखमरी और बेकारी के सिवा कुछ दिखाई ही नहीं पड़ता। का दूरदर्शन नहीं देखते बबुआ ? कितना विकास हुइ रहा है। चारों तरफ खुशहाली छा गई है देश में। गाँवों में हरितक्रांति हुइ गई है। जगह-जगह स्कूल-कॉलेज खुल गए हैं। दूरदर्शन देखो तो पता चले कि गरीबों के लिए, हरिजनों के लिए और पिछड़े वर्गों के लिए कैसी-कैसी योजनाएँ देश में चल रही हैं। तुमहूँ 'किस्से मियाँ-बीबी के' सरीखा कोई बढ़िया-सा नाटक लिख मारो। फिर चाहे उसको सड़क पै खेलो, चाहे मंच पर, कौनो बात नहीं। पर ई चीख-चिल्लाहट वाले नाटक तुम लोग जौन करत-फिरत हो। ई माँ का धरा है ? तो बबुआ, हम तुम्हें नेक सलाह देत हैं कि कल से ई नुक्कड़-भुक्खड़ नाटक बंद कर दो। शहर में अमन और शांति बनाए रखो। ई तुम्हार नाटक-नौटंकी से दंगा-फसाद होय के खतरा है, समझे !"

भैया जी का संदेश, आशुतोष चुपचाप सुनता रहा। उसे संतोष हुआ कि उसके नाटकों का असर जनता में हो रहा है। वह मन-ही-मन अपने नये नाटक का ताना-बाना बुनता हुआ घर आ गया।

दूसरे दिन चौराहे पर फिर भीड़ लगी थी। आशुतोष और उसके साथी कोई नया नुक्कड़ नाटक पेश कर रहे थे। गरीब और बेबस आम आदमी की भूमिका में फटे-पुराने कपड़े पहने हुए आशुतोष चीख रहा था—

आपके चेहरे पे जो लाली है सेठ जी
आपने हमारे लहू से चुरा ली है सेठ जी
होगी आपके लिए रोज होली और दिवाली
अपने लिए तो जिंदगी एक गाली है सेठ जी।

दर्शकों की भीड़ बढ़ती जा रही थी। आशुतोष और उसके साथी छोटी-छोटी घटनाओं में अपने अभिनय के रंग घोलते हुए, आज की स्थिति का सटीक प्रस्तुतीकरण कर रहे थे। नाटक के संवाद लोगों को झकझोर रहे थे। आशुतोष के अभिनय से सभी दर्शक रोमांचित हो उठते थे।

भैया जी को इस हादसे की खबर होते देर न लगी। उनका गुस्सा नाक पे चढ़कर भुनभुनाने लगा। फोन का चोंगा उठाकर वे खूब बड़बड़ाए। थोड़ी ही देर में थानेदार अपने चार सिपाहियों को लेकर चौक पे पहुँच गए। पुलिस को देखते ही भीड़ तितर-बितर हो गई। सिपाहियों ने डंडे बरसाने में तनिक भी विलंब नहीं किया।आशुतोष का कालर पकड़कर पहले सड़क पर ही चार बार उसे पटका गया, फिर जीप में बोरे की तरह धकेल दिया गया। उसके सभी साथी भी अब तक पुलिस के डंडों से लहूलुहान हो चुके थे। खून से लथपथ पूरी नाटक मंडली को थाने लाया गया।

थानेदार अपना डंडा घुमाते हुए गुर्राया, ''स्साले, बहुत नाटक करते हैं। अब हम दिखाते हैं यहाँ इनको कि नाटक क्या चीज है ! मुंशी जी, जरा फटाफट सान्हा दर्ज करके दफा 151, 107, और 116 का नाटक शुरू करो। बंद करो ससुरों को, बड़े कलाकार बनने चले थे। दो दिन थाने में बंद रहेंगे तो खुद-ब-खुद जान जाएँगे कि कला का असली रूप क्या है ! हमारी तो नींद हराम करके धर दी इन भुक्खड़ों ने। ये साले कहीं भी ट्रॉफिक जाम करके मजमा जमाए रहते हैं। सारा पुलिस महकमा बदनाम हो रहा है इन हरामखोरों के कारण…।''

शनिवार का दिन था और मुंशी जी ठहरे हनुमान जी के परम भक्त। वे दिन ढले जब तक अपना व्रत न तोड़ लेते, कभी किसी काम में हाथ न डालते थे। शाम को जब कचहरी बंद हो गई तब मुंशी जी ने डकार ली। चालान समय से पेश न होने के कारण किसी की जमानत न हो पाई। रातभर थाने में गाली-गलौज, लात-घूँसा और जूते-चप्पल के साथ जोरदार नाटक चलता रहा। दूसरे दिन रविवार को, थाने की काल कोठरी में कुछ कलाकार कराह रहे थे, वहीं शहर के प्रसिद्ध राजनीतिज्ञ, सामाजिक कार्यकर्ता और प्रशासनिक अधिकारी अपने-अपने घरों में मौज से 'महाभारत' देख रहे थे।

बमुश्किल दो दिनों बाद उन कलाकारों की जमानत हो पाई। भैया जी अपने नाटक की सफलता पर प्रसन्न थे। वे सोच रहे थे कि अब सड़कों और चौराहों पर उनका अधिकार सुरक्षित है। अब वे चौराहे पर एक विशाल सभा और सड़कों पर लंबी रैली की योजना बना रहे थे।

अभी इस हादसे को बीते हफ्ताभर भी न हुआ था कि एक दिन फिर चौक पर नुक्कड़ नाटक शुरू हो गया। हजारों की संख्या में लोग आशुतोष द्वारा लिखित और निर्देशित नाटक देख रहे थे। आशुतोष की पत्नी और उसके कई साथी पूरी लगन और

उत्साह से जनता की समस्याएँ, उनकी विवशताएँ और मुश्किलों को अपनी कला से प्रदर्शित कर रहे थे। आशुतोष एक मजदूर का भेस बनाए चिल्ला रहा था—

वो जिनके हाथ में छाले हैं, पैरों में बिवाई है
उन्हीं के दम से रौनक, आपके बँगले में आई है।
रोटी कितनी महँगी है, ये वो औरत बताएगी,
जिसने जिस्म गिरवी रख के, ये क़ीमत चुकाई है।

भैया जी उधर रैली की तैयारी में व्यस्त थे। उन्हें कितना विशाल जन-समर्थन प्राप्त है, इसे प्रदर्शित करने के लिए आज उन्होंने इस नगर में एक बड़े जुलूस का आयोजन किया हुआ था। दूर-दराज से लोगों को इस रैली में शामिल होने के लिए बुलवाया गया था। अखबारों में, पत्रिकाओं में इस विशाल रैली के बड़े-बड़े विज्ञापन छपे थे। पूरा शहर रंगीन पोस्टरों, झंडियों और बैनरों से सजा हुआ था। इतनी चमक-दमक और खासी टीप-टाप में ये भुक्कड़ नाटक वाले आँख में किरकिरी के समान खटक रहे थे। भैया जी का गुस्सा सातवें आसमान में पहुँच चुका था। उन्होंने झट कल्लू दादा को बुलाया और लगभग चीखते हुए कहा, "कल्लू, अब बहुत हो गया। यह नाटक हमेशा के लिए खत्म होना चाहिए।"

···और सचमुच उस दिन चिलचिलाती धूप में हजारों दर्शकों के बीच उस जीवंत नाटक पर मौत का काला भयावह परदा गिर गया। सब कुछ एक क्षण में समाप्त हो गया। आसमान में सुराख कर देने वाला तीखा स्वर, सदैव के लिए शांत हो गया। चौराहा रो उठा और सड़कें सिसकने लगीं। परंतु थोड़ी ही देर बाद उन सड़कों पर से एक लंबा जुलूस गुजर गया, चौराहे पर आम सभा के लिए एक भारी भीड़ जमा हो गई।

शायद लोगों ने सोच लिया था कि अब इस शहर से नुक्कड़ नाटक सदैव के लिए विदा हो गए। भैया जी निश्चिंत हो, अपने कार्यक्रम में व्यस्त हो चले थे। परंतु अभी तो आशुतोष को गए हुए तीन दिन भी नहीं हुए थे और चौराहे पर नुक्कड़ नाटक की मंडली दिखाई देने लगी। आशुतोष की विधवा पत्नी और उसके साथी फिर पूरे उत्साह और संपूर्ण निष्ठा के साथ जनता को अपनी कला द्वारा झकझोर रहे थे। सफेद साड़ी में लिपटी हुई। अपनी पुछी हुई माँग लिए आशुतोष की पत्नी सबसे पूछ रही थी—

रहबरानो-मुल्को-मिल्लत
आपसे है इक सवाल,
थे जहाँ नग़मात, अब हैं,
सिसकियाँ क्या बात है ?

अबला जीवन की कथा

सालों से इस देश में बूढ़े अरब शेख आते हैं। मजे से कहीं हैदराबाद में, तो कहीं लखनऊ में या फिर अलीगढ़ में शाही निकाह होता है और कोई सलमा, जुबेदा या रेहाना उनके आलीशान हरम में समा जाती है। इसके बड़े फायदे हैं। कोई अरबपति शेख जब भारत में निकाह करने आएगा तो खाली हाथ थोड़े ही आएगा ! उसके साथ आएगी ढेर सारी विदेशी मुद्रा। देश में तो विदेशी मुद्रा का संकट सदा ही बना रहता है। अरब देशों से धनाढ्य शेखों के यहाँ आने से सरकार को विदेशी मुद्रा का लाभ मिलता है। वे मेहमान हैं हमारे। स्वागत है उनका।

कोई शेख जब हवाई जहाज से बंबई उतरता है तो सबसे पहले वह किसी महँगे अस्पताल में अपने गुप्त रोगों का इलाज कराता है। तत्पश्चात् वह सीधे हैदराबाद, लखनऊ या अलीगढ़ की ओर प्रस्थान कर जाता है। उसके लिए खजुराहो का कोई महत्त्व नहीं है। अजंता-एलोरा की उत्कृष्ट कला उसके लिए निरर्थक है। होगा ताजमहल बहुत खूबसूरत, उसके लिए दो कौड़ी का है। उसे तलाश होती है, जिस्म के दलालों की। बहुत प्रेट्रो डालर है उसके पास।

अब यहाँ आकर अरबपति शेखों ने हमारे अस्पतालों में अपने यौन-रोगों का इलाज करा लिया या कहीं किसी अबला से निकाह कर लिया तो इसमें देश का क्या बिगड़ता है ? दूर देशों से वे हमारा भला करने ही आते हैं। उन्होंने वहाँ वीडियो पर भारतीय फिल्में देखीं। दहेज के लिए सरेआम बहुओं को जलते हुए देखकर उनका मन पसीज गया। वे खट्ट से हवाई जहाज द्वारा भारत आ गए, अबलाओं का उद्धार करने। वे बड़े संवेदनशील हैं। उनसे नाबालिक लड़कियों के माँ-बाप का दुःख नहीं देखा जाता। शेख जी आ गए आँसू पोंछने। उन्होंने कहा, ''हमें कोई दहेज नहीं चाहिए। हम तो आपकी मदद करने आए हैं।हमसे जो भी रुपया-पैसा, जितना भी चाहिए ले लो और अपनी नाबालिक लड़की को हमारे हरम में डाल दो। बस !''

मरता क्या न करता। बाप लाचार है। घर में तो लड़की को खिलाने के लिए कुछ नहीं है। ऐसे में घर-द्वारे, बैठे-बिठाए ये देवता स्वरूप शेख जी आए। सचमुच भाग जागे बिटिया के। राज करेगी, राज। शेख जी बूढ़े हैं तो क्या ! आदमी की उमर थोड़े ही देखी जाती है, उसकी तो जेब देखी जाती है, जेब ! तो शेख जी की जेब मोटी है।

बिटिया भागवान निकली। दोनों कुल तार जाएगी।

तो इस प्रकार अरब शेखों द्वारा लगातार हमारे देश में परिवार कल्याण कार्यक्रम सफलतापूर्वक चल रहा था। हैदराबाद की अमीना ने आसमान से आँसू क्या बहाए कि सब गुड़ गोबर हो गया।

65 वर्षीय शेख और 10 वर्षीय अमीना। अहा ! क्या बढ़िया जोड़ी थी, पर हवाई जहाज में एक एयर होस्टेज की बुरी नजर लग गई और मामला अदालत में आ गया। शेख बहुत पैसे वाला आदमी है इसलिए उसका वकील भी आला दिमाग है। वकील ने अदालत में कहा, ''अभियुक्त मुस्लिम है और सरियत के अनुसार उसे इस निकाह की अनुमति है। इसलिए वह बेकसूर है। उस पर कोई मुकदमा नहीं चलाया जा सकता। फिर अमीना के माँ-बाप ने भी कोई शिकायत दर्ज नहीं कराई है। इस प्रकार एक इज़्ज़तदार अमीर शेख के गिरेबान पर कानून अपना हाथ नहीं डाल सकता।''

हिंदी फिल्मों का बहुप्रचलित संवाद है, ''कानून के हाथ बड़े लंबे होते हैं।'' हालाँकि फिल्म वाले यह भलीभाँति जानते हैं, उनकी बे-सिर-पैर की जैसी फिल्में, वैसा ही यह तालीपीटू जुमला। हाथ ही देखने हैं तो 'वोट बैंक' के हाथ देखिए—सबसे लंबे, सबसे सुंदर। पिछले दिनों 'साहबानो प्रकरण' में फैसला आया कि तलाकशुदा महिला को उसके पूर्व पति से गुजारा भत्ता मिलना चाहिए।

रातोंरात इस फैसले से सरियत को खतरा पैदा हो गया। एक गरीब औरत को उसके गुजारे के लिए चंद रुपए मिलने लगेंगे तो धर्म डूब जाएगा, सरकार लड़खड़ा जाएगी। 'वोट बैंक' का गणित चौपट हो जाएगा। इसलिए एक विधेयक उसके सर में दे मारा। ये प्रगतिशीलता का कीर्तन करने वाले, आए दिन शेखों को ऐसे कार्यों के लिए बधाई देते हैं। क्योंकि यहाँ तो सब पर्सनल ला के अंदर की बात है। बाहर की बात तो अबला साहबानो करती थी।

एक समाचार मध्य प्रदेश से। यहाँ के हाईकोर्ट में पिछले दिनों मुहम्मद उमरखान बनाम गुलशन बेगम का प्रकरण आया। गुलशन बेगम ने अपने गुजारे भत्ते के लिए कानून के सम्मुख गुहार लगाई। मियाँ उमरखान ने कह दिया कि मैं इसे तलाक दे चुका हूँ। अब काहे का गुजारा भत्ता ? जा वक्फ बोर्ड को अपील कर। जाहिर है कि कानून का फैसाल मियाँ उमरखान के पक्ष में ही रहा, जिसमें कहा गया कि मुस्लिम पति, मुस्लिम पत्नी को बिना किसी तीसरे की उपस्थिति में भी तलाक दे सकता है और उसे इसे सिद्ध करने की भी कोई जरूरत नहीं है। अब लाख गुलशन बेगम कहे कि तलाक नहीं हुआ है, परंतु सुनेगा कौन !

लोगों के पास बहुत काम है। अब वे यों अमीनाओं और गुलशन बेगमों के आँसू पोंछते रहेंगे तो मंदिर और मसजिद पर विवाद कौन करेगा ? वे बुतपरस्त नहीं हैं, परंतु बुतों के लिए खून की नदियाँ बहा देते हैं। ऐसा नहीं है कि अमीना और गुलशन बेगम का ही आँचल आँसुओं से तर है। राधा, गीता और सुनीता की भी यही दशा है—इन्हें

भी दहेज की होली में जलना है। कोई कर भी क्या सकता है—'हुइहै वही जो राम रचि राखा', अमीना, गुलशन बेगम, राधा, गीता और सुनीता आदि के विषय में सोचते रहने की अभी यहाँ किसे फुर्सत है ! कितने सारे अहम् मसले अभी सोचने को पड़े हैं। पहले इन्हें तो निपटा लें। हिंदी और उर्दू का मसला है। सवर्ण और पिछड़ी जातियों के मुद्दे हैं। कावेरी जल विवाद है। आतंकवाद की समस्या है...आदि !

शेख साहब यदि ट्रेन में या बस में अपनी नई-नवेली दुल्हन को कहीं घुमाने ले जाते तो कोई कुछ न कहता। सब खुश होते देखकर। बलैयाँ लेते नए जोड़े की। परंतु उस हवाई जहाज में वो एयर होस्टेज, जो प्रायः विदेशी हवा-पानी ग्रहण करती है, उससे अमीना के आँसू नहीं देखे गए। खैर...कोई बात नहीं, अब भी कुछ नहीं बिगड़ा है। मेरा भारत महान् !

पश्चिमी देशों से पुराना रूढ़िवादी सामाजिक ढाँचा उखाड़कर फेंक दिया गया। वे अपने परंपरा का मोल क्या जानें ! नासमझ हैं। परंपरा का मोल देखना है तो कोई हमारे यहाँ आकर देखे। वही सदियों पुराने सामाजिक नियम और कानून हम आज भी अपने छाती से चिपकाए खुशी-खुशी जी रहे हैं।

तो अरब के अरबपति शेखो, चिंता की कोई बात नहीं है। एक अमीना के आँसू आसमान से बरस पड़े तो सबके थोड़े ही बरसेंगे। यहाँ की अमीनाओं और राधाओं को तो रोना ही है। चाहे वे यहाँ रोएँ या वहाँ तुम्हारे हरम में जाकर रोएँ। तुम्हारे पास बहुत पैसा है। तुम हमारे डॉक्टर, इंजीनियर और तकनीशियन आयात करते हो तो यहाँ गर्व किया जाता है कि भारतीय हुनर की वहाँ बड़ी माँग है। हम कद्र नहीं कर पाते उस हुनर का, इसलिए बेच देते हैं। इसी तरह कई अमीनाओं और राधाओं के माँ-बाप दहेज की मोटी रकम न जुटा पाने के कारण बुड्ढे-खूसटों के संग अपनी बेटियों का निकह कर देते हैं, ठीक 65 साल के शेख याहा-अल-सगीह और 10 साल की अमीना की भाँति ! यहाँ तो बहुत पहले ही कहा गया है—

> अबला जीवन हाय तुम्हारी यही कहानी
> आँचल में है दूध और आँखों में पानी।

बड़े साहब का दौरा

छोटे ऑफिस में पत्र द्वारा सूचना आई कि फलाँ तारीख को बड़े साहब का दौरा है। चपरासी से लेकर साहब तक, सबके चेहरे पर बड़े साहब के दौरे की चिंता दिखाई देने लगी। बड़े साहब क्यों आ रहे हैं ? क्या देखेंगे ? किसी ने कोई शिकायत की है क्या ? कई तरह की शंकाएँ, कुशंकाएँ छोटे दफ्तर में यहाँ-वहाँ तिरने लगीं।

साहब ने रामधन बाबू को बुलाकर निर्देश दिए, ''देखो रामधन, बड़े साहब परसों आ रहे हैं। तुम्हारे पास पूरे दो दिन हैं। सारे रिकार्ड अप-टू-डेट कर लो। अभी तक कितना खर्च हुआ ? कितनी योजनाएँ स्वीकृत होने के लिए ऊपर भेजी गईं और किन-किन योजनाओं में कार्य प्रगति पर है ? इस सबका विस्तृत ब्यौरा बनाकर जल्द-से-जल्द मुझे दीजिए। बड़े साहब न जाने क्या पूछ बैठें !''

दफ्तर में प्रायः ऊँघते रहने वाले रामधन बाबू सहसा सक्रिय हुए। पुरानी फाइलों पर से धूल झाड़ी गई। नई फाइलों का अध्ययन किया गया। इस दौरे में किसकी शामत आएगी ? यही सोचते हुए रामधन बाबू विस्तृत ब्यौरा तैयार करने में संलग्न हो गए।

साहब ने शाम को सभी मातहतों की आतात्कालीन बैठक बुलाई। सबके कार्यक्षेत्र का विवरण पूछा। कुछ लोगों को डाँट पिलाई। शेष लोगों को बड़े साहब के रौद्र स्वभाव का खौफ जताया। अंत में सभी कार्यों का पूर्ण विवरण परसों सुबह तक हर हालत में तैयार करने के निर्देश दिए। लोग अपनी-अपनी फाइलें सँभालते मुँह लटकाए, मन में तरह-तरह के संदेह लिए चल दिए !

बड़े साहब के दौरे की चिट्ठी क्या आई कि छोटे साहब की नाक में दम हो गया। दो साल पहले जब इस कुर्सी पर दूसरे साहब बैठते थे, तब एक बार इसी प्रकार बड़े साहब का दौरा यहाँ हुआ था। उस दौरे के चर्चे आज तक इस दफ्तर में सुनाए जाते हैं। पुराने साहब को सभी मातहतों के सामने क्या लताड़ा था बड़े साहब ने ! पूरे दफ्तर को जैसे साँप सूँघ गया हो। सब चुपचाप साँस रोके सुनते रहे और छोटे साहब यस सर, जी सर के अलावा एक शब्द न बोल पाए। तीन मातहतों के खिलाफ बड़े साहब ने चार्ज सीट लिखी थी। रामधन बाबू के रजिस्टरों का बंडल देखकर वे खूब चीखे-चिल्लाए। कुछ रजिस्टर उन्होंने टेबुल पर ही जोर से पटके, शेष में लंबे-चौड़े रिमार्क लिखे और अंत में उन्हें अच्छी-खासी डाँट पिलाई। उस दौरे की चर्चा करते हुए

लोग बताते हैं कि छोटे साहब का ब्लड प्रेसर बहुत बढ़ गया था। किसी ने उनसे कह दिया था कि आपके खिलाफ बड़े साहब ने ऊपर कुछ लिख दिया है। फिर हिम्मत करके जब छोटे साहब ढेर सारे उपहारों के साथ बड़े साहब के घर आकर उनसे मिल लिए, तब उनकी जान में जान आ पाई थी।

वही बड़े साहब पूरे तीन साल बाद फिर इस दफ्तर में आ रहे हैं। दफ्तर के पुराने साहब तो बदल गए। अब जो नये आए हैं, वे एकदम गैर अनुभवी और पिद्दी से दिखाई देते हैं। कई सालों तक वे संभागीय दफ्तर में संलग्न रहकर फाइलों से ही माथा-पच्ची करते रहे, इसलिए उन्हें सिर्फ फाइलें सँवारने का ही अनुभव है। पहली मर्तबा उन्हें विकास कार्य संपन्न कराने के लिए दफ्तरी कार्यों से निकालकर रचनात्मक कार्यों वाले इस दफ्तर में पदस्थ किया गया। सर मुड़ाते ही ओले पड़े। अभी वे ठीक से अपनी अफसरी सँभाल भी न पाए थे कि इतने बड़े अफसर का दौरा झेलने का अवसर आ गया।

बड़े साहब, जो दौरे पर आने वाले हैं, वे पूरे जोन के सबसे बड़े अफसर हैं। उनके नीचे कई जिलों के, तहसीलों के और सभी ब्लाकों के कार्यालय हैं। इस ब्लाक में रेस्ट हाउस बहुत अच्छा है। पास ही राष्ट्रीय उद्यान भी है, जिसमें शेर, चीते और भालू आदि देखे जाते हैं। कुल मिलाकर दौरे के लिए यह काफी अच्छी जगह है।

छोटे साहब की रातों की नींद गायब हो गई। इतने बड़े अफसर का दौरा झेलने का यह उनका पहला अवसर है। वे समझ नहीं पा रहे हैं कि क्या इंतजाम करें और क्या न करें। बड़े साहब सिर्फ 'जानीवाकर' पीते हैं। नाश्ते में क्या रखें ? लंच कैसा रहेगा ? और डिनर में क्या बनवाया जाए ? ये चिंताएँ और ऊपर से जाने क्या पूछ लें ? मैं जवाब दे पाऊँगा कि नहीं ? यह आशंका भी उन्हें खाए जा रही है। वैसे रामधन बाबू है। एक दौरा वह करा चुका है। बड़े साहब के स्वभाव से वाकिफ है। वह सब कुछ सँभाल लेगा। परंतु बड़े साहब जरा भी नाखुश हुए तो गाज तो मेरे ऊपर ही गिरेगी। यही सब सोचते हुए देर रात तक वे बिस्तर पर करवटें बदलते रहे। पत्नी ने एक-दो बार बेचैनी का कारण भी पूछा। 'कुछ नहीं' कहकर वे टाल गए। अब उससे क्या कहते ! शायद वह परेशानी का कारण जानकर मेरे ऊपर ही हँसती और कहती, ''अरे, बड़े साहब आ रहे हैं। वे कोई शेर हैं क्या जो खा जाएँगे !'' अब पत्नियाँ क्या जानें कि उनके पतियों को दफ्तरों में क्या-क्या पापड़ बेलने पड़ते हैं।

आज बारह बजे की ट्रेन से बड़े साहब आएँगे। रेस्ट हाउस में लंच लेंगे। रात रुकेंगे। और दूसरे दिन बारह बजे प्रस्थान होगा। ऐसा कार्यक्रम ज्ञात हुआ है। दो दिनों से इस दफ्तर के सभी कर्मचारी उनके दौरे की व्यवस्था में संलग्न हैं। सारी फाइलें अप-टु-डेट कर ली गईं। कार्यों का ब्यौरा तैयार कर लिया गया। रेस्ट हाउस में नाश्ता, डिनर और लंच की उत्तम व्यवस्था कर दी गई। शायद बड़े साहब 'राष्ट्रीय उद्यान' जाएँ या और कहीं भी जा सकते हैं इसलिए विभागीय जीप बिलकुल टिपटाप कर दी गई।

आज सुबह से छोटे साहब पूजा-गृह में जो घुसे सो निकलने का नाम ही नहीं ले रहे हैं। रोज तो बस दो मिनट में भगवान के सामने अगरबत्ती घुमाकर नाश्ते के लिए पत्नी को आवाज देने लगते हैं। नाश्ते में थोड़ी देर हो जाए तो पत्नी को झिड़की भी देते हैं। और आज उनकी पत्नी तीन बार उन्हें नाश्ते के लिए पुकार चुकी हैं और वे पिछले दो घंटे से भगवान की पूजा ही कर रहे हैं।पत्नी ने जब चौथी बार आवाज लगाई, तब 'संकट कटे मिटे सब पीरा, जो सुमरै हनुमत बलबीरा' कहते हुए वे बाहर आए। नाश्ते में उनका मन नहीं लगा। एक-दो निवाले मुँह में डालकर पत्नी को यह कहते हुए, ''जी ठीक नहीं है।'' जल्दी ही ऑफिस की ओर चल दिए।

ऑफिस पहुँचकर उन्होंने स्वयं हर टेबुल पर जाकर फाइलों को अंतिम बार देखा। सुपरवाइजर, हेल्पर, बड़े बाबू, छोटे बाबू, डिस्पैचर, टाइपिस्ट और चपरासी सबको उन्होंने एक बार फिर आवश्यक हिदायतें दीं। किसी को रेस्ट हाउस भेजा। किसी को कोल्ड ड्रिंक के लिए कहा। किसी से बर्फ के लिए पूछा। फिर रामधन बाबू को अपने चैंबर में बुलाकर उन्होंने आवश्यक सलाह ली, ''क्यों रामधन बाबू, बड़े साहब को उपहार में क्या देना पड़ेगा ?''

रामधन बाबू ने अपने बुजुर्गाना अंदाज में धीरे से कहा, ''बड़े साहब हैं। इनको कब-कब आना है यहाँ। कोई ऐसी चीज दीजिए कि उनको याद रहे और आपके भविष्य के लिए भी उससे अच्छा प्रभाव बना रहे।''

साहब कुछ सोचकर बोले, ''अपना यह क्षेत्र कोसे के कपड़ों के लिए प्रसिद्ध है। तुम कहो तो साहब के लिए एक सफारी सूट का कपड़ा और मेम साहब के लिए एक-दो साड़ियों के बंडल पैक करवा दें ?''

रामधन ने अपने निचले होंठ के नीचे तंबाकू दबाते हुए कहा, ''अरे, कपड़ा-अपड़ा की कोई कमी थोड़े है उनको ? इतने बड़े साहब हैं सफारी और साड़ियों का तो अंबार होगा उनके यहाँ।''

''तो फिर तुम्हीं कहो, का करें ? अब तुम तो एक दफा उनका दौरा देखे भी हो। जैसा कहो सो कर दें।'' साहब चिंतित हुए।

''आप तो साहब लिफाफा भर मोटा-सा रख लो। जाते समय वही टिका देना। सब चीजें भूल जाती हैं साहब, परंतु लिफाफा हर अफसर को हमेशा यदा रहता है।'' रामधन बाबू ने गुरु गंभीर शैली में समझाया।

फूल-मालाएँ लेकर साहब रामधन बाबू के साथ रेलवे स्टेशन पहुँचे। गाड़ी राइट टाइम थी। साहब बेचैन थे। रामधन बाबू आश्वस्त। बड़े साहब प्रथम श्रेणी के डिब्बे से उतरे। उन्हें मालाएँ पहनाई गईं। ससम्मान उन्हें विभागीय जीप में बिठाकर रेस्ट हाउस लाया गया। वहाँ पूरी व्यवस्था थी। बड़े साहब ने जमकर पी और डटकर खाया। फिर घंटे भर तक वे सोए। थकान मिटाई। तत्पश्चात् वे राष्ट्रीय उद्यान घूमने

चले गए। इधर ऑफिर में उनका इंतजार होता रहा। पिछले दो दिनों से ऑफिस के हर छोटे-बड़े कर्मचारी की हालत खराब थी। जाने कहाँ-कहाँ से लोगों ने जरूरी और गैर-जरूरी आँकड़े जमा किए थे। बंद, बीमार और घिसट-घिसटकर चलती योजनाओं के पूरे ब्यौरे इकट्ठे किए। ऑफिस का हर रजिस्टर, हर फाइल और प्रत्येक पेपर नये सिरे से सुधारा गया। साहब ने जाने कैसी-कैसी सूचनाएँ, आँकड़े और ब्यौरे पूरी तरह कंठस्थ कर लिए थे। सभी मातहत पूरी तरह तैयार थे, एक कठिन परीक्षा देने के लिए।

बड़े साहब शाम को थके-हारे आए और आते ही फिर पीने बैठ गए। उन्होंने वहीं रेस्ट हाउस से दो-तीन जगह फोन किए। फिर खाने की टेबल पर देर तक जमे रहे। थोड़ी देर बाद उनके आठ-दस परिचित वहाँ आ धमके और आते ही उलाहना देते हुए कहने लगे, ''वाह ! वर्मा जी, आप यहाँ खाना खा लेंगे, तो फिर हम लोग आपका स्वागत किस प्रकार करेंगे ?''

''आपके यहाँ भी खा लेंगे। अरे, आपके बेटे की शादी में आए हैं। उसके ससुराल वालों का माल ऐसे ही थोड़े छोड़ देंगे।'' वर्मा जी गले तक खाए हुए जब जोर से हँसे तो लगा कि वे अभी यहीं फर्श पर कहीं वमन न कर दें।

आगंतुक सज्जन फिर विनीत भाव से बोले, ''वर्मा जी, आपसे तो हमने अपने पत्र में ही रिक्वेस्ट की थी कि आप हमारे साथ बारात के संग ही रुकिएगा। फिर आपने ही लिखा कि आपके विभाग का कार्यालय है यहाँ ! नाहक ही इन लोगों को परेशानी…।''

अब साहब की बारी थी। उन्होंने झट अधबीच बात पकड़ते हुए हें-हें करके कहा, ''नहीं, नहीं, इसमें परेशानी की क्या बात है ? ये तो हमारा परम कर्तव्य है। वो तो अच्छा हुआ कि साहब आपके यहाँ शादी से आए और हम लोगों को दर्शन का और सेवा का मौका मिल गया।''

बड़े साहब मंद-मंद मुस्काए। फिर हाथ-मुँह धो-पोंछकर, आनेवालों के साथ विवाह कार्यक्रम में सम्मिलित होने चल दिए।

अब जाकर पता चला कि साहब के किसी मित्र के सुपुत्र का विवाह आज इस कस्बे में संपन्न होने जा रहा है। उसी में सम्मिलित होने के लिए बड़े साहब ने यह दौरा तय किया था। परंतु जब तक बड़े साहब यहाँ हैं, छोटे साहब की जान तो साँसत में ही रहेगी।

दूसरे दिन ठीक लंच के समय बड़े साहब रेस्ट हाऊस पधारे। उन्होंने फिर पी और भरपेट मनपसंद लंच लिया। वे मुश्किल से जीप में बैठ पाए। अब उनके जाने की तैयारी थी।

साहब और रामधन बाबू उन्हें छोड़ने रेलवे स्टेशन तक गए। गाड़ी सही समय पर आई। साहब ने प्रथम श्रेणी का टिकिट उनको थमाया। बड़े बाबू ने कुहनी से लिफाफा

देने के लिए इशारा किया। एक बार तो मन में इच्छा हुई कि कम-से-कम इसे तो बचा लें फिर जाने क्या सोचकर साहब ने वह मोटा लिफाफा बड़े साहब की तरफ बढ़ा दिया।

"अरे, इसकी क्या जरूरत थी ?" ऐसा कहते हुए बड़े साहब ने इत्मीनान से वह लिफाफा अपने कोट की भीतरी जेब में डाल लिया।

साहब ने दूसरे दिन दफ्तर में आकर सबको बताया कि बड़े साहब का यह दौरा बहुत सफल रहा।

है। कहानी में यदि 'किस्सा गोई' जैसी कोई चीज है, तो वह घटिया रचना कही जाएगी। सीधी और सरल भाषा में कहानी होगी तो उसे सतही करार दिया जाएगा। कुछ ऊल-जुलूल हो। बे सिर-पैर का। शारीरिक शोषण की आड़ में नायिका के उभारों का रसदार वर्णन हो तो वह क्रांतिकारी कदम माना जाएगा।

यदि आप कसम खाकर आए हैं कि सिर्फ 'कालजयी' रचनाएँ ही लिखना है तो सबसे पहले चटखारेदार भाषा हो। गाली-गलौज चलेगा। भयानक रस और बीभत्स रस का मिश्रण बना डालिए। जो निकले, वही अमर रचना है। कहानी जब छप जाए तो सर्वाधिक जरूरी काम यह है कि उसकी कई सैकड़ा फोटो प्रतियाँ निकलवाइए। फटाफट ये प्रतियाँ आलोचकों, संपादकों, प्रसिद्ध लेखकों और अपने चमचों को इस आग्रह, 'आपकी प्रतिक्रिया अपेक्षित है' के साथ तुरंत भिजवाएँ। आपने क्या लिखा है ? यह बात यहाँ कतई महत्त्वपूर्ण नहीं है। महत्त्वपूर्ण यह है कि आप किस ग्रुप के हैं ? आप अपने लिखे हुए को कितना चर्चित करवा सकते हैं ? किसी संपादक से अपने साँठ-गाँठ कर ली है, तो आप सही रास्ते पर हैं। अब आप नाम बदल-बदलकर अपनी रचना की तारीफ लिखिए और छपवाइए। अपनी इस इकलौती रचना के बल पर जब आप स्थापित कहानीकार हो जाएँ तो फिर दोबारा कहानी-वहानी लिखने की भूल मत करिएगा। यहाँ स्थापितों के लिए, बड़े कहानीकारों के लिए 'न लिखना' ही उनकी योग्यता है। रात-दिन कलम घिस-घिसाकर लोग इतने प्रतिष्ठित न हो पाए, जितना 'न लिखकर' लोग हो गए। आजकल न लिखना ही हिंदी जगत् में बड़ी प्रतिभा होने की पहचान है।

बँगला, उर्दू, कन्नड़, मलयालम और गुजराती के किसी कथाकार को कोई राष्ट्रीय स्तर का पुरस्कार मिल जाए तो हिंदी वालों को कहते देर नहीं लगती, "अजी, इन पुरस्कारों में तो राजनीति है।" भई, होगी राजनीति। जब बड़े-बड़े बुद्धिजीवी कहते हैं तो सच ही होगा ? परंतु यह राजनीति दिखाई नहीं देती। शायद ऊँचे स्तर की होगी ! इधर हिंदी वालों की कुचाल, कपट और दंभ की राजनीति, गली-गली, मोहल्ले-मोहल्ले में रोज दिखाई देती है।

हाय ! हिन्दी कहानी, तेरा दुर्भाग्य है कि तेरे सेवक इतने तिकड़मबाज भी न निकले कि तेरे लिए एक अदद 'ज्ञानपीठ पुरस्कार' हथिया लाते। राजनीति भी उन्होंने की तो क्षुद्र स्तर की। फिर क्यों न आलोचक कविता के गुण गाएँ ! कितने-कितने पुरस्कारों और अलंकरणों से सजी-धजी है कविता ! मैं जानता हूँ कि अब कहानीकार यही कहेंगे न, "पुरस्कार और अलंकरण किसी रचना की श्रेष्ठता के मापदंड नहीं हैं।" बिलकुल ठीक फरमाया आपने। परंतु इधर बहुत टुच्चे-टुच्चे पुरस्कारों के लिए जो मारा-मारी है, वह किसी से छुपी है ? हाय तौबा !!

आंचलिक कहानी, समांतर कहानी, प्रगतिशील कहानी, जनवादी कहानी और अकहानी जैसे फतवों को झेलते हुए कहानी कोई नया रूप ले पाती, उसके पूर्व ही कई

प्रसिद्ध लेखकों, आलोचकों और साहित्याचार्यों ने शानदार ढंग से कहानी की मृत्यु की घोषणा कर दी। नामवर आलोचक कहानी में 'खुशबू' की चर्चा करने लगे। वहीं कई प्रतिष्ठित कहानीकार, कहानी की मौत पर स्यापा करते दिखाई दिए। कुछ संपादकों और प्रकाशकों ने तो बाकायदा कहानी की अकाल मृत्यु पर एक जाँच कमीशन ही बिठा दिया। उसकी रिपोर्ट के अनुसार, कविता के तत्त्वों का कहानी में समावेश, पत्रकारिता की जानकारी को कहानी में घुसा देना, दृश्य माध्यमों का कहानी पर हमला—ऐसे ही कुछ विषाक्त तत्त्वों को कहानी की मौत का जिम्मेदार ठहराया गया।

फिर चला कहानी की मौत पर मतभेदों का सिलसिला। कई लोग चिल्लाए, "अरे अभी तो साँस चल रही है। काहे को बिचारी को मारे डाल रहे हो ?"

बढ़िया हल्ला-गुल्ला शुरू हुआ। एक स्थापित ने कहा, "अरे कहानी तो कब की मर गई। अब तो सिर्फ लाश को ठिकाने लगाने का काम रह गया है।"

दूसरे विस्थापित लपककर सामने आए, "खबरदार जो किसी ने कहानी की काया को हाथ लगाया, वर्ना साहित्य की दुनिया से एक-एक का नामोनिशान मिटाकर रख दूँगा। कहानी की मिट्टी पलीत करने का हक सिर्फ हमें है। हम उसके जेठे बेटे हैं।"

अब पके हुए आमों के लिए अपुन क्या कहें ! अपने ही हाथ पिलपिले एहसास से थर्रा जाएँगे। शिकायत तो नई पीढ़ी से है। आश्चर्य होता है देखकर, इतने जर्जर और इतने अपाहिज लोग ? कोई अपने पैरों पर खड़ा दिखाई नहीं देता। सब किसी-न-किसी के दरबार में दंड पेल रहे हैं। साहित्य सरिता के घाट पर इन दिनों सैकड़ों पंडे अपना-अपना छत्र ताने बैठे हुए हैं। वे हर नये लेखक को अपना जजमान बना लेने के लिए चिल्ल-पों मचा रहे हैं। लड़े पड़ रहे हैं। पंडों, झंडों और डंडों की भीड़ में नया लेखक खुशी-खुशी अपनी दुर्गति करा रहा है। कुछ प्रतिभाशाली और स्वावलंबी लोग भी हैं। उनके सृजन से ही कहानी की स्वाँसें चल रही हैं वर्ना तो लोगों ने कहानी का गला दबाने में कोई कसर नहीं छोड़ी।

हे कहानी, सौ साल से भी कम उमर में तेरी कमर लचक गई। इन दिनों तू बिलकुल असहाय, अबला और निरीह-सी दिखाई दे रही है। तुझे देखकर बरबस मुँह से यही निकलता है, हिंदी कहानी : हाय ! तेरी यही कहानी !

अँगिया काहे न धुबाई

मेरे प्यारे देशवासियो, बहुत दिनों से मैंने राष्ट्र के नाम कोई संदेश नहीं दिया, इसलिए पिछले कई दिनों से मेरी अंतरात्मा, जो भीतर पता नहीं किस कोने में लुकी-छुपी बैठी रहती है, वह छटपटा रही थी। कभी-कभार यह यूँ ही छटपटाया करती है, तभी मुझे पता लगता है कि मेरे पास भी एक अदद अंतरात्मा है।

पिछले कई दिनों से सोच रहा था कि मैं अपने प्यारे राष्ट्र के नाम एक संदेश दे डालूँ परंतु इसके लिए कोई ठीक-ठाक कारण या कोई उचित अवसर नहीं मिल पा रहा था। अब होली आ गई है तो इस शुभ अवसर पर अपने प्यारे देशवासियों के नाम एक संदेश दे ही डालता हूँ।

बहुत दिनों से घर पर पत्नी उलाहना दे रही थी कि आए दिन दूरदर्शन पर ऐरा-गैरा कोई भी भाषण, वार्ता या संदेश देता रहता है और एक तुम हो कि महीनों हो गए टी. वी. पर तुम्हारी एक झलक तक नहीं दिखी। इतने बड़े नेता फिर काहे को बने फिरते हो, जब दो घड़ी टी. वी. पर संदेश देने तक की फुर्सत नहीं है तुम्हें। बच्चे भी आए दिन पूछते रहते हैं—पापा टी. वी. पर क्यों नहीं दिखते ? इस प्रकार घर, परिवार, प्रशंसक, पार्टी और देश के लिए मैं आज दूरदर्शन के माध्यम से अपना यह संदेश राष्ट्र को समर्पित करता हूँ।

भाइयो तथा बहनो, सन् सैंतालीस में हमें आजादी मिली। तब से आज तक हम आजादीपूर्वक होली मनाते आ रहे हैं। गुलामी के दिनों में होलिका-दहन के रूप में लोग आस-पास का कचरा और पुरानी लकड़ियाँ जलाया करते थे। उन दिनों हम गुलाम थे, इसलिए अपने मन मुताबिक कुछ भी न कर पाते थे। आजादी के बाद हमने प्रसन्नतापूर्वक बहुएँ जलाना आरंभ कर दिया। हमारी औरत है, हम चाहें तो उसे जूतों से मारें या मिट्टी का तेल डालकर जला डालें—किसी को इससे क्या ? आजाद देश में हमें अपने ढंग से जीने का हक अवश्य मिलना चाहिए। खुशी की बात है कि इस दिशा में हमने बहुत प्रगति कर ली है।

होली एक धार्मिक त्यौहार है। आजादी के बाद हमने सबसे ज्यादा यदि किसी बात पर ध्यान दिया है तो वह 'धर्म' ही है।

वैसे हम राजनीतिज्ञों के लिए 'धर्म' बड़े काम की चीज है। धर्म की शक्ति को इस

देश में सबसे पहले अंग्रेजों ने ठीक से समझा था। मुट्ठी भर अंग्रेज, करोड़ों लोगों पर सैकड़ों सालों तक सिर्फ अपनी धार्मिक नीति के कारण ही सफलतापूर्वक राज्य कर सके। उन्होंने सबकी अलग-अलग पहचान बनाई। उन्होंने ही बताया कि तुम हिंदू हो, तुम मुसलमान और तुम सिख हो, इसलिए तुम सब अलग-अलग रहो। अंग्रेजों की भाँति सदियों तक हमें भी इस देशपर राज करना है। इसलिए आजादी के बाद हमने अंग्रेजों द्वारा रोपे गए अलगाववाद के नन्हे पौधे को पर्याप्त हवा-पानी देकर, आज एक बड़ा वृक्ष बना दिया है। अब तो उस वृक्ष में मीठे फल भी आ गए हैं।

होली के इस महान् धार्मिक पर्व पर हमारा यही संदेश है कि विभिन्न धार्मिक समुदाय के लोगों को अपनी अलग-अलग पहचान बनाए रखना चाहिए। हमारा यह भी कहना है कि सभी धर्मावलंबियों को अपने-अपने पूजा-स्थल, भले ही वे खँडहर हो गए हों, उन्हें बचाकर रखना चाहिए। धार्मिक उत्थान के लिए यह जरूरी है कि सभी समुदायों के लोग सदा आपस में लड़ते रहें। यह लड़ाई बड़ी काम की चीज है। इससे हमें पता चलता है कि हम गुलाम नहीं रहे, अब हम आजाद हो गए हैं।

होली का त्यौहार हँसी-खुशी, उल्लास और नाचने-गाने का त्यौहार है। किसी कवि ने कहा है, ''मन चंगा तो कठौती में गंगा।'' आजादी के बाद हमने मनोरंजन के क्षेत्र में बड़ी उपलब्धियाँ अर्जित कीं। हमने इस देश के गाँव-गाँव में वीडियो प्रणाली पहुँचा दी। गुलामी के दिनों में गरीब गाँव वाले मनोरंजन के लिए चौपाल में मिल-बैठकर भजन-कीर्तन किया करते थे। वे घटिया नाटक-नौटंकी देखा करते थे। उन दिनों गाँव-गाँव में रामायण मंडलियाँ हुआ करती थीं। इन मंडलियों की वही घिसी-पिटी एक ही कहानी सदियों तक गाँव वाले देखने के लिए विवश रहे। हमने अब देश के कोने-कोने में ब्लू-फिल्मों के कैसेट पहुँचा दिए। कभी लुक-छुपकर लोग ऐसी-वैसी फिल्में बमुश्किल देख पाते थे। अब मोहल्ले-मोहल्ले में सब जगह इस प्रकार के कैसेट उपलब्ध हैं। यह सब हम न करते तो आप ही जगह-जगह चिल्लाते फिरते कि आजादी के इतने सालों के बाद भी देश ने कोई तरक्की नहीं की।

बचपने में हमने सुना था कि भारतीय संस्कृति बहुत महान् है। विदेशों को कैसे पता चलता कि हम अब आजाद हो गए हैं और हमारे पास एक महान् संस्कृति भी है। इसके लिए सबसे पहले हमने अपने देश में संस्कृति की तलाश की। हमने पाया कि कोई कहीं भी नाच रहा है। कोई कुछ भी गाए-बजाए जा रहा है। लेखक और साहित्यकार कुछ तो भी, अपने मन से लिखे जा रहे हैं। संस्कृति के इन बिखरे हुए सूत्रों को समेटकर, हमने इन्हें अपने और पराए उत्सवों के विशाल मंचों पर प्रदर्शित किया। कल तक जो कलाकार मंदिरों और देवालयों में नाच-गा रहे थे, जो लेखक स्वांतः सुखाय कलम घिस रहे थे—सबके सब अब राजधानी के चक्कर लगा रहे हैं। किसी को रेडियो में जाना है, किसी को दूरदर्शन में चमकना है। कोई विदेश जाने के जुगाड़ में है। कोई साहित्य अकादमी में घुसना चाहता है। इस प्रकार संस्कृति को हमने

एक दिशा दी। अब आजाद देश में वही लिखा, बोला और दिखाया जाएगा जो हम चाहते हैं।

होली पर एक-दूसरे के ऊपर रंग डालने की पुरानी परंपरा है परंतु जो मजा कीचड़ उछालने में है, वह इन रंगों में कहाँ है ! आजादी के बाद हमने इस कीचड़-उछाल परंपरा का भरपूर विकास किया। जैसे कभी विरोधी पार्टी ने हमारी नीतियों की आलोचना की तो झट हमने उनके ऊपर कीचड़ उछाल दिया, ''ये तो विदेशी ताकतों के एजेंट हैं।''

जब उनके मुख-मंडल पर कीचड़ पुता तो उन्होंने भी हमारे श्वेत वस्त्रों पर टोकरी भर कीचड़ दे मारा, ''ये तो दलाल हैं। विदेशी बैंकों में इनके खाते हैं।''

फिर हमने पैंतरा बदलकर कीचड़ का एक लौंदा उन पर दे मारा, ''ये घोर सांप्रदायिक हैं।''

उन्होंने जवाबी बौछार की, ''आतंकवादियों से इनके गठबंधन हैं।''

इस प्रकार यह कीचड़ की होली अभी तक हम राजनीतिज्ञ ही खेलते थे। इधर यह परंपरा समाज के सभी क्षेत्रों में व्याप्त हुई है, जिसे देखकर हम अत्यंत प्रसन्न हैं। छात्र अपने गुरुजनों पर कीचड़ उछाल रहे हैं। जनता नेताओं पर कीचड़ उछाल रही है। नेता नौकरशाही पर कीचड़ उछाल रहे हैं। इस प्रकार पूरे देश में क्या बढ़िया कीचड़ की होली खेली जा रही है ! अहा ! मजा आ गया !

आजादी के इन चवालीस वर्षों में हमारी यही महत्त्वपूर्ण उपलब्धि है कि हमने सबके दामन कीचड़ से भर दिए और सबके उजले चेहरे पोत दिए। नेता, व्यापारी, कर्मचारी और बुद्धिजीवी सबके चेहरे यहाँ पुते हुए हैं। होली का पावन पर्व हमें इसी दिशा में आगे बढ़ते रहने की प्रेरणा देता है। कुछ विरोधी लोग भी हैं जो हमारी इन विकासशील नीतियों की आलोचना करते फिरते हैं। हमें उनका डटकर मुकाबला करना है। आज सुबह ही किसी 'कबीरदास' की वाणी रेडियो पर सुनाई दी, ''अँगिया काहे न धुबाई...।''

हमारे घर की बात, ई कबीर को बोलने की का जरूरत है ? अँगिया हमारी है। हम धुबाएँ या न धुबाएँ। तुम्हारे बाप का क्या जाता है ? ये सब हमारे विरोधियों की साजिश है।हमारा मार्ग अंग्रेज पहले से निश्चित कर गए हैं। उससे हमें कोई विचलित नहीं कर सकता। हम अपने पथ पर इसी प्रकार आगे बढ़ते रहेंगे। हमें कोई नहीं रोक सकता। देख लेंगे, ये कबीरदास हमारा क्या बिगाड़ लेगा। आप सबको हमारी तरफ से होली की ढेर सारी शुभकामनाएँ। आप तो मजे में कीचड़ की होली खेले जाओ। रही कबीरदास की बात तो उससे हम निपट लेंगे।

साक्षरता अभियान चालू है

आजादी के बाद जिस प्रकार देश में समाजवाद आ रहा है, हरित क्रांति हो रही है और तीव्रता से गरीबी हटाओ अभियान चालू है, ठीक उसी प्रकार इस समय देश के महानगरों में साक्षरता अभियान चालू है।

पिछले दिनों हमारे शहर में सहसा एक साक्षरता समिति अस्तित्व में आई। अध्यक्ष, उपाध्यक्ष, सचिव और कोषाध्यक्ष आदि साक्षरों से परिचय हुआ। शहर के आलीशान सभागृह में साक्षरता अभियान पर केंद्रित एक बड़े सम्मेलन में शरीक होने का अवसर मिला। इस सम्मेलन में उपस्थित सभी पढ़े-लिखे और अधिकांश अभिजात लोगों को साक्षरता का महत्त्व समझाया गया। सभाघर, साक्षरता का महत्त्व बताने वाले बड़े पोस्टरों से सजा था। जगह-जगह दीवारों पर सुभाषित लिखकर लटकाए गए थे। कार्यक्रम के अंत में अध्यक्ष महोदय ने अंग्रेजी में धाराप्रवाह बोलते हुए साक्षरता की महत्ता पर पर्याप्त प्रकाश डाला। आमंत्रित श्रोताओं के लिए चाय-पानी की व्यवस्था अत्यंत सराहनीय थी।

इन दिनों हमारे नगर में साक्षरता पर केंद्रित कार्यक्रमों की बाढ़ आई हुई है। साक्षरता विभाग में भर्ती चालू है। सरकारी गाड़ियों में अफसर बड़े-बड़े होटलों के चक्कर लगा रहे हैं। साक्षरता अभियान पूरे शबाब पर है। नगर के कई छोटे-बड़े कवि और लेखक इन दिनों सक्रिय हैं। वे बेपढ़ों के लिए साहित्य रच रहे हैं। कई युवा कवि, जो कल तक प्रेमगीत या विरहगीत लिखकर साहित्य में घुसपैठ कर रहे थे, सहसा वे सबके सब साक्षरता अभियान में घुस गए। भला हुआ उनका। चलो कहीं तो उनकी साहित्य-साधना का मूल्यांकन हो रहा है। वे अति उत्साही कवि आजकल दस-दस कविताएँ रोज घसीट रहे हैं। सभी कविताओं का केंद्रीय विषय एक ही है—साक्षरता। कुछ बानगी देखिए, साक्षरता का सूरज घर-घर आया। नई-नई वह खुशियाँ लाया··· पढ़ो-लिखो और मौज मनाओ···जब सबको होगा अक्षर ज्ञान, बन जाएगा देश महान् ···ऐसे कई गीत आजकल शहर की फिजाओं में गूँज रहे हैं। पत्र-पत्रिकाएँ साक्षरता विशेषांक निकाल रही हैं। पता नहीं किन लोगों को साक्षर बनाने के लिए अखबारों में फुल पेज के विज्ञापन छप रहे हैं। पढ़े-लिखे इन्हें देखकर, पढ़कर प्रसन्न हैं।

जब से दूरदर्शन ने घर-घर में घुसपैठ की, नाट्य मंडलियाँ लुप्तप्राय हो गईं। पहले

गणेशोत्सव, दुर्गोत्सव और राष्ट्रीय नाटक यत्र-तत्र मंचित होते रहते थे। इधर एक अरसे से शहर के रंगकर्मी खाली-खाली और उदास थे। सहसा साक्षरता अभियान ने उनमें एक नई चेतना का संचार कर दिया। दिन में शहर की गलियों और चौराहों पर साक्षरता का महत्त्व निरूपित करने के लिए नुक्कड़ नाटक खेले जा रहे हैं। रात में सुंदर-सुसज्जित सभागृहों में अफसर लोग परिवार सहित रंगकर्मियों की कला का आनंद ले रहे हैं। इस प्रकार शहर-शहर में साक्षरता अभियान चालू है।

गाँव की पाठशाला बरगद के नीचे लगती है। कहीं टाट-पट्टी नहीं है। कहीं ब्लैक बोर्ड और चाक का अभाव है।कहीं अलग-अलग कक्षाओं के पचास छात्रों के बीच सिर्फ एक ही शिक्षक है। इस प्रकार बच्चों की समुचित शिक्षा-व्यवस्था अधर में है और बूढ़ों को पढ़ाने की तैयारी जोरों पर। शिक्षा को नौकरी से अलग रखने का यह सबसे सुगम तरीका है।

बच्चों को पढ़ाने में खतरा है। वे पढ़-लिखकर नौकरी माँगेंगे। नौकरी न मिलेगी तो वे आंदोलन करेंगे। नारेबाजी करेंगे। कुल मिलाकर देश के रहनुमाओं के लिए सरदर्द बनेंगे। प्रौढ़ शिक्षा में ऐसा कोई खतरा नहीं है। योजना सीधी-सरल है। न स्कूल, न मास्टर, न टाट-पट्टी, न परीक्षा, न सर्टीफिकेट सब झंझटों से मुक्त है यह योजना। बस, अखबारों में कुछ विज्ञापन दे देना है— पड़ोसियों को साक्षर बनाएँ…निरक्षरता दूर भगाएँ…देश को खुशहाल बनाएँ …

उद्देश्य यह है कि पहले लोग अँगूठा लगाकर ऋण लेते थे। अब वे दस्तखत करके ऋण लें। लेकिन ऋण अवश्य लें। उससे छूटने का कोई उपाय नहीं है। हमारी परंपरा है—"यावत् जीवेत् सुखं जीवेत्, ऋणं कृत्वा घृतं पिबेत्।"

विश्व बैंक से जब ऋण मिल जाता है तो देश में खुशियाँ मनाई जाती हैं। यह समाचार अखबारों में प्रमुखता से छपता है।—गोया उधार लेकर खर्चा चलाना कोई गौरव की बात हो ! सिंचाई की सुविधाएँ नहीं हैं। खेती के वही पुराने पाषाणयुगीन तरीके प्रचलित हैं। खाद की समुचित व्यवस्था नहीं है। गाँव में बिजली नहीं है। सड़क नहीं है। पानी नहीं है। परंतु हमारी चिंता यह है कि इस भूखे-नंगे आदमी के हाथ में किस प्रकार सलेट-बत्ती थमा दें।

हर शहर में रोजगार कार्यालय नामक एक पवित्र जगह है। यहाँ यह पता लगता है कि हमने पिछले चवालीस सालों में लोगों को पढ़ा-पढ़ाकर उनकी क्या दुर्गति कर दी है। इस तथाकथित शिक्षा ने लोगों को क्या दिया ? बेकारी, भुखमरी और लाचारी।

गाँव के रामू काका अभी अँगूठा लगाते हैं। वे बेईमान, भ्रष्टाचारी और दुश्चरित्र नहीं हैं। गाँव की बड़ी-बड़ी समस्याएँ निपटाते हैं। ट्रेन में उन्होंने आज तक बिना टिकिट यात्रा नहीं की। उनके बेटे साक्षर हैं। कॉलेज में पढ़े हैं। वे ठाठ से ट्रेन में बिना टिकिट यात्रा करते हैं। उनका कहना है कि जब कभी टी. टी. आई. मिल जाता है और टिकिट पूछता है तो वे उसे 'कनविंश' कर लेते हैं। बापू डरपोक हैं। किसी

को 'कनविंश' नहीं कर पाते। अशिक्षित हैं न।

बच्चे रामायण में छुपाकर अपराध साहित्य मजे से पढ़ते हैं। वे साक्षर जो हैं। उनके बापू निरक्षर हैं परंतु उन्हें रामचरित मानस कंठस्थ है। बापू रात-दिन मेहनत करके घर-खर्च चलाते हैं। बच्चों को नौकरी नहीं मिली इसलिए वे कुछ नहीं करते। सिर्फ पढ़ते-लिखते हैं।

हमें गर्व है कि आजादी के बाद हमने पढ़े-लिखों की बहुत बड़ी जमात पैदा कर ली। हर्ष की बात है कि इस दिशा में हमने इतनी प्रगति कर ली कि आज हमारे देश में डॉक्टर, इंजीनियर और उच्च शिक्षा प्राप्त करोड़ों नवयुवक बेकार हैं। हमने उन्हें इतनी बढ़िया शिक्षा दी कि वे अब सिवाय नौकरी के (अपराध वगैरह छोड़कर) कुछ नहीं कर सकते। जो बच्चे, युवा और प्रौढ़ साक्षर हो गए हैं, हमने उनके मन में पढ़ने की प्यास जगाई। अब वे 'चवन्नी छाप' किताबें पढ़कर तृप्त हो रहे हैं। अच्छा साहित्य आम साक्षरों के लिए नहीं लिखा जाता। वह पुस्तकालयों के लिए लिखा जाता है, सरकारी खरीदी के लिए छापा जाता है और बड़े-बड़े गोदामों में पड़ा सड़-गल जाता है।

इन दिनों देश के महानगरों में साक्षरता अभियान प्रगति पर है। सेमीनार, सभाएँ, गोष्ठियाँ, कवि-सम्मेलन, संगीत-सम्मेलन, फोटो-प्रदर्शनी, नाट्य-उत्सव आदि की धूम मची है। अँगूठा छाप आदमी तो रात-दिन मेहनत करेगा, तब कहीं साक्षर होकर शायद अपना भला कर पाए ! फिलहाल इस अभियान से साक्षरों का कल्याण जरूर हो रहा है।

गाँव, होटल से बहुत दूर है। हालाँकि साहब को इस अभियान के लिए जीप मिली है, परंतु उससे मेमसॉब शापिंग करने गई हैं। गाँव में गंदगी है। धूल भरी सड़कें हैं। वहाँ बढ़िया लंच और डिनर की व्यवस्था भी नहीं है। न कोई बैठने की ठीक-सी जगह और न कहीं चाय-कॉफी का कोई इंतजाम ! ऐसी विकट स्थिति में भला कौन जाकर गाँव में पढ़ाए ? वो भी बूढ़े, गरीब और फटेहाल लोगों को ! हाँ, साक्षरता के महत्त्व पर जो पोस्टर छपवाए गए हैं (बीस प्रतिशत कमीशन पर) वे जरूर गाँव-गाँव की दीवारों पर हमने लगवा दिए हैं। साक्षरता के महत्त्व को बताने के लिए कुछ पुस्तिकाएँ और पर्चे भी छपे हैं। इनमें लंबी कविताएँ, कहानियाँ और लेख आदि हैं। इन्हें भी गाँव-गाँव में बँटवाना है। हमारा उद्देश्य है कि हर हाथ में साक्षरता के महत्त्व वाला एक परचा जरूर होना चाहिए—यही इस अभियान की सफलता है।

पढ़ना और पढ़ाना—यह कठिन साधना है। उत्सव नहीं। मजे की बात यह है कि इस देश में जन-कल्याण की सारी योजनाएँ उत्सव बनकर रह जाती हैं। अब जैसे एक हिंदी फिल्म की योजना बनती है तो सबसे पहले बजट और फायनेंसर का जुगाड़ करना पड़ता है। आगे यह तय होता है कि फिल्म में नाच, गाने, मुजरे, बेडरूम सीन, बाथरूम सीन, रेप सीन और हत्याओं के कितने दृश्य होंगे ? फिर हीरो, हिरोइन और विलेन के नाम तय करने पड़ते हैं। तत्पश्चात् एक अदद कहानी पर विचार किया जाता

है। ठीक ऐसे ही किसी वातानुकूलित कक्ष में बैठकर भाषण, रैली, झंडे, बैनर आदि की बातें तय करके, यह सोचा जाता है कि अब पढ़ाना किसे है ?

भाई दुष्यंत कुमार के लफ्जों में—

अब किसी को भी नज़र आती नहीं कोई दरार,
घर की हर दीवार पर चिपके हैं इतने इश्तहार।

आइए, पर्यावरण के लिए दौड़ें

जब नील आम्रस्टाँग चाँद पर उतरा तो हमने नाक-भौं सिकोड़कर कहा, "कौन-सी बड़ी बात है ? हमारे देवतागण तो पैदल ही एक ग्रह से दूसरे ग्रह की यात्रा करते हैं। हमारी संस्कृति में 'नारद जी' सबसे बड़े अंतरिक्षयात्री हैं, जो आए दिन अंतर्ग्रहीय सद्भावना यात्रा करते रहते हैं।"

दूरदर्शन आया तो हमने कहा, "यह तो महाभारतकालीन घटना है। इसमें कौन-सी नई बात है ? संजय ने बहुत दूर से युद्ध के सीधे प्रसारण को देखते हुए धृतराष्ट्र को उसका आँखों देखा हाल सुनाया था।"

चिकित्सा में सर्जरी के चमत्कार को यह कहकर झुठलाया गया कि हमारे यहाँ आदमी के सिर पर हाथी का सिर रोपित करने की प्रणाली बहुत पहले ही प्रचलित थी।

अब जब दुनिया भर के लोग पर्यावरण पर गंभीरतापूर्वक विचार कर रहे हैं, तब हम भी अपने अतीत पर गर्व करते हुए कहते हैं, "अरे पर्यावरण, इस पर तो हमारे मनीषियों ने हजारों साल पहले गंभीर चिंतन कर लिया था। देख लो वेद और पुराण। साफ-साफ लिखा है, "वनस्पतयः शांतिः, औषधयः शांतिः, पृथ्वी शांतिः···।" इसलिए पर्यावरण पर हमें चिंता-विंता करने की क्या जरूरत है ? इसका समाधान तो हमारे पास बहुत पहले से ही है—'यज्ञ'।

'यज्ञ', यह एक बहुत बड़ा विधान है। पर्यावरण की समस्या से निपटने के लिए रामबाण। आजकल नये लोग कुछ साइंस-वाइंस क्या पढ़ गए कि अपनी परंपरा को रूढ़िवाद कहने लगे। अरे ये लोग क्या जानें उस पुरातन महाज्ञान को। हमारे ग्रंथों को लेकर ही तो विदेशी लोग इतनी तरक्की कर रहे हैं।

पिछले दिनों एक प्रसिद्ध तीर्थस्थली पर एक महायज्ञ का आयोजन हुआ। बहुत प्रचार-प्रसार किया गया इस यज्ञ का। यज्ञ करने वाले यह दावा कर रहे थे कि इस विशिष्ट आयोजन से वहाँ वर्षा होगी। बहुत लोग यह प्रायोजित कार्यक्रम देखने वहाँ जुटे। परंतु हाय दुर्भाग्य, पानी नहीं बरसा। सैकड़ों पीपे शुद्ध घी और टनों अनाज इस भूखे-नंगे देश में अग्नि को समर्पित कर दिया गया। सिर्फ इंद्र को मनाने के लिए।

मेरे एक परिचित हैं, बड़े ही धार्मिक किस्म के। जंगल विभाग में बड़े अफसर हैं। वे अपनी देख-रेख में कुशलतापूर्वक जंगल कटवाते हैं। नामी अफसर हैं। उनके घर

की बहू-बेटियाँ रोज अक्षत, चंदन और पुष्प लेकर बरगद पूजने जाती हैं। ऐसा करने से मनोकामना पूर्ण होती है। कैसी महान् संस्कृति है हमारी—सुबह लोग पेड़ों को प्रणाम करते हैं और दोपहर को उसी पर कुल्हाड़ी चलाते हैं।

एक प्रश्न है लोगों के सामने। पेड़ बड़ा कि पैसा ? जो बड़ा, सो बच गया और शेष कट गए। गाते रहो मंदिरों में, सम्मेलनों में और दूरदर्शन पर—वनस्पतयः शांतिः, औषधयः शांतिः, पृथ्वी शांतिः। पैसों के पिशाच ने सचमुच सबको शांत कर दिया।

कहते हैं, प्रगति के लिए बड़े-बड़े कारखाने खोलने जरूरी हैं। नई अर्थनीति के अंतर्गत हमने लाइसेंस की आवश्यकता बिलकुल समाप्त कर दी। अच्छा किया। रहा-सहा पर्यावरण भी सत्यानाश। प्रगति करनी है। वैसे हम आए दिन उद्योगपतियों से हाथ जोड़कर प्रार्थना करते हैं, "भैया, पर्यावरण को बचाना है। यह बहुत बड़ी चीज है। जीवन के लिए परमावश्यक। तुम इसकी रक्षा नहीं करोगे तो फिर कौन करेगा ! इसे बचाओ। गौ है यह।"

उद्योगपतियों ने सोचा, ये पर्यावरण की बहुत टांय-टांय चल रही है। कुछ लोगों ने दुखी होकर जल-प्रदूषण और वायु-प्रदूषण दूर करने वाले संयंत्र भी लगाए, सिर्फ देखने-दिखाने के लिए। जब नेताओं और अफसरों के दौरे होते हैं, उन्हें डिनर दिया जाता है, तब ये संयंत्र फव्वारे की तरह चलाए जाते हैं। बताया जाता है कि देखो, हम भी पर्यावरणवादी हैं।

आजकल पर्यावरण की हवा बह रही है। शिलान्यास, उद्घाटन, जयंतियाँ या मरण दिवस कुछ भी हो, हर कहीं भैया जी पर्यावरण पर भाषण झाड़ रहे हैं, "हमें पर्यावरण बचाना है। पर्यावरण की रक्षा देश की रक्षा है। पर्यावरण मिटा तो हम मिट जाएँगे…।"

किसी ने उनसे पूछा, "भैया जी, ये पर्यावरण क्या है ?"

भैया जी बोले, पर्यावरण यानी झाड़। इससे ज्यादा जानना चाहते हो तो हमारे विभाग को लिखो। वहाँ से तुम्हें पूरा उत्तर मिल जाएगा।"

देश में इन दिनों विदेशी मुद्रा का विकट संकट बताया जा रहा है। बहुराष्ट्रीय कंपनियों को हमने कुछ यों न्योता भेजा है—

भेज रहे हैं नेह निमंत्रण प्रियवर तुम्हें बुलाने को।
ओ मानस के राजहंस तुम भूल न जाना आने को।।

राजहंस कहाँ भूलने वाले ! उन्हें तो बस निर्मल-स्वच्छ जल चाहिए, बीट करने के लिए उत्तरी दुनिया की नदियाँ, नाले और तालाब राजहंसों की बीट से लबालब हैं। राजहंसों ने अब दक्षिण को चुना है। वे यहाँ की हरीतिमा पर किलोल करेंगे और मानसरोवरों को गँदला करेंगे। फिर जो मोती यहाँ से निकलेंगे, उन्हें वे उत्तर के अपने घोंसलों में सुरक्षित पहुँचा देंगे। दक्षिण वाले खुश हैं, अहा ! हमारी धरती पर राजहंस

निवास करेंगे।

हमने विकास किया, क्योंकि विकास करना जरूरी था। जल्दबाजी में हमारा विकास कुछ भेड़िया-धसान टाइप हो गया। बड़ी इमारतें बन गईं। कल-कारखाने खड़े हो गए। जनसंख्या में आशातीत प्रगति हुई। अब इससे जो कचरा उत्सर्जित हुआ, उसका क्या करें ? इसको ठिकाने लगाने की हमने कोई तरकीब नहीं सोची। देश की बड़ी-बड़ी नदियों की ओर हमारा ध्यान गया। लंबी, चौड़ी, गहरी और स्वच्छ पानी वाली नदियाँ। सारा कचरा हमने इन्हीं में उँडेल दिया। नदियों का सार्थक उपयोग हुआ। वैसे हम अपनी नदियों को प्यार से, श्रद्धा से 'मैया' कहते हैं। परंतु उसी का आँचल गंदा करने में हमें कोई संकोच नहीं होता। रोज सुबह नहाते वक्त हम श्लोक पढ़ते हैं —"गंगे च यमुने चैव गोदावरी, सरस्वती, नर्मदे, सिंधु च कावेरी, जलेऽस्मिन् संन्निधिं कुरु।" फिर घर से निकलकर उस नाले को भी हम प्रणाम करते हैं, जिसमें शहर भर की गंदगी बहकर, इन्हीं पवित्र नदियों में समाहित हो रही है। वह परंपरा का स्मरण था और यह विकास को नमन है। दो पाटन के बीच में अच्छी-खासी दुर्गति चल रही है हमारी।

जब पेड़ पूजने वाले देश में जंगलों का सफाया हो गया और नदियों को माई कहकर सम्मान देने वाले लोगों ने अपनी पवित्र नदियों का पानी भली-भाँति प्रदूषित कर दिया, तब हमने अँगड़ाई ली और पर्यावरण विभाग का एक दफ्तर खोल दिया। यह दफ्तर पर्यावरण पर सिर्फ चिंतन करता है। रात-दिन बस एक ही काम, पर्यावरण चिंतन चालू आहे ! दफ्तर खुला तो अफसर आए। अफसर आए तो फाइल जाग्रत हुई। फाइल जाग्रत हुई तो रिपोर्टें सरकीं। फंड एलाट हुआ। दारू पी गई। मुर्गे खाए गए। कार्यवाहियाँ हुईं। मुआ ये पर्यावरण इतना ढीठ निकला, बिलकुल अमीर बाप के बिगड़ैल बेटे की तरह। उसे न सुधरना था, न सुधरा।

दुनिया भर में आजकल पर्यावरण को लेकर चिंतित होने का फैशन चल रहा है। खाड़ी युद्ध से ईराक और अमेरिका को कितना लाभ हुआ ? यह तो सद्दाम हुसैन और जार्ज बुश ही जानते होंगे। हमें नहीं मालूम। अलबत्ता पर्यावरण के क्षेत्र में इस युद्ध से कई उपलब्धियाँ हुई हैं। पहले पर्यावरणवादी यहाँ-वहाँ थोड़ा-बहुत रो लिया करते थे। खाड़ी युद्ध ने उन्हें रोने के लिए विस्तृत क्षेत्र दे दिया। इधर खाड़ी युद्ध समाप्त हुआ उधर वैज्ञानिकों, चिंतकों और लेखकों की चमत्कार शुरू हुई। कोई समुद्री जल और उसमें रहने वाले जीव-जंतुओं की दुर्गति से दुखी है। कोई हवा में फैल गई कार्बन डाई ऑक्साइड के लिए गंभीर रूप से चिंतित है। वहीं कोई धरती पर हुए इस महाविनाश के लिए आँसू बहा रहा है। परंतु खुशी की बात यह है कि इस सबसे, हथियारों के प्रचार-प्रसार एवं उनके व्यापार पर कोई असर नहीं हुआ। वह अभी भी फल-फूल रहा है। ठीक बेसरम के झाड़ की तरह।

भई, चिंता करने वाले चिंता करते हैं। करते रहो। किसने रोका है तुम्हें चिंता

करने से। खूब चिंता करो। रात-दिन करते रहो। युद्ध लड़ने वाले तो युद्ध लड़ेंगे ही। भला पर्यावरण जैसे पिद्दी से कारण को लेकर कोई देश मिसाइलें, परमाणु बम और रासायनिक हथियार बनाना थोड़े ही छोड़ देगा ! अरे, पर्यावरण से ज्यादा महत्त्वपूर्ण है, हथियारों का बाजार। यह बाजार है तो अदनान खशोगी है। अदनान खशोगी है तो चंद्रास्वामी हैं। चंद्रास्वामी हैं तो धरती पर धर्म है। यदि हथियारों का व्यापार बंद हो गया तो धरती पर से धर्म उठ जाएगा। फिर धरती सीधे रसातल को चली जाएगी। हम धर्मप्राण देश के नागरिक हैं। धरती को बचाने की हमें चिंता है। हमारी परंपरा कहती है—सर्वे भवंतु सुखिनः, सर्वे संतु निरामयाः।

हम और तो कुछ करने से रहे, ये लो 'पर्यावरण सुरक्षा' का हमने नारा उछाल दिया। कवि इस नारे पर कविताएँ पेलने लगे। कहानीकार दूरदर्शन के लिए स्क्रिप्ट लिखने में भिड़ गए। कलाकारों ने बड़े-बड़े पोस्टर बनाए। वैज्ञानिक, चिंतक और पर्यावरणवादी 'पर्यावरण पुरस्कार' पाकर चुप हो गए। जो समस्या है, वह तो सुरसा की भाँति अपना मुँह बढ़ाए जा रही है। समस्या से निपटने के लिए हम लोग कंधे पर पड़ा अँगोछा कमरे से बाँधकर कटिबद्ध हो गए। रैलियाँ निकल रही हैं। सभाएँ चहचहा रही हैं। कॉफी हाउसों में बहसें जारी हैं। रेडियो चीख रहा है। दूरदर्शन किलकारियाँ भर रहा है। समस्याओं से निपटने के लिए हमारे यहाँ यही प्रचलित तरीके हैं।

जब समस्या विकट हो जाए तो उससे निपटने का हमारे पास कारगर तरीका है—मैराथन दौड़ ! एक शुतुरमुर्ग होता है, जो तूफान आने पर अपनी गर्दन रेत में घुसा देता है। दूसरे हम हैं, समस्या को देखते ही दौड़ने लगते हैं। पूरा देश दौड़ने लगता है। अब पर्यावरण के लिए दौड़ने की तैयारी चल रही है। दूरदर्शन पर कोई हीरोइन रंगीन बनियान पहनकर दौड़ती दिखाई देगी। वह मुस्कुराकर कहेगी, "मैं पर्यावरण के लिए दौड़ रही हूँ। आप भी दौड़िए।" राजनेता, खिलाड़ी और कलाकार जल्द ही दूरदर्शन पर पर्यावरण के लिए दौड़ते दिखेंगे। वे अपीलें करेंगे, "दौड़ो रे भई, दौड़ो।" वहीं कोई बच्चा कुलाँचें भरकर कहेगा—अंकल-अंकल, मैं भी पर्यावरण के लिए दौड़ रहा हूँ। प्लीज, आप भी दौड़िए न !"

काश ! मैं भी दूरदर्शन के पर्दे पर दौड़ता दिखाई देता और आपसे कहता, "आइए, पर्यावरण के लिए दौड़ें।"

एक सुबह भैयाजी के बँगले पर

भैयाजी का बँगला। सफेद झकाझक। ठीक उनकी श्वेत खद्दर की पोशाक की तरह। सामने विशाल लोहद्वार। वहा चुस्त-दुरुस्त बंदूकधारी गार्ड। लंबा-सा लान पार करने के बाद, एक चौड़ा बरामदा। पास ही एक कमरे में कुछ टाइपिस्ट और कुछ क्लर्क स्वयं को अफसरों का अफसर समझने के दंभ से ग्रसित। बरामदे में अच्छी-खासी भीड़। सबके हाथों में एक अदद कागजों का पुलिंदा। बगल में भैयाजी का सुसज्जित कमरा। कमरे में—

"गुड मार्निंग सर !"

"गुड मार्निंग ! हलो ! कैसे हैं आप ?"

"ठीक है। ट्रांसफर अभी तक नहीं हुआ सर !"

"हो जाएगा। खन्ना से मिले थे ?"

"नहीं मिल पाया।"

"फिर कैसे होगा आपका काम ! खन्ना से मिल लीजिए। आज ही।"

"ठीक है सर ! काम तो हो जाएगा ?"

(जवाब में भैया जी आँखें तरेरकर देखते हैं।)

"ठीक है। जाता हूँ सर ! खन्ना के पास।"

(दूसरा आदमी भीतर आता है।)

"नमस्कार सरकार !"

जवाब में मुंडी हिलाकर, "हाँ, क्या है ? जल्दी कहो। मीटिंग में जाना है।"

"सरकार, आप जब दौरे के समय गाँव में आए रहे…।"

"हाँ, हाँ, जल्दी कहो। मुझे तुम्हारी रामायण नहीं सुननी। बात क्या है ?"

"सरकार, हमारा एकई लड़का है। हम बुढ़ा गए। इसकी पढ़ाई में खेत बिक गया। कर्जा ऊपर से है। लड़का एम. ए. पास है। प्रथम श्रेणी में। कहीं लगवा देते तो बड़ी किरपा हो जाती !"

"कहीं ऐसे नौकरी मिलती है !"

"आप गाँव में कहे थे सरकार कि पढ़े-लिखे लोगों को काम दिलवाएँगे।"

"एप्लाई कराओ। नौकरी मिल जाएगी।"

“सरकार आपकी किरपा हो जाती···।”

“मैं भला क्या कर सकता हूँ ! आप लड़के का आवेदन छोड़ जाओ।” वह खड़ा रहता है। चुपचाप। गुमशुम-सा।

(लगभग चीखते हुए)

“अब जाइए न यहाँ से।”

(तीसरे आदमी का प्रवेश)

“नमस्कार !”

“आइए, आइए। नमस्कार !”

“कहिए ! कैसा चल रहा है आपका अखबार ?”

“सब आपकी कृपा है। वो न्यूज जो आपने भिजवाई थी। आज विस्तारपूर्वक छप गई है।” (अखबार खोलकर दिखलाते हुए)

“ये देखिए सर।”

“हूँ, ठीक कवर किया है।”

“सर, उस गुट में तो इस न्यूज से हड़कंप मच गया होगा !”

“हम भी तो चालीस साल से राजनीति कर रहे हैं। वो कल के लौंडे अभी क्या जानें, राजनीति क्या है ?”

“आपका तो जवाब नहीं सर ! वो···एक छोटा-सा काम लेकर आया था मैं।”

“कहो ?”

“कुछ विज्ञापन और दिलवा दीजिए।”

“पिछले दिनों ही तो वो ऑर्डर···।”

“उसमें क्या होता है सर ! हमारा अखबार ही तो सही माने में जनता की आवाज है। यह आवाज यूँ ही बुलंद रहे, इसके लिए कुछ तो···।”

“ठीक है। खन्ना से मिल लो। बता देना मैंने कहा है।”

“थैंक यू सर !”

(अगले आदमी का प्रवेश)

“हमको रामू दादा भेजे हैं। पूछे के खातिर कि उनकी जमानत अभी तक काहे नहीं हुई ?”

“धीरज धरो। हो जाएगी जमानत। और धीरे बोलो। बाहर बहुत लोग खड़े हैं। ऐसे में नहीं आना था तुम्हें !”

“वो हम कुछ नहीं जाने साहब ! रामू दादा से हम का कहें ?”

“सब ठीक हो जाएगा। बलात्कार का मामला है। समय तो लगेगा ही। परंतु सब ठीक हो जाएगा। कहना, हम हैं तो। देख लेंगे।”

“रामू दादा याद दिलाए हैं कि चुनाव के दिनन में आपके कई कठिन काम निपटाए रहे हैं···।”

"हाँ, हाँ, मुझे सब याद है। अब तुम जाओ यहाँ से। कहना, सब ठीक हो जाएगा।"

"अच्छा चलत हैं, साहब ! जै राम जी की।"

"जै राम जी की।"

(कई लोगों का एक साथ प्रवेश)

"नमस्कार ! नमस्कार !! नमस्कार !!!"

"नमस्कार ! आइए, आप लोग कहाँ से आए हैं।"

"हम लोग आपई के क्षेत्र महमदपुर से आए हैं।"

"अच्छा, अच्छा। कहिए, मैं क्या सेवा करूँ आपकी ?"

एक : "हुजूर, हमारे कॉलेज में स्वर्ण जयंती समारोह है। आपसे विनती है कि पधारकर छात्रों का मार्गदर्शन करें।"

"कब है, आपकी शाला में यह कार्यक्रम ?"

"अगले महीने की 15 तारीख को।"

(कुछ सोचकर)

"ठीक है आ जाएँगे हम। गेदरिंग अच्छी होनी चाहिए।"

"बिल्कुल होगी हुजूर।"

दूसरा : "हुजूर, वो संत कवि हैं एक ठो, उनके नाम से विश्वविद्यालय में सुना है, कोनऊ पीठ खुलने वाला है ! अखबार में समाचार छपा रहा है !"

"हाँ, वो तो सेंग्सन हो गया है।"

"तो साहब अपने ये पुत्तन जी हैं। हिंदी के परम विद्वान्, कवि, लेखक, आलोचक और जाने क्या-क्या ! इनका नाम···।"

"टीक है, इन्हीं का नाम भेज देंगे।"

"धन्यवाद साहब !"

"15 तारीख का कार्यक्रम तय रहा सर !"

"हाँ, ठीक है, गेदरिंग अच्छी होनी चाहिए।"

समवेत स्वर : "अवश्य होगी सर !"

"नमस्कार !"

"नमस्कार !!"

(कुछ खद्दरधारी नेतानुमा लोगों का प्रवेश)

"ओऽ आप लोग। आइए। आइए। बैठिए।"

"नमस्कार !"

"नमस्कार !"

"कहिए कैसे हैं, आप लोग ?"

"अब तो सब हाईकमान की कृपा पर निर्भर है।"

"ठंडी आह क्यों भर रहे हैं ?"

"खबर है कि इसी हफ्ते मंत्रिमंडल में फेरबदल होनी है।"

"हाँ, होनी तो है।"

"आपकी गोटी तो फिट है। चिंता तो हमें है। विरोधी गुट ने हाईकमान के कान भर दिए हैं। अब आप ही कुछ करिए। आपका ही सहारा है। आपकी बात हाईकमान गंभीरता से लेंगे।"

"वे तो ठीक है, परंतु इस बार सब कुछ गुप-चुप चल रहा है। मेरे खिलाफ भी लोगों ने मोर्चा ताना है। हाईकमान कान के कच्चे हैं। इस बार कुछ कह नहीं सकते!"

"इस सरकार में तो आप अंगद के पाँव जैसे जमे हैं।आपको भला कौन उखाड़ेगा? हाँ, हमारा ख्याल करिएगा। आप जो कहेंगे वो औपचारिकताएँ पूरी हो जाएँगी।"

"ठीक है। देखते हैं।"

"ऐसे नहीं चलेगा। हमें आश्वस्त करिए ताकि हम चैन की नींद सो सकें।"

"ठीक है भई, निश्चिंत रहिए आप लोग।"

"हाँ, ये बात हुई न ! हम चलते हैं फिर।" (उठते हुए)

"नमस्कार !"

"नमस्कार !!"

(एक कार्यकर्ता का प्रवेश)

"पाँवलागी भैया !"

"खुश रहो। इतने बेचैन क्यों हो ?"

"वो थानेदार बहुत तंग करता है भैया। स्साला विरोधी गुट का है न। उसे अब हटवाना ही पड़ेगा भैया !"

"ठीक है, देखते हैं। और क्या समाचार हैं ?"

"अगले महीने किसानों की रैली बिलकुल तय हो गई है।"

"हाँ, रैली बहुत लंबी निकलनी चाहिए। जितनी ज्यादा भीड़ होगी। हाईकमान पर उतना अच्छा इंप्रेशन पड़ेगा।"

"आप बिलकुल फिकर न करें भैया। हम लोग जी-जान से जुटे हैं। पार्टी का काम है। चंदा कुछ कम हुआ है भैया।"

"क्यों ? जंगल विभाग, आबकारी विभाग, लोक कर्मविभाग, इनकम टैक्स वाले, दारू भट्ठी के ठेकेदार, सटोरिए और काला बाजारिए, सबके सब मर गए क्या ?"

"कुछ खूंसट किसम के अफसर अपने क्षेत्र में घुस आए हैं। उन्हें हटाकर अपने आदमी लाने से काम बनेगा। (एक लिस्ट दिखाते हुए) ये कुछ नाम हैं, जिन्हें हटाकर अपने आदमी लाने से क्षेत्र का कल्याण होगा।"

"ठीक है, इसी महीने देखते हैं। बाकी सब ठीक है न ?"

"हाँ, बाकी ठीक है।"

"रैली जोरदार निकलनी चाहिए।"

"वो हमारे ऊपर छोड़िए। सब फिट है।"

"भीतर भाभी जी के पाँलागी करके आते हैं।"

(उठकर भीतर चला जाता है)

(बाहर सड़क पर)

सुमन जी : "कवि-सम्मेलन की अध्यक्षता के लिए किसी वरिष्ठ कवि को बुलाओ। किसी विद्वान् और भाषाविद् को बुलाओ ! नेता जी का भला वहाँ क्या काम !"

एक वरिष्ठ कवि : "क्या सुमन जी, आप तो अभी भी वही मध्य युग में जी रहे हैं। इस कवि-सम्मेलन के लिए सारा जुगाड़ तो भैया जी ने ही कराया है। बस, उन्हें अध्यक्ष बनाने भर की बात थी। जब उन्होंने अपना वादा निभाया तो क्या हम बुद्धिजीवी लोग अपना कर्तव्य भूल जाएँ ?"

दूसरे कवि : "सुमन जी, इस कवि-सम्मेलन से कई संभावनाएँ जुड़ी हुई हैं। कवियों, लेखकों का एक प्रतिनिधि मंडल अगले महीने यूरोप के कई देशों के लिए जाने वाला है। यह कवि-सम्मेलन जम गया तो अगले महीने अपन यूरोप की सैर कर रहे होंगे।"

तीसरा कवि : "भैयाजी इसमें अध्यक्षता करेंगे इसलिए दूरदर्शन पर इसका अच्छा कवरेज रहेगा। वर्ना दूरदर्शन पर कौन पूछता है हमें ! वहाँ तो वही कवि-लेखक छाए रहते हैं, जिन पर भैया जी की कृपा है।" इतने में वे लोग भैया जी के कमरे तक आ गए। सारे कवि, लेखक और बुद्धिजीवी खींसें निपोरते हुए भीतर प्रवेश करते हैं। "नमस्कार ! प्रणाम ! पाँवलागी ! जय हिंद !"

"नमस्कार ! नमस्कार !! आइए। बैठिए।"

एक बुजुर्ग कवि : "महामहिम, सभी कवियों की स्वीकृति आ गई है। शरद पूर्णिमा के दिन टाउन हाल में कवि-सम्मेलन होना तय हो गया है। आपसे प्रार्थना है कि अध्यक्षता के लिए स्वीकृति प्रदान कर अनुगृहीत करें ताकि समाचार-पत्रों में हम विज्ञापन दें और कार्ड आदि छपवाकर प्रचार-प्रसार कराएँ।"

"वैसे तो मैं इतना व्यस्त रहता हूँ कि साहित्यिक कार्यक्रमों के लिए समय ही नहीं मिल पाता। फिर भी आप इतना आग्रह कर रहे हैं तो आऊँगा। अवश्य आऊँगा।"

"धन्यवाद महामहिम ! हम लोग चलते हैं। नमस्कार !"

"ठीक है।"

सड़क पर : कवि किलकिया रहे हैं। कोई यूरोप के रंगीन सपनों में खोया है। कोई दूरदर्शन के पर्दे पर अपने मुखड़े की कल्पना से मुदित है। कोई भैया जी का क्षणिक सान्निध्य पा जाने की खुशी में मस्त है।

बुजुर्ग कवि : खुद को भैया जी का खास आदमी मानने लगे हैं। वे सोच रहे हैं,

भैया जी अब मेरी मुट्ठी में हैं। देखना मैं कैसे-कैसे काम कराता हूँ उनसे।

वहीं सुमन जी धीरे-धीरे यह पद गुनगुनाने लगते हैं—

"संतन को कहा सीकरी सो काम ?
आवत जात पनहिंयाँ टूटीं, बिसरि गयो हरिनाम।।
जिनको मुख देखे दुख उपजत, तिनको करिबे परि सलाम।
कुंभनदास लाल गिरधर बिनु, और सबै बेकाम।।"

युद्ध के पक्ष में

दुनिया जब शांति का राग अलाप रही हो तब हम जैसे बुद्धिजीवियों का यह कर्तव्य हो जाता है कि हम लीक छोड़कर चलें। कहा भी गया है, लीक छोड़ तीनों चलें शायर, सिंह, सपूत। तो हम तीनों के साथ हैं, शायर, सिंह और सपूत भी। अब हम भला शेष दुनिया के साथ कैसे गाएँ कि मिले सुर में सुर हमारा। हमारा सुर अलग है—युद्ध के पक्ष में।

शांति की बात करने वाले यह क्यों नहीं सोचते कि देश के नागरिकों को भूखा रखकर, उन्हें अशिक्षित बनाए रखकर, ये मिसाइलों, बमों और राकेटों के जो ढेर लगाए गए हैं, उनका उपयोग भी तो करना है कि नहीं ?

युद्ध कई तरह के होते हैं। कुछ युद्ध प्रदर्शनी की तरह होते हैं, जिनमें उन्नत हथियारों की मारक क्षमता का प्रदर्शन किया जाता है। इससे नये ग्राहक मिलते हैं। छोटे-छोटे राष्ट्र आपस में चर्चा करते हैं, ''अहा, क्या बढ़िया मिसाइल है ! खरीद लो इसे।''

कोई राष्ट्र अपने बजट में सिंचाई, खाद्य और उत्पादन के मदों में कटौती करके नई राकेटें खरीद लेता है। वहीं किसी राष्ट्र के जन-नेता विकास कार्यों को बलाए ताक में रखकर बोफोर्स कांड कर डालते हैं।

साबुन से लेकर मोटर कार तक की बिक्री के लिए विज्ञापन दिए जाते हैं। इनकी उत्पादक कंपनियाँ अपने विज्ञापन के मद में लाखों रुपयों का प्रावधान रखती हैं। फिर हथियारों के विज्ञापन के लिए भी करोड़ों रुपयों का प्रावधान क्यों न हो ? साबुन और मोटर का विज्ञापन करने के लिए तो किसी नाजनीं को दूरदर्शन के पर्दे पर नचवा देना काफी है, परंतु मिसाइलें, तोपें और राकेटों आदि के विज्ञापन के लिए युद्ध चाहिए। इसलिए हथियारों के उत्पादक देश आए दिन कोई-न-कोई युद्ध प्रायोजित करते रहते हैं।

इससे कई फायदे हैं। हथियारों की बढ़िया बिक्री होती है। राजनेताओं और दलालों को कमीशन खाने को मिलता है और बड़े देशों की चौधराहट पर कोई आँच नहीं आती।

कुछ युद्ध खेल की भाँति होते हैं। हमारे देश में हर साल कोई क्रिकेट टीम बाहर

से आती है और महीने भर यहाँ धुआँधार क्रिकेट खेलती रहती है। उस समय पूरे देश का वातावरण क्रिकेटमय हो जाता है। इसी प्रकार जब सरकारें कमजोर हो जाती हैं और उनके पास अपनी जनता को बरगलाए रखने का कोई कारगर तरीका शेष नहीं रह जाता तो वे पड़ोसी देश से खेल-खेल में एक युद्ध लड़ लेती हैं। दोनों ओर से नारे उछाले जाते हैं, राष्ट्र संकट में है। लाखों लोगों की लाशों पर कोई समझौता हो जाता है, जिससे सरकारें मजबूत और लोकप्रिय हो जाती हैं। इस प्रकार फुसफुसी सरकारों के लिए युद्ध सिलाजीत की गोली के समान है।

एक जमाना था मुंशी प्रेमचंद का। जब पंचों के मुँह से परमेश्वर बोलता था। तब से अब तक बहुत विकास हो गया है। अब परमेश्वर कहे जाने वाले पंच किसी पूँजीपति की जेब में दुबककर अपना फैसाल सुनाते हैं। अब तो किसी एक की गुंडागर्दी रोकने के लिए दूसरे की गुंडागर्दी को शह दी जाती है।

कई सालों से दुनिया में शांति है। मजे से लोग ओलंपिक खेल रहे हैं, आखिर कब तक सहें यह सौहार्दपूर्ण वातावरण ! इस बीच बड़े देशों ने बहुत बड़े-बड़े हथियार बना डाले। एक से एक उन्नत प्रक्षेपास्त्र। दूर तक मार करने वाली मिसाइलें और परमाणु बमों का जखीरा। थोड़े-से हथियार खाड़ी युद्ध में काम आए। उससे क्या होता है ! यह तो ऊँट के मुँह में जीरा है। यहाँ तो हथियारों के भंडार भरे पड़े हैं। अब क्या करें इन हथियारों का ? अचार डालें ! देश का बहुत पैसा फँस गया इन हथियारों में, अब इनका उपयोग होना बहुत जरूरी हो गया है। बहुत उड़ा लिए लोगों ने शांति के कबूतर। अब लड़ाकू विमान उड़ने चाहिए।

कई बड़े बाँध बन गए। बहुत सारे कल-कारखाने स्थापित हो गए। जंगलों का भी बहुत सफाया हो चुका परंतु इस ढीठ पर्यावरण का कुछ नहीं बिगड़ा। अब परमाणु बमों, रासायनिक हथियारों और पेट्रोल कुओं में आग लगाकर पर्यावरण से निपटना है। देखते हैं कब तक टिका रहता है यह। जब तक हम संपूर्ण विश्व के पर्यावरण को चौपट न कर देंगे, दम न लेंगे। यही हमारा लक्ष्य है। लोग बुखार से मरते हैं। ज्यादा हुआ तो कैंसर या एड्स से मर गए। अरे ! यह मरना भी कोई मरना है। रासायनिक गैस और रेडियोधर्मिता से मरने में जो गौरव है, वह शेष किसी भी तरीके से मरने में नहीं है। आनेवाली नस्लें वही पुराने परंपरागत तरीकों से यदि मरें, तो फिर लानत है हमारी प्रगति पर ! हमें विश्वास है, बंदूक की गोली से मरने का उन्हें अफसोस न होगा। उन्हें तो इस बात पर फख्र होगा कि उनके पूर्वज मरने के कितने उन्नत तरीके विरासत में छोड़ गए हैं।

दुनिया भर के डॉक्टर और वैज्ञानिक परिवार नियोजन के कारगर तरीके खोजने में व्यर्थ माथा-पच्ची करते रहते हैं। हवाई हमलों से ज्यादा लाभदायक तरीका इस दिशा में और क्या हो सकता है ! पिछले दिनों खाड़ी युद्ध से प्रभावित क्षेत्रों के प्रसूति-गृह खाली पड़े रहे। युद्ध में जो लोग मरे सो मरे, हमने उस जीवन को भी धरती पर आने

के पूर्व ही नष्ट कर दिया, जिसने अभी जी भरकर किलकारी भी न ली थी। यह सब मनुष्यता के विकास के चरण हैं। इन्हीं पदचिह्नों पर चलते हुए लोग जोर-जोर से विश्व शांति का नारा उछालते हैं।

युद्ध से और कई प्रकार के लाभ हैं। सबसे बड़ा फायदा तो यह है कि व्यापार में सहसा उछाल आ जाता है। कई सालों तक व्यापारी जब अपनी गरीबी पर झूठे आँसू बहाते हैं, तब कहीं जाकर कोई एक युद्ध छिड़ता है। युद्ध के नाम पर जरूरी सामानों पर कंट्रोल घोषित करने में सरकार कोई विलंब नहीं करती। कंट्रोल घोषित होते ही वह जरूरी सामान सिर्फ कंट्रोल की दुकान को छोड़कर, शेष सभी दुकानों पर मिलने लगता है।

इस प्रकार युद्ध मानव जाति की सभ्यता का सबसे बड़ा प्रतीक है। धरती पर सदा युद्ध होते रहना चाहिए। इसमें राजनेताओं और व्यापारियों का भला है, उनका भला करते रहना हमारा परम कर्तव्य है। जब विश्व के बड़े-बड़े नेता शांति के सारे प्रस्तावों को ठुकराकर युद्ध को जरूरी समझते हैं, तब बुद्धिजीवियों से मेरी अपील है कि वे भी अपने ऊटपटाँग तर्कों से, कुतर्कों से युद्ध का औचित्य सिद्ध करें। जैसे मैंने किया। आमीन !

युद्ध और बुद्धिजीवियों की भूमिका

जब दूरदर्शन और आकाशवाणी पर हर ऐरा-गैरा नेता शांति के लिए आँसू बहाने लगा और आए दिन मिलिट्री के रिटायर्ड अफसर अपनी लंबी युद्ध समीक्षाएँ पढ़ने लगे तो देश के बुद्धिजीवियों को शर्म आई कि हाय ! हमने कुछ क्यों न किया ? किसी ने उनसे पूछा, "आप क्या करेंगे ?"

एक बुद्धिजीवी ने उत्तर उछाला, "करना क्या है जी ! जब सब लोग हाय-हाय कर रहे हैं तो हम पीछे क्यों रहें ? प्रश्न यह नहीं है कि हमें क्या करना है। दुःख तो इस बात का है कि आकाशवाणी और दूरदर्शन वालों को बुद्धिजीवियों की कोई फिकर ही नहीं है। वे हमें उपेक्षित कर रहे हैं, यह ज्यादती है। युद्ध के संदर्भ में जब नेता, अफसर, व्यापारी और ज्योतिषियों तक की भूमिका है तब हमारी भूमिका को क्यों नजरअंदाज किया जा रहा है ? हम बता देंगे कि हम पीछे नहीं हैं।"

साहित्य संघ के अध्यक्ष सुमन जी बहुत पहुँचे हुए व्यक्ति हैं। उनका उत्तरदायित्व है कि वे इस अवसर को हाथ से न जाने दें। उन्होंने विपक्षी पार्टी के एक भूतपूर्व मंत्री से संपर्क साधा, जो थोड़ी-बहुत तुकबंदी कर लेने के कारण खुद को बुद्धिजीवी मानते थे। सत्ता से हटे हुए उन्हें साल भर भी न हुआ था परंतु अखबारों में अपना फोटो और वक्तव्य न देखकर उनका मन बुहत उदास रहता था। सुमन जी अनुभवी थे। उन्होंने पूर्व मंत्री महोदय को योजना विस्तार से समझाई। वे इस शर्त पर होटल का सारा खर्च उठाने के लिए राजी हुए कि फोटो सहित उनका वक्तव्य सारे अखबारों में प्रमुखता से प्रकाशित कराने की जिम्मेदारी बुद्धिजीवियों की होगी।

सुमन जी ने अपने अखबार के दफ्तर के सभी बुद्धिजीवियों को गोष्ठी की खबर कर दी। फौन पर वे यह बताना नहीं भूले कि वहाँ 'पीने' की उत्तम व्यवस्था है, यदि वे यह जरूरी सूचना न देते तो बुद्धिजीवी उस गोष्ठी में आते, इस बात में संदेह रहता।

एक पंचसितारा होटल में पूर्व मंत्री महोदय की अध्यक्षता में गोष्ठी आरंभ हुई। आकाशवाणी और दूरदर्शन वाले भले ही इन्हें न बुलाएँ परंतु इस कार्यक्रम में उन्हें आमंत्रित करके बुद्धिजीवियों ने अपनी उदारता का परिचय दिया। कार्यक्रम का संचालन करते हुए सुमन जी ने बताया कि आज मानव-समाज का कोई भी वर्ग युद्ध के प्रभाव से अछूता नहीं है। नेता प्रभावित हैं, व्यापारी सक्रिय हैं और नौकरशाहों की

जिम्मेदारियाँ बढ़ गई हैं। इस विकट स्थिति से बुद्धिजीवी कैसे अछूते रह सकते हैं ? कवियों ने लंबी कविताएँ लिखकर अपनी संवेदना व्यक्त की हैं। कहानीकार अपनी रचनाओं में युद्ध की विभीषिका चित्रित करने में सफल हैं और पत्रकारों का दायित्व तो सबसे ज्यादा है, जो अपने विचारोत्तेजक लेखों द्वारा सबका हौंसला बढ़ा रहे हैं। अध्यक्ष महोदय के आदेशानुसार मैं सर्वप्रथम वहाँ पधारे हुए कवियों से आग्रह करूँगा कि अपनी युद्ध विषयक कविताएँ सुनाकर वे श्रोताओं का मनोरंजन करें।

माइक पर सुप्रसिद्ध कवि विकल जी आए और उन्होंने अपनी कविता में रुदन प्रारंभ किया—

''ऊपर से बमबारी हो रही है,
नीचे मानवता सिसक रही है।
यह सब युद्ध की देन है,
कवि मन बहुत बेचैन है।''

तत्पश्चात् वीर रस के कवि विद्रोही जी सामने आए। माइक को दुश्मन की गर्दन की तरह दोनों हाथों से दबोचते हुए वे दहाड़े—

''आज चारों ओर मची पेलमपेल है,
रक्त से भी कीमती अब तेल है।
शांति रूपी दुल्हन बेवा हो गई,
यह कैसा खेल है ?
इस खेल को मिटाना है,
कुछ करके दिखाना है
दुश्मन को मिट्टी में मिलाना है।...(तालियाँ)

एक-एक करके सभी कवियों ने इसी प्रकार रसभरी कविताएँ सुनाकर श्रोताओं का मनोरंजन किया। कहानीकारों ने अपनी कथाएँ पढ़ीं, जिसमें सैनिकों की दिनचर्या और जीते हुए क्षेत्रों में उनके क्रियाकलापों का रसमय वर्णन किया गया था। पत्रकारों ने शांति प्रस्ताव का मसौदा पढ़ा। अंत में अध्यक्षीय भाषण देने के लिए पूर्व मंत्री जी माइक पर आए। सबसे पहले उन्होंने अपनी शेरवानी की भीतरी जेब से सफेद रूमाल निकालकर आँसू पोंछे। (ठीक उसी समय फोटोग्राफर ने कैमरा क्लिक किया, उसे इस दृश्य को खींचने की पूर्व सूचना दी जा चुकी थी) फिर सिसकियोंभरे स्वर में वे शुरू हुए—

''बहुत अफसोस की बात है कि आज खाड़ी में घमासान युद्ध छिड़ा हुआ है और हमारी सरकार खर्राटे लेकर सो रही है। वहाँ हजारों लोगों की हत्या हो रही है। कीमती तेल समुद्र में बहाया जा रहा है। सारी दुनिया के देश इस युद्ध में अपनी सक्रिय भूमिका

निभा रहे हैं और इधर हमारी वर्तमान सरकार, कान में रुई डाले पड़ी है। अरे हमारा भी एक जमाना था। हमने भी सरकार चलाई है। हमारे समय हुआ कभी कोई युद्ध ? हालाँकि उस समय भी खाड़ी में युद्ध की चर्चाएँ गरम रहती थीं परंतु हमने सबको सँभाले रखा और अपने कार्यकाल में कभी युद्ध नहीं होने दिया। अभी हमें पीठ फिराए चंद महीने ही हुए कि यह युद्ध छिड़ गया। युद्ध के कारण देश में महँगाई बढ़ी। पेट्रोल की किल्लत हो गई परंतु सरकार को कोई फिकर ही नहीं है।

''युद्ध रुकवाना कौन-सी बड़ी बात है ? हिंसक घटनाएँ रुकवाने के लिए गाँधी जी उपवास किया करते थे। उपवास में बड़ी शक्ति है। हमारा सरकार से अनुरोध है कि दस-पच्चीस मंत्री कल से ही उपवास पर बैठ जाएँ और तब तक बैठे रहें, जब तक युद्ध समाप्त नहीं हो जाता। यही सुझाव हमारा संयुक्त राष्ट्र संघ के लिए भी है। वे भी उपवास की शक्ति को आजमाएँ। यह भारतीय विधा है। अरे, हमने भी इतने दिनों सरकार चलाई, कभी कुछ गड़बड़ नहीं हुई। उस समय सब ओर अमन था। शांति थी। खुशहाली थी। अब हमसे यह सब नहीं देखा जाता। आखिर हम जनता के सेवक हैं। जनता का दुःख देखकर हमारा दिल भर आया है। (एक बार फिर आँसू पोंछकर नए एंगिल से फोटो उतरवाते हुए) अब हमसे जनता का यह दुःख-दर्द बर्दास्त नहीं होता। मुझे लगता है कि एक बार फिर मुझे अपनी जनता के लिए सक्रिय होना पड़ेगा। कल से मैं दिल्ली से आसाम तक, युद्ध रुकवाने के लिए पदयात्रा शुरू कर रहा हूँ। इससे लोगों में पेट्रोल बचत करने की प्रेरणा जागेगी और युद्ध के खिलाफ वातावरण भी बनेगा।

''बुद्धिजीवी देश रूपी नौका के पतवार होते हैं। सौभाग्य से मैं भी बुद्धिजीवी हूँ और जनसेवक भी। आप सबके सहयोग की जरूरत है। आप हमारे हाथ मजबूत करिए, हम वादा करते हैं कि युद्ध तुरंत रुकवा देंगे। अंत में मैं वहाँ उपस्थित बुद्धिजीवियों को धन्यवाद देना चाहूँगा, जिन्होंने सही समय पर सार्थक पहल की है। हम अपना शांति प्रस्ताव दूर-दूर तक भेजेंगे। मीडिया वालों से निवेदन है कि वे इस दिशा में हमारी मदद करें। वे देश को बताएँ कि हम जनता के लिए कितने चिंतित हैं। पत्रकारों के दायित्व की ओर भी मैं ध्यानाकर्षण चाहूँगा। 'शांति' के लिए हमारी अपील का असर जरूर होगा। इस सरकार को झुकना ही पड़ेगा।''

अध्यक्षीय भाषण के पश्चात् संचालक सुमन जी ने सबका धन्यवाद ज्ञापन करते हुए जब डिनर की घोषणा की तो हाल तालियों की गड़गड़ाहट से गूँज उठा। कुछ देर पश्चात् शांति स्थापित हुई। अलग-अलग ग्रुपों में बैठकर लोग पीने लगे और अपनी-अपनी सार्थक भूमिकाओं में संलग्न हो गए। रात देर तक शानदार भोज चला। सुमन जी खुश थे कि चलो, आज बुद्धिजीवियों ने भी युद्ध के लिए अपनी भूमिका भली-भाँति निभाई।

सुबह अखबारों ने बुद्धिजीवियों की अपील प्रमुखता से छापी। पूर्व मंत्री महोदय

का वक्तव्य भी फोटो सहित छपा, जिसे पढ़कर राजनीतिक हलकों में तरह-तरह की चर्चाएँ गरम होने लगीं। गाँव के किसी कवि ने समाचार-पत्र पढ़कर ये पंक्तियाँ गुनगुनाई—

पूर्व नियोजित-सा लगे, नदी नाव संजोग।
अपने ही षड़यंत्र हैं, अपने ही आयोग।
चलती चाकी देखकर, नहीं जागती पीर।
दर्द जुलाहे का कहे, कोई नहीं कबीर।।

भैयाजी की डायरी के चार पृष्ठ

ॐ नमः शिवाय।

ज्यों-ज्यों चुनाव के दिन नजदीक आते जा रहे हैं, मेरे मन में बेचैनी बढ़ती जा रही है। आज सुबह ही पंडित रामखिलावन को अपनी जन्मकुंडली दिखाई थी, उन्होंने संकोचपूर्वक कहा, "भैयाजी, शनि का अढ़ैया शुरू हो गया है।" मेरा मन तो उनकी बात सुनकर ही बैठ गया। आत्मविश्वास चुका जा रहा है। ऐसे घनघोर निराशावादी क्षणों में मुझे किसी महापुरुष की यह सूक्ति याद हो आई, 'जीवन में आखिरी स्वाँस तक संघर्ष करो' इसलिए अब मुझे संघर्ष तो करना ही है।

सबसे पहले इस अढ़ैया शनि से निपटा जाए। शनि की शांति के लिए संकटमोचन के मंदिर में एक यज्ञ करवाना होगा। पंडित जी बता रहे थे, मध्यमा उँगली में शुद्ध नीलम धारण करने से शनि का नाश होता है। अपनी पार्टी के वरिष्ठ कार्यकर्ता रामसेवक जी को यज्ञ के कार्य में लगाना ठीक रहेगा और अपने पी. ए. तिवारी जी को शुद्ध नीलम के खोज में भेजा जाए।

किसी पहुँचे हुए सिद्ध महात्मा या तांत्रिक का आशीर्वाद लेना भी ठीक होगा। अपने पड़ोसी जगेश्वर बाबू तो खड़ेसरी महाराज की कृपा से आज केबिनेट में हैं। ऐन चुनाव के समय में मेरे जीवन में शनि का अढ़ैया शुरू हो गया है, तब खड़ेसरी महाराज का आशीर्वाद ले लेने में ही भला है। ठीक है, कुछ दिनों तक अखबार वाले लिखते रहेंगे कि प्रगतिशील विचारधारा के नेता भैयाजी, साधु-संतों के चक्कर में ! लिखने दो उनको, इधर तो जान आफत में फँसी है। थोड़ी-सी छवि ही बिगड़ेगी, फिर उसे सँवार लेंगे। आखिर कौन नहीं जाता साधु-संतों की शरण में। बड़े-बड़े नेताओं को मैंने तांत्रिकों की देहरी पर नाक रगड़ते देखा है। अब यदि संकट के क्षणों में मैंने भी खड़ेसरी महाराज के पैर छू लिए तो उससे कौन-सी आफत आ जाएगी ? साधु-संतों का मान-सम्मान तो हमारे देश में आदिकाल से है। राजा राम भी गुरु वशिष्ठ से पूछे बगैर कभी कुछ नहीं करते थे। यह तो हमारी संस्कृति का अभिन्न अंग है। मुझे भी तो अपनी गौरवशाली परंपरा का पालन करना है।

—भैया जी

(दो)

श्री हाईकमान सदा सहाय !

चुनाव के दिन सर पर हैं इसलिए लोग एक-दूसरे की पत्ती काटने में लगे हुए हैं। मेरे कुछ दुश्मन कुछ दिनों से मेरे खिलाफ ऊपर वालों के कान भर रहे हैं। इस स्थिति से भी निपटना होगा। ऊपर के कुछ प्रभावशाली लोगों का अपने क्षेत्र में दौरा करवा लिया जाए। इसी बहाने चार साल बाद अपने क्षेत्र के मतदाताओं से मुलाकात भी हो जाएगी और ऊपरवालों को मेरी सक्रियता का प्रमाण भी मिल जाएगा। कार्यकर्ताओं को बुलाकर शीघ्र दौरों का इंतजाम करवाना होगा।

मैं महसूस कर रहा हूँ कि इन दिनों अखबार वाले मुझे ठीक से कवर नहीं कर रहे हैं। पता नहीं उनकी क्या नीति है। बेमतलब के समाचारों को तो बढ़ा-चढ़ाकर छापते हैं और महत्त्वपूर्ण समाचारों को पर्याप्त स्थान ही नहीं देते। परसों ही एक अनाथालय का उद्घाटन मेरे करकमलों से संपन्न हुआ। अहा ! क्या भव्य समारोह था। मेरा भाषण लगभग तीन घंटे तक चला, जिसमें अनाथालय की उपयोगिता पर मैंने कई तरह से प्रकाश डाला। उस समय मेरे दर्जनों फोटो खींचे गए। भोज भी बहुत शानदार हुआ था। क्या बढ़िया पुलाव बना था उस दिन। अब इतने महत्त्वपूर्ण और भव्य समारोह का समाचार सभी अखबारों के मुख्य पृष्ठों पर आना चाहिए। दर्जनों फोटो मेरे उतरे परंतु अखबारों में एक भी नहीं छपा। पिछले पन्नों पर सिर्फ चार पंक्तियों में खबर छपी। अखबार वालों को तो सिर्फ सनसनीखेज किस्सों में ही रस है। अब खा लिया होगा किसी ने तोपखरीदी में कमीशन, कर लिया लोगों ने हवाला तो इसमें सैकड़ों पन्ने काले करने की क्या जरूरत है ! व्यर्थ ही प्रेस वाले इतना हाय-तौबा मचाते रहते हैं। भई, अपने-अपने भाग्य की बात है। पैसा तो आनी-जानी चीज है। हाथ का मैल है, इसके लिए इतना क्यों चिल्लाना ! मुख्य बात है, समाज-सुधार। इधर हम दिन-रात समाज-सुधार के लिए मरे जा रहे हैं और अखबार वाले हमारा एक फोटो तक नहीं छापते। जरूर इसमें मेरे विरोधियों का षड़यंत्र है। इस बार किसी तरह मुझे पार्टी का टिकट मिल जाए, फिर एक-एक को अच्छी तरह देख लूँगा।

जल्द ही नगर के सब छोटे-बड़े पत्रकारों को एक प्रीति भोज में आमंत्रित करता हूँ। बहुत दिन हो गए प्रेस वालों से ठीक से मुलाकात ही नहीं हो पाई ! प्रेस तो लोकतंत्र का महत्त्वपूर्ण पहिया है, उसके बगैर भला गाड़ी कैसे चलेगी !

—भैयाजी

(तीन)

बजरंगबली सदा रक्षा करें !

लगता है, शनि महाराज तो मेरे पीछे हाथ धोकर पड़ गए हैं। अब इसे शनि का प्रभाव न कहें तो और क्या कहें कि मेरी छोटी बेटी ने अपने ब्राह्मण समाज के होनहार

लड़कों को छोड़कर एक कायस्थ लड़के से शादी कर ली। हालाँकि लड़का अच्छा है। बड़ा उद्योगपति है। करोड़पति परिवार का है। यह रिश्ता मुझे पसंद भी है। परंतु इस अप्रत्याशित घटना से मेरे ब्राह्मण वोट बहुत प्रभावित हुए हैं।

उधर ठाकुरों के वोटों पर भी विश्वास नहीं किया जा सकता। पिछले दिनों ठाकुरों ने जो हत्याएँ, डाके और बलात्कार किए, उसमें कई बड़े-बड़े आदमी फँस गए। कुछ अपने आदमी भी थे। एक-दो लोगों को सजा भी हो गई। बहुत प्रयासों के बाद भी मामला रफा-दफा न हो पाया। इससे ठाकुर बुरी तरह असंतुष्ट हैं। सिर्फ हरिजन-आदिवासियों पर ही भरोसा किया जा सकता है। सरकार उनके लिए बहुत कर रही है। तरह-तरह की योजनाएँ सरकार ने उनके लिए खोली है। कुछ मुझे भी करना चाहिए। उनके टोले में शराब का ठेका मैंने रमलू भाई को दिलवाया है। उसे बुलाकर बताना होगा कि अब शराब के वितरण में पर्याप्त उदारता बरतें। यह शराब भट्टी टोले वालों की ही है। इसे वे अपनी ही दुकान समझें।

ठाकुरों और ब्राह्मणों के लिए भी कुछ-न-कुछ तो करना ही होगा। सोचता हूँ, कुछ परमिट, कुछ लाइसेंस और थोड़े से ठेके दोनों समुदाय के प्रभावशाली लोगों में बाँट दिए जाएँ तो स्थिति सुधर जाएगी।

कुछ दिनों से देख रहा हूँ कि शहर का मुख्य अखाड़ा बिल्कुल खाली रहता है। आजकल लोग कसरत नहीं करते। कुस्ती, मुक्केबाजी और लाठी भाँजना, ये राष्ट्रीय खेल हैं। लोग इनमें रुचि नहीं लेते और सरकार को दोष देते हैं कि सरकार देशी खेलों के प्रति उदासीन है। जग्गू दादा भी बहुत दिनों से खाली बैठे हैं। उन्हें भी मैंने एक अरसे से कोई काम नहीं बताया। खाली रहने से शरीर और हथियार दोनों में जंग लग जाता है। उनसे कहना पड़ेगा कि भैया, अब दिन नजदीक आ गए हैं, अपना अखाड़ा शुरू कर दो। अपने क्षेत्र में बेरोजगारी बहुत बढ़ गई है। किसी को कोई चिंता-फिकर नहीं है। सरकार बेचारी क्या करे ! कहाँ-कहाँ देखे ! बहुत समस्याएँ हैं, उसके सामने ! पंजाब की समस्या है। पाकिस्तान की समस्या है। कश्मीर की समस्या है। समस्याएँ ही समस्याएँ और एक अकेली सरकार। अब अपने क्षेत्र की चिंता मैं न करूँगा तो कौन करेगा ! जग्गू दादा को कल ही कहता हूँ कि अखाड़े में शागिर्दों की भर्ती बढ़ा दें। बहुत सारे युवकों की जरूरत पड़ेगी। नए-नए लोगों को दाँव-पेंच सीखने में भी समय लगेगा। अभी बहुत कुछ करना शेष है। अब बचे ही कितने दिन हैं !

—भैयाजी

(चार)

लक्ष्मी मैया सदा सहाय !

तबादलों का मौसम बीता जा रहा है और मैंने अभी तक कोई तबादले नहीं करवाए। जाने कैसे-कैसे अफसर मेरे क्षेत्र में आकर जम गए हैं। पहले एक गुप्ता जी

हुआ करते थे। बड़े भले आदमी थे। उनकी गाड़ी में मैंने बहुत दौरे किए। चुनाव के दिनों में गुप्ता जी फुल टैंक पेट्रोल भराकर गाड़ी भेजा करते थे। अब ऐसे कर्मठ और ईमानदार अफसर इस क्षेत्र में दिखाई ही नहीं देते। अपना बड़का बबुआ कई दिनों से सिंचाई विभाग, वन विभाग, पी. डब्ल्यू. डी. और आबकारी विभाग के अधिकारियों की लंबी लिस्ट लिए बैठा है। उसने लोगों को आश्वासन भी दे दिया है कि वांछित जगह उनका स्थानांतरण करा देगा। इधर मुझे ही पार्टी की लगातार बैठकों के कारण समय नहीं मिल पाया। यह राजनीति का क्षेत्र ही ऐसा है। जिसमें देश के कार्यों में सारा समय खर्च हो जाता है। अपने कार्यों के लिए समय ही नहीं मिल पाता। अब अपनों के लिए तो थोड़ा समय निकालना ही होगा। बबुआ की लिस्ट को देखकर तुरंत कार्य कराने होंगे। बहुत कम समय रह गया है।

पिछले आम चुनाव में कवि विद्याधर 'बेचैन' की सेवाएँ बहुत सराहनीय रहीं। नारे बहुत बढ़िया लिखता है वह। पोस्टरों और विज्ञापनों के निर्माण में तो उसकी प्रतिभा झलक उठती है। मेरे कार्यक्रमों, नीतियों और उपलब्धियों को वह इतने प्रभावशाली ढंग से लिख देता है कि कभी-कभी मुझे अपने आप पर भी संदेह होने लगता है। सचमुच बड़े काम का लेखक है वह। उसकी कुछ कविताएँ मैंने प्रयास करके पाठ्यक्रम में लगवा दी थीं। साहित्य का एक बड़ा पुरस्कार भी उसे दिलवा दिया। इस चुनाव के बाद उसे किसी पीठ पर बिठा देंगे।

इधर साहित्यिक कार्यक्रमों के सिलसिले में विद्याधर वर्षों विदेश-प्रवास में रहा और मुझे भी उसकी याद नहीं आई। उसे बुलवाना ही होगा। उसकी सेवाएँ बहुत महत्त्वपूर्ण हैं। क्षेत्र में कुछ बूढ़े-पुराने और प्रतिष्ठित साहित्यकार भी हैं। इस समय उनका भी मुझे स्मरण आ रहा है। मैंने सुना है, भारतीय संस्कृति महान् है। भारतीय साहित्य सर्वश्रेष्ठ है। यह बिल्कुल उपयुक्त समय है, जब इस क्षेत्र के वरिष्ठ साहित्यकारों और कलाकारों का सम्मान हो ही जाना चाहिए। मानपत्र, नारियल और शाल के अलावा लगता ही क्या है ! परंतु इससे बड़े फायदे हैं। लोगों में अपनी छवि सुधरती है। रही भाषण की बात, तो विद्याधर 'बेचैन' से लिखवा लेंगे। इस प्रकार बौद्धिक जगत् में भी अपनी पकड़ मजबूत हो जाएगी।

—भैयाजी

गोष्ठी

"कथानक के दृष्टिकोण से कहानी साधारण स्तर की है। भाषा का प्रवाह सहज नहीं लगता। व्याकरण की गलतियाँ एवं शब्दों का चयन, कहानी में भौंडापन पैदा करता है।" यह कहकर प्रसिद्ध साहित्यकार पुत्तन जी बैठ गए।

उसने सब कुछ सुन लिया है। कोई नई बात नहीं है उसके लिए। शहर की प्रत्येक गोष्ठी में उसकी कहानियों की इसी तरह छीछालेदर की जाती है।

"नवोदित की रचना सुनकर लगता है, जैसे इन्होंने कहानी के साथ बलात्कार किया है।" दूसरे कुर्ताधारी साहित्यप्रेमी ने कहा।

वह सुनकर मन-ही-मन खुश हुआ।

"प्रस्तुत रचना अत्यंत घटिया स्तर की है। इन महोदय को चाहिए कि अभी कुछ पढ़ें, बाद में कलम को घिसें।" तीसरे धुरंधर साहित्यकार ने कहा।

समोसों से भरी प्लेटें और चाय के मग सामने आ गए। सभी ने जीभर समोसे खाए और चाय की चुस्कियाँ लीं। एक बार फिर सम्मिलित रूप से उसकी कहानी को घिसा-पिटा बताया गया। वह मन-ही-मन खुश हुआ। फिर खड़ा होकर कहने लगा, "बंधुओ, आप लोगों की समझ बहुत ऊँची है। आप लोग वास्तव में धुरंधर साहित्यकार हैं।" कहते-कहते उसे हँसी आ गई। रुककर वह फिर बोला, "मित्रो, यह कहानी मेरी नहीं, 'प्रेमचंद' जी की एक पुरानी कहानी है, जो आप लोगों की नजरों से नहीं गुजर पाई !" उसे फिर जोर से हँसी आई और वह बैठ गया।

अब सबके चेहरे सफेद पड़ गए। लोगों ने जल्द ही बातों का विषय बदल दिया। वह देर तक हँसता रहा। उससे कुछ भी कहने की अब किसी की हिम्मत नहीं पड़ी।

दंगों की महिमा

आजकल हमें अखबार और पत्रिकाएँ पढ़ते हुए खीझ होती है। जहाँ देखो वहीं पंजाब, कश्मीर, उत्तर प्रदेश, बिहार और तमिलनाडु के ही समाचार पढ़ने को मिलते हैं। मैं दंगाइयों से पूछना चाहता हूँ कि भैये, हमारे मध्य प्रदेश ने तुम्हारा क्या बिगाड़ा है ? जो इस तरफ तुम अपना रुख ही नहीं करते ! पिछले दिनों तुम आए भी तो बस इंदौर, जबलपुर और बिलासपुर में अपने छुट-पुट करतब दिखाकर चले गए। तुम्हारी इस अदना-सी हरकत से तुम्हारा तो कुछ नहीं बिगड़ा, तुम्हारे लिए तो कई प्रांतों से बुलावा आता रहता है। परंतु हमारे यहाँ तुमने खुलकर अपना खिलवाड़ नहीं दिखाया, इससे हमारे प्रांत की इज़्ज़त में तो बट्टा लग गया न !

दंगा-फसाद, लूट-मार और हत्याएँ, ये सब घटनाएँ देश की प्रगति का परिचय देती हैं। अब पंजाब को ही लें, वहाँ हमने इतना बड़ा भाखड़ा बाँध बनाया, तब पंजाब का नाम किसी ने न जाना। पंजाब में सबसे ज्यादा पैदावार होती है—यह पंजाब की पहचान नहीं है ! पंजाब की ख्याति फैली दंगों से। पंजाब के कवि, लेखक, कलाकार, वैज्ञानिक, खिलाड़ी और बहादुर सिपाही, पंजाब का नाम उतना रोशन न कर पाए, जितना दंगाइयों ने कर दिखाया। गौरव की बात है कि आए दिन बी. बी. सी. पंजाब की खबरें देता रहता है। आलम यह है कि जिस दिन के समाचार बुलेटिन में पंजाब का जिक्र न हो, वह दिन फीका लगता है। उस दिन के समाचार, समाचार जैसे नहीं लगते। लगता है, कुछ कमी रह गई। दूसरे दिन का बुलेटिन पंजाब में हुए दंगों से ही शुरू होता है, तब लगता है—हाँ, पंजाब सचमुच प्रगति कर रहा है।

पंजाब की प्रगति देश की प्रगति है। जब पंजाब का बहुत नाम हो गया तो देश चलाने वालों ने सोचा कि एक ही प्रांत यदि निरंतर विकास करता रहेगा तो देशवासी हम पर पक्षपात का आरोप लगाएँगे। इसलिए विकास के ये सोपान दूसरे क्षेत्रों में भी पूरे होने चाहिए।

कश्मीर देश का सिर है। पूरा शरीर हृष्ट-पुष्ट हो जाए मगर थोबड़े पर बारह बजते रहें तो ऐसा स्वास्थ्य किस काम का ? शरीर के शेष अंगों को तो हम बाद में देख लेंगे। सबसे पहले हमें अपने चेहरे को चमकाना चाहिए। सो हमने कश्मीर को चमकाना आरंभ कर दिया। पिछले पाँच सालों से हमारा कश्मीर रूपी चेहरा खूब चमका है। कुछ मामलों

भी देश की आबादी बहुत है। देश के सुनहरे भविष्य के लिए ही ये आतंकवादी ए दिन सैकड़ों हत्याएँ करते रहते हैं। यह गौरव की बात है। बेबस सरकार शहीदों याद में स्मारक बनवाने के अलावा भला और क्या करे !

देखना यह है कि पंजाब, कश्मीर, उत्तर प्रदेश और तमिलनाडु के बाद अब किस का नंबर है। नेताओं की लंबी लाइन लगी है। सब अपने-अपने प्रांत की प्रगति ते हैं। आखिर पाँच साल बाद उन्हें भी तो जनता में अपना मुँह दिखाना है।

मेरे पड़ोसी शर्मा जी के घर में नई बहू उत्तर प्रदेश से आई है। कल ही अपनी को डाँट रही थी, ''कैसे घटिया शहर में मैंने ससुराल पाई। हाय, मेरे तो भाग ही निकले। न यहाँ कभी कर्फ्यू लगे, न कभी दंगे हों, न रैलियाँ निकलें ! ऊहूँ ! भी कोई शहर है ! मैं कहे देती हूँ सासू जी, ससुर जी तो बड़े नेता हैं। उनसे कह महीने, दो महीने में शहर में कोई दंगा-फसाद करवाइए। नहीं तो मैं चली अपने के।''

वह गर्व से अपनी सास को चिढ़ाते हुए कहती है, ''इन दिनों तो हमारे मायके में र्यू लगा होगा। कितना अच्छा लगता है कर्फ्यू के दिनों में ! घर में पड़े-पड़े खाओ सोओ। न बच्चों को स्कूल भेजने का झंझट और न ही पति की दफ्तर जाने के सुबह से खिच-खिच। बस पड़े रहो घर में। काम न धाम। जय श्री राम। अब सब आनंद इस मुर्दा शहर में कहाँ !''

शर्मा जी की नवोढ़ा बहू के विचार सुनते हुए मेरी आँखें शर्म से गड़ गईं। सचमुच शहर के लोग बहुत पिछड़े हुए हैं। शांतिपूर्वक जीना भी भला कोई जीना है ! ठीक है किसी फिल्मी शायर ने—''वो जवानी, जवानी नहीं, जिसमें कोई कहानी न ' तो हम अभी बूढ़े नहीं हो गए हैं।हम भी कई कहानियाँ गढ़ने का माद्दा रखते लो, आज के अखबार में समाचार आ गया कि बस्तर में कुछ लोगों ने बारूदी सुरंगें कर दो पोलिंग पार्टियों को उड़ा दिया। छत्तीसगढ़ के रायगढ़ जिले में कई कवादी पकड़े गए—ये गौरवपूर्ण समाचार हैं। शुरूआत हो गई है। कश्मीर, , उत्तर प्रदेश, बिहार और तमिलनाडु वालों से हम कम थोड़े ही हैं। रेडियो, नि और पत्रिकाओं पर छाए रहने का अधिकार सिर्फ उन्हें भर नहीं है। हमें भी अब देश आजाद है। सबको समान अधिकार है। हम उनसे भी आगे निकलकर देंगे, ताकि फिर कोई बाहर प्रांत से आई नई बहू यह न कह सके कि हुंः यह भी शहर है !

में तो कश्मीर पंजाब से भी आगे है। अपहरण तो पंजाब में रोज ह की सुपुत्री के अपहरण से खूँखार आतंकवादियों की रिहाई का गौर प्राप्त है।

जब कश्मीर के चर्चे भी देश-विदेश में होने लगे और विदेश स्वर्ग को दोजख का मोहल्ला कहने लगे, तब हमारी आत्मा को श हमने अपने लक्ष्य को पा लिया।

कश्मीर के बाद हमें देश के अन्य प्रांतों की ओर भी ध्यान दे देश का सबसे बड़ा प्रांत है। बहुत दिनों से यहाँ शांति थी। लोग पी रहे थे, और गंगा-जमुना में प्रातः स्नान करते हुए भगवत्-भज उनका पिछड़ापन न देखा गया। सबसे पहले हमने अवध की गंगो लगाई। वर्षों से एक इमारत वहाँ बंद और उपेक्षित पड़ी थी। हम जगाया कि भैया, प्रगति नहीं करना है क्या ? पूरा देश आगे नि तुम यहाँ भाई-चारे की चद्दर ताने आखिर कब तक सोते रहोगे कार्य में लग जाओ। आजादी मिले चवालीस वर्ष हो गए औ ऐतिहासिक-सांस्कृतिक भवन आज भी अपने उद्धार के लिए आजादी के इतने सालों बाद तुम अपने सांस्कृतिक भवनों के अं धिक्कार है तुम्हें !

इस प्रकार उत्तर प्रदेश को भी हमने पंजाब और कश्मीर की अब बी. बी. सी. से उत्तर प्रदेश के भी खूब समाचार आते है उत्तर प्रदेश की वर्तमान उपलब्धियों पर विशेषांक छाप रही हैं। के चर्चे हैं। कभी मेरठ, तो कभी मुरादाबाद, कभी करनैलगंज दंगों के कारण खुशहाली आई है।

सुनते थे दक्षिण भारत में बड़ी शांति है। पंजाब, बिहार औ गौरव प्राप्त है। दक्षिण वाले पीछे क्यों रहते ! तमिलनाडु में लं शांति देखते हुए शर्म आने लगी थी। लो, अब उनका इतिहास राजनीति ने उन्हें भी दंगों की धारा से जोड़ दिया।

इस देश में दंगों की समाजवादी व्यवस्था लाने में महत्त्वपूर्ण हम ऊपर न उठा पाए। पूँजीपतियों पर हमारा कोई अंकुश समाजवाद-समाजवाद चिल्लाते रहे परंतु किसी भी वैचारिक क्र एक कदम भी न बढ़ सके। इधर दंगों ने गरीब-अमीर का भे समाजवाद की दिशा में कुछ उपलब्धियाँ हुईं। दुकानें लूटी गईं, हुआ। एक जगह एकत्रित पूँजी कई हाथों में पहुँची। आगज इससे कई प्रकार के रोजगार के अवसर निकले। बेकार लो गए। कुछ हत्याएँ हुईं। हर क्रांति में होती हैं। रूस और फ्रां

हमें जुआघर चाहिए

यह तो सभी जानते हैं कि भारतीय संस्कृति बहुत महान् है। एक बार जो महान् हो जाए फिर वह कोई भी कार्य करे, वह महान् और महान् के सिवा कुछ नहीं होता। जैसे कोई महान् आदमी शराब पिए तो शराब पीना अच्छी बात कही जाएगी। क्योंकि वह महान् आदमी सरेआम पी रहा है, इसलिए शराब पीने के पक्ष में हजारों तर्क प्रस्तुत किए जाएँगे। यहाँ तक कि लोग उस महान् आदमी को खुश करने के लिए बच्चन जी की पूरी मधुशाला ही सुना डालेंगे। ठीक ऐसे ही आजकल महान् भारतीय संस्कृति की दुहाई देते हुए विभिन्न पर्यटन-स्थलों में केसिनों (जुआघर) खोले जाने की चर्चा है।

यह एक क्रांतिकारी विचार है। हम इसका स्वागत करते हैं। जग जाहिर है कि भारत एक गरीब देश है। हम विदेशियों से कर्ज लेते हैं। हमारी जनता रात-दिन कड़ी मेहनत करती है। अर्थशास्त्री रात-दिन देश की अर्थव्यवस्था को लेकर चिंतित रहते हैं। वैज्ञानिक परेशान हैं। सरकार संकट में है। बजट घाटे में जा रहा है। विदेशी मुद्रा का अभाव है। सारे प्रचलित तरीके अपनाए गए परंतु असफलता ही हाथ लगी। गरीबी का पाँव भारी है—अंगद की तरह। सब अपनी ताकत आजमा चुके हैं। कोई गरीबी के पाँव को हिला तक नहीं सका। इस संकट की घड़ी में एक आशा की किरण दिखी, केसिनों के रूप में। बिन पूँजी का व्यापार। विदेशी मुद्रा कमाने का कारगर उपाय। सचमुच यह विचार स्वागतेय है। मेरी हार्दिक शुभकामनाएँ !

दुःख इस बात का है कि यह शुभ विचार पहले हमारे मनों में क्यों नहीं आया ! क्या इतने दिनों तक हम अपनी महान् भारतीय संस्कृति को भूले रहे। अब सहसा हमें संस्कृति की याद हो आई। खैर…देर आयद, दुरुस्त आयद,पौराणिक काल में हमें जुए के खेल पर कई किस्से मिलते हैं। महाभारत की वह गौरवशाली गाथा तो आप सब लोग जानते ही हैं, जिसमें धर्मराज युधिष्ठिर और उनके चार महाबली भाइयों ने जुए के खेल में अपना सर्वस्व गँवाने के बाद अपनी धर्मपत्नी तक को दाँव पर लगा दिया था। तत्पश्चात् उस अबला स्त्री का भरी सभा में चीर-हरण किया गया। उस समय जब राज दरबार में सरेआम राजे-महाराजे और परिवार के सदस्य इतना बड़ा जुआ खेलते थे तो सामान्य जनता भी जुआ खेलने का भरपूर आनंद लेती रही होगी। मेरा विश्वास है कि उस समय कभी भी राजकोष को आर्थिक संकट नहीं देखना पड़ा होगा। सरकारी

खजाना सदा भरा-पूरा रहता होगा। जब सब जगह सरेआम जुआ खेला जाता हो, तब राजकाज के लिए आर्थिक संकट का प्रश्न ही नहीं उठता।

यह बात भारतीय संस्कृति और परंपरा से स्वयंसिद्ध है कि आर्थिक संकट से निपटने के लिए उपयोगी और सफलतम उपाय है—'जुआ खेलना'। अफसोस तो इसी बात का है कि इतनी साफ और स्पष्ट बात इतने सालों तक लोगों की समझ में क्यों नहीं आई ? यह बात हमारे बुजुर्गों ने यदि पहले ही समझकर आत्मसात् कर ली होती तो इतने दिनों तक हम गरीबी में सड़ते रहने से बच जाते।

सीधी-सी बात है कि जब मलेशिया ने अपने यहाँ 'केसिनों उद्योग' से करोड़ों डालर बना लिए तो हम ऐसा क्यों नहीं कर सकते। हमें भी डालर कमाना है। बिन डालर सब सून। तरह-तरह के, बड़े-बड़े उद्योग, देशी और विदेशी उद्योगपतियों ने हमारी भारत भूमि में लगाए परंतु 'केसिनों उद्योग', के लाभांश आँकड़े सबसे ऊपर इठला रहे हैं। पहले वर्ष में साढ़े तीन करोड़ रुपयों का हिस्सा, दूसरे वर्ष में 18 लाख अमरीकी डालर, तीसरे वर्ष में 45 लाख डालर और चौथे एवं पाँचवें वर्ष में 150 लाख डालर का लाभांश प्राप्त होगा। है भला ऐसा कोई फूलता-फलता उद्योग ? केसिनों उद्योग जिंदाबाद !

मुझे उन लोगों से सख्त शिकायत है, जो लोग 'केसिनों उद्योग' की आलोचना कर रहे हैं। उन्हें देश के आर्थिक विकास की कोई चिंता नहीं है। हम लगातार बढ़ती हुई जनसंख्या को नहीं रोक पाए। बेरोजगारी की समस्या सुरसा की भाँति मुँह बाए हुए है। भुखमरी गरीबी और महामारी की मार से हम मरे जा रहे हैं। ऐसी स्थिति में हमारा उद्धार करने के लिए भगवान का रूप धरकर, मलेशिया की कोई बड़ी औद्योगिक कंपनी यहाँ 'केसिनों उद्योग' लेकर आ रही है। यह एक शुभ समाचार है। हमें थाल में आरती सजाकर, अक्षत-चंदन लगाकर उसका स्वागत करना चाहिए। ऐसो को उदार जग माहीं !''

मैं स्पष्ट देख रहा हूँ कि मीडिया वाले भी देश के विकास के लिए ठीक से नहीं सोचते। अरे, केसिनों खुल जाने से देश में कोई भूकंप नहीं आ जाएगा। जुआघर बन जाने से कहीं कोई कयामत नहीं आने वाली। यों लुक-छुपकर, यहाँ-वहाँ तो जुआघर चल ही रहे हैं, अब इसे सहर्ष स्वीकार करना चाहिए। न जाने क्यों अखबारों में ऊट-पटाँग कार्टून छप रहे हैं। केसिनों विरोधी लेख लिखकर मीडिया वाले देश की तरक्की में रोड़ा अटका रहे हैं। क्या इन्हें भी बताना पड़ेगा कि 'जुआ खेलना' तो हमारी महान् संस्कृति में सहज स्वीकृत है। 'दीपावली' के महीनों पूर्व से लेकर महीनों बाद तक, हमारे देश में त्यौहार के नाम पर जुआ खेला जाता है। कहा जाता है कि कभी राजा भोज और गंगू तेली ने भी दीपावली पर जुआ खेला था। इस प्रकार जुआ खेलना हमारी संस्कृति का प्रतीक है। बीच में यह परंपरा लुप्त तो नहीं, कुछ मद्दिम जरूर पड़ गई थी। अब समय आ गया है कि इस महान् सांस्कृतिक परंपरा की हम पुनर्स्थापना

करें। केसिनों उद्योग को सम्मानपूर्वक हमें स्वीकार करना चाहिए। जुआ खेलने और खेलाने वालों को समुचित सुविधाएँ मिलनी चाहिए। जुआरियों को आरक्षण दिया जाए, इस नारे में भी दम है।

जुआ खेलने और खिलाने से कई फायदे हैं। सर्वप्रथम जुआ खेलने वाले का आत्मविश्वास मजबूत होता है। दाँव लगाते रहने से उसमें रिस्क लेने की क्षमता विकसित होती है। डर नामक फालतू भाव पूरी तरह जाता रहता है। छोटे-छोटे दाँव लगाते-लगाते, आदमी फिर बड़े-बड़े दाँव बेझिझक लगा सकता है। आज वह पैसे दाँव पर लगाता है, कल वह अपनी इज़्ज़त, परसों ईमान, नरसों अपना घर-बार फिर एक दिन वह पूरा राष्ट्र दाँव पर लगा देगा। सचमुच यह क्षमता कठिन साधना से ही आती है। केसिनों उद्योग से गरीबी मिटेगी। बेरोजगारी दूर होगी। विदेशी मुद्रा के भंडार बढ़ेंगे। जुआघर के रूप में नए भवन बनेंगे। कुछ अतिरिक्त सुविधा वाले होटल खुलेंगे। इस प्रकार हम बहुत आगे बढ़ेंगे सूरज की ओर सौ कदम।

इतिहास गवाह है कि जुए के खेल के बाद सदा चीर-हरण होता आया है, वैसे यह कोई चिंता की बात नहीं है। कुछ पाने के लिए, कुछ खोना ही पड़ता है। कम समय में ज्यादा-से-ज्यादा डालर कमाना है तो खुशी-खुशी चीर-हरण करवाने के लिए हमें तैयार रहना पड़ेगा।

इतिहास हमें यह भी बताता है कि जिस राजसभा में सरेआम जुआ खेला जाता है और अबला स्त्रियों का चीर-हरण होता है, वह अंधे धृतराष्ट्र की सभा कही जाती है। किसी कवि ने लिखा है —

खिड़की खोलकर
बैठो
दूर दूर तक देखो
लेकिन दरवाजे की कीमत पर नहीं
दरवाजे का कोई
विकल्प नहीं होता।

हिंदी दिवस पर भैया जी का संदेश

प्यारे भाइयो तथा बहनो, तीन-चार दिन पहले ही हमें यह पता चला कि हमारे देश में 'हिंदी दिवस' भी होता है। स्वतंत्रता दिवस, गणतंत्र दिवस, शिक्षक दिवस, बाल दिवस आदि तो हमने सुने हैं और इन अवसरों पर हमने विभिन्न समारोहों में अपने उद्‌गार भी व्यक्त किए हैं। परंतु यह हिंदी दिवस हमने पहली बार सुना है।

हम अपने नगर के कवि, साहित्यकार और अफसर श्री सुमन जी के बहुत आभारी हैं। उन्हीं की वजह से हमें जीवन में पहली बार मालूम हुआ कि हिंदी दिवस क्या चीज है ! न सुमन जी का ट्रांसफर किसी बीहड़ में होता, न वे उसे रुकवाने के लिए हमारे पास दरख्वास्त लेकर आते और न हम कभी जान पाते कि हमारे इस महान् देश में कोई हिंदी दिवस नामक पर्व भी मनाया जाता है।

सुमन जी का ट्रांसफर हमने रुकवा दिया। भले आदमी हैं। इस शहर को अभी उनकी जरूरत है। उन्होंने बड़े ही आग्रह के साथ मुझे इस कार्यक्रम में मुख्य अतिथि के रूप में आमंत्रित किया। पहले तो मैं इस नये दिवस का नाम सुनकर ही सन्न रह गया। मैं सोच में पड़ गया कि आखिर क्या बोलूँगा इस दिवस पर ! फिर सुमन जी ने खुलासा करते हुए बताया कि आज के दिन ही हमारे संविधान में हिंदी को राजभाषा का दर्जा दिया गया था। तो इस प्रकार हमें यह मालूम हुआ कि आज का दिन बहुत ही खुशी का दिन है। फिर हमें यह समझते देर न लगी कि आज हमें हिंदी के महत्त्व और गौरव पर प्रकाश डालना है। सरकारी नीतियाँ, विकास के कार्यक्रम और विरोधियों के काले कारनामे, इन विषयों पर तो हम आए दिन बोलते रहते हैं। आज हिंदी भाषा के लिए कुछ बोलने की जिम्मेदारी आप लोगों ने मुझ पर सौंपी है। मैं बोलूँगा। हिंदी के लिए तो जरूर बोलूँगा। आप धैर्यपूर्वक सुनिए।

सबसे पहले तो मैं अपने बुजुर्ग नेताओं का शुक्रिया अदा करना चाहूँगा, जिन्होंने इतनी भाषाएँ होते हुए सिर्फ हिंदी को ही राजभाषा का दर्जा दिलाने की कोशिश की। यह उन्हीं महान् नेताओं के प्रयासों का फल है कि हम और आप यहाँ बैठे हिंदी दिवस मना रहे हैं। (तालियाँ)

अभी कुछ लोग चिंता व्यक्त कर रहे थे कि आजादी के छियालीस सालों बाद भी हिंदी पूरी तरह राजभाषा का दर्जा प्राप्त नहीं कर पाई है। सच मानो तो हम भी इसी

चिंता में लगातार दुबले हुए जा रहे हैं। परंतु सिवाय चिंता के और हम कर भी क्या सकते हैं !

कई राज्य ऐसे हैं, जो हिंदी का विरोध करते हैं। अच्छी बात है, करना चाहिए। प्रजातंत्र में सबको अपनी बात कहने का समान अधिकार है। मैंने कई प्रांतों में जाकर देखा है कि क्षेत्रीय भाषाओं का झगड़ा है तो सिर्फ हिंदी के साथ हमें सारे झगड़े आपसी बातचीत से सुलझाने हैं। अल्पसंख्यक पिछड़ी जातियाँ और शरणार्थी के रूप में आए परंतु यहीं स्थाई रूप से बस गए, लोगों की भाषा और संस्कृति को भी हमें आगे बढ़ाना है। हाँ, झगड़ों से निपटने के लिए हमारे पास अहिंसा का रास्ता है ही। अरे, जब अहिंसा के बल पर हमने आजादी प्राप्त कर ली तो क्या उसी रास्ते से हम हिंदी को राजभाषा का दर्जा नहीं दिला सकते ? जरूर दिला सकते हैं। जैसा कि सुमन जी ने हमें बताया कि हमारे संविधान में साफ-साफ लिखा है, "संघ की भाषा हिंदी और लिपि देवनागरी होगी···।"

अब संविधान में हमारे बुजुर्गों ने जो बात लिख दी तो उसका पालन करना हमारा परम कर्तव्य हो जाता है। यह बात अलग है कि हर लिखे हुए को व्यवहार में लाते-लाते हमें बहुत समय लग जाता है। हिंदी को राजभाषा और राष्ट्रभाषा का दर्जा दिलाने के लिए 46 साल का समय बहुत कम है। फिर हमारे सिर पर कई तरह की चिंताएँ रहती हैं। चुनाव लड़ने और जीतने की गहन चिंता बनी रहती है। भाई-भतीजों के राजनीतिक भविष्य की चिंता भी चैन नहीं लेने देती। अब राष्ट्र और राष्ट्रभाषा की चिंता के लिए हमारे पास समय ही कहाँ है ! दूसरी ओर आप कवियों, लेखकों, पत्रकारों और बुद्धिजीवियों के कारण भी हमारी नाकों दम रहता है। आप लोग आए दिन अखबारों और पत्रिकाओं में जाने क्या ऊल-जलूल लिखते रहते हैं। आज हिंदी दिवस के अवसर पर मैं पूछना चाहता हूँ आप लोगों से—"आप लोग अच्छी-अच्छी बातें क्यों नहीं लिखते ?"

हर जगह आप लोगों को वही गरीबी, भुखमरी और भ्रष्टाचार ही दिखाई देता है ! इन्हीं सब बातों पर आप लोग ये साहित्य-वाहित्य लिखते रहे तो हो गई हिंदी की सेवा ! फिर दिला दिया आप लोगों ने हिंदी को राजभाषा का दर्जा !

मैं पुनः आप लोगों से पूछना चाहता हूँ, "क्या कोयलिया ने अमराइयों में जाना बंद कर दिया है ? क्या शमा पर परवाने अब नहीं मँडराते ? क्या चाँद की चाँदनी आजकल नहीं छिटकती ? क्या सावन की घटाएँ अब नहीं घुमड़तीं ? क्या नायिका को परदेश गए अपने प्रीतम की याद नहीं सताती ?" ये साहित्य के शाश्वत विषय हैं। इन पर हिंदी लेखक अपनी कलम के जौहर क्यों नहीं दिखाते ? उधर देखो उर्दू शायरी से कितना रस टपक रहा है। वहाँ साकी है, सुराही है और मयखाना है, ऐसा कुछ लिखो हिंदी में तो हिंदी का उद्धार हो।

गरीबी, भ्रष्टाचार और शोषण के अलावा भी बहुत विषय हैं, साहित्य रचने के

लिए। देखते नहीं, चारों तरफ इन दिनों हरियाली छाई हुई है। खेतों में फसलें लहलहा रही हैं। परंतु आप सबको यह क्यों दिखाई देगा ? आप तो कहोगे फलाँ प्रांत में बाढ़ आ गई। ढिकाँ जगह सिंचाई के अभाव में फसलें बर्बाद हो गईं। किसानों और मजदूरों का शोषण हो रहा है। अरे, ये भी कोई विषय हैं साहित्य लिखने के लिए ? देश की प्रगति पर तो कुछ लिखते नहीं और कहते हैं कि हम प्रगतिशील हैं। लिखना ही है तो किसी बड़े नेता का जीवन-चरित्र लिख डालो। एक से एक महान् नेता पड़े हैं हमारे देश में। अब हमीं को देखो। कितना संघर्ष किया हमने यहाँ तक पहुँचने के लिए। जातीय गणित बिठाया। लोगों में सोई हुई धार्मिक भावना को जगाया। अरे, जाने कितने पापड़ बेले हमने, तब कहीं जाकर यह परम पद मिला। तो ऐसे कितने महान् नेता तुम्हें गली-मोहल्ले में मिल जाएँगे, जिनका जीवन चरित्र नई पीढ़ी के लिए अत्यंत प्रेरणास्पद है। सरकार अच्छी किताबों पर पुरस्कार देती है। लेखकों को समय-समय पर राज्य सभा का सदस्य बनाया जाता है। पद्मश्री और पद्मभूषण आदि भी बाँटे जाते हैं। अब सरकार हिंदी की सेवा के लिए इतना कुछ तो कर रही है। और भला क्या करे !

आप लोग कहते हो कि जगह-जगह अंग्रेजी माध्यम वाले निजी स्कूल खुलते जा रहे हैं, इससे हिंदी के विकास को खतरा है।

हमारा कहना है कि इससे हिंदी के विकास को कोई खतरा नहीं है बल्कि इससे कालांतर में हिंदी को बहुत लाभ होने वाला है। मैंने देखा है और सुना भी है कि हिंदी की वही कृति ज्यादा चर्चित और प्रशंसित होती है, जिसका अंग्रेजी में अनुवाद किया गया हो। मैंने कहीं पढ़ा था कि रवीन्द्रनाथ ठाकुर ने जब कबीरदास के सौ पदों का अंग्रेजी में अनुवाद किया, तब हिंदी जगत् में कबीरदास को पहचाना गया। इसलिए अब यह जरूरी हो गया है कि हम अंग्रेजी के माध्यम से हिंदी को जानें। तभी हिंदी का महत्त्व स्थापित हो पाएगा।

हमें यह नहीं भूलना चाहिए कि हिंदी हमारी मातृभाषा भी है। उसे तो हम अपनी माँ की गोद में ही सीख लेते हैं। माँ अपने बच्चों को जो लोरी गाकर सुनाती है, वह हिंदी में ही होती है। और भाषाओं में लोरी होती है या नहीं ? मुझे ज्ञात नहीं। हिंदी में तो जरूर होती है।

गली में, मोहल्ले में, जब मैं महिलाओं को, बच्चों को और पुरुषों को भी आपस में झगड़ते हुए देखता हूँ, उस समय जिन गालियों का प्रयोग सुनने को मिलता है, उससे हमें हिंदी के अद्‌भुत सामर्थ्य का पता चलता है। तब हमें ज्ञात होता है कि हिंदी भाषा जीवन के कितने निकट है। वह जन-जन की भाषा है।

जीवन में, आम बोलचाल के लिए, व्यवहार के लिए हिंदी की उपयोगिता सर्वविदित है। रह गया सरकारी कामकाज, तो वह बहुत बड़ी चीज है। वह सबके लिए नहीं है, इसलिए वहाँ जबरन हिंदी को घुसेड़ने का क्या मतलब ? विश्व बैंक से

कर्जा लेना है। विदेशों से हथियारों के सौदे पटाने हैं। स्विश बैंकों में खाते खोलने हैं। यह सब हम हिंदी में करने लगें तो फिर हो गई देश की तरक्की !

हिंदी के विकास की जिम्मेदारी अब आप लोगों पर है। देश के बुजुर्ग नेताओं ने सर्वोच्च संविधान में हिंदी को राजभाषा का दर्जा दे दिया। सरकार ने 'हिंदी दिवस' की घोषणा कर दी। राजधानियों में साहित्य परिषदें, अकादमी और पुरस्कारों की व्यवस्था हो गई। इस प्रकार सरकार हिंदी के लिए बहुत काम कर रही है। मैं भी आज हिंदी के कार्यक्रम में आ गया। अब इस पावन हिंदी दिवस पर हमारा आपको यही संदेश है कि आप लोग सत् साहित्य लिखिए। रोटी, भूख, गरीबी, शोषण और क्रांति जैसी शब्दावलियाँ छोड़कर, आप लोग रेडियो, दूरदर्शन और फिल्मों की भाषा अपनाइए, इसी से हिंदी का विकास होगा। जय हिंद !

कथाओं के जन्म की कथा

नये समय की बात है, एक बहुत बड़े नेता अपने पुत्रों के भविष्य को लेकर चिंतित हुए। उनके चार सुपुत्र बचपन से अत्यंत मेधावी, शांत, गंभीर और सहृदय थे। वे चारों सुपुत्र ब्रह्म मुहूर्त में उठकर प्रतिदिन भगवान का भजन-पूजन करते और सच्चरित्र रहते हुए निरंतर परोपकार में संलग्न रहते थे। उन्होंने कभी किसी का दिल नहीं दुखाया, झूठे वादे नहीं किए।

नेताजी अपने पुत्रों की बेवकूफियों से बहुत दुखी रहने लगे। उन्होंने लाख समझाया परंतु अपने ही पुत्रों पर उनकी भाषण-कला का कोई असर नहीं हुई। एक दिन उन्होंने अपने चमचों की सभा में बड़े ही व्यथित मन से कहा, "मेरे पुत्र बड़े ही उद्धत और मूर्ख हैं। आधुनिक राजनीति और व्यावहारिक समाज नीति का उन्हें तनिक भी ज्ञान नहीं है। मेरे बाद इस विशाल राज्य को कौन सँभालेगा ? दिन-रात यही चिंता खाए जा रही है। मेरे रहते इन्हें पार्टी का टिकिट सुगमता से मिल सकता है। मेरी आँखें अपने पुत्रों को मंत्री पद पर देखने के लिए तरस रही हैं। तुम सबने मेरी बहुत सेवा की है। अब बुढ़ापे के कारण मेरी गर्दन हिलने लगी है और हाथ-पैर भी काँपते हैं परंतु संपूर्ण राज्य की बागडोर मेरे ही हाथ में है। मेरी आँखें मिंचें इसके पूर्व मैं अपने पुत्रों को इस विशाल पार्टी और राज्य का समस्त भार सौंप देना चाहता हूँ। और बापों के पुत्र तो जीते-जी पार्टी का सर्वेसर्वा हो रहे हैं, कहीं-कहीं बहू, बेटियों में नेतृत्व के लिए छीना-झपटी मची हुई है और यहाँ मेरे ये मरदूद बेटे मेहनत-मशक्कत करके जीविकोपार्जन का सपना सँजो रहे हैं। विचारणीय प्रश्न यह है कि इन गधों को आदमी कौन बनाए ? तुम सबने मेरी बहुत सेवा की है। समय-समय पर तुम सबने वैध और अवैध तरीकों से पार्टी के लिए पर्याप्त फंड इकट्ठा किया है। हर प्रकार से चुनाव जिताकर कुटिलतापूर्वक प्रशासन के संचालन में तुम सबका बड़ा योगदान है। क्या आप लोगों में से कोई ऐसा है, जो हमारे इन कुपुत्रों को आधुनिक नीति शास्त्र में निपुण कर सके ?

"सुनते हैं, कंचन और कामनी का संग पाकर बड़े-बड़े संत पुरुष भी अपने तेवर बदल देते हैं। उसी प्रकार सफल और प्रतिष्ठित सज्ज्ञनों का संग पाकर बड़े-बड़े बुद्धिजीवी भी बिना किसी साधना के महान् कहलाने लगते हैं।

"कहा भी गया है, 'भूखो भजन न होइ गोपाला, ले लो अपनी कंठीमाला' इसलिए

सत्पुरुषों की संगत करते हुए अपना पेट भरने के लिए दूसरों के पेट पर लात मारने की कला जल्द सीख लेनी चाहिए।

नेताजी की पीड़ा सुनकर कई विशेषणों से विभूषित महान् साहित्याचार्य पंडित वी. पी. शर्मा ने कहा, ''हे नेतन् ! आप तनिक भी फिक्र न करें। आपके पुत्रों का जन्म शासक-कुल में हुआ है इसलिए मेहनत-मशक्कत करके जीवन-यापन करना इनके लिए घोर पाप होगा। मेरे मतानुसार, जब तक सूरज चाँद रहेगा तब तक इनका नाम रहेगा।

''और कहा भी गया है कि किसी नेता कुल में मजदूर और मास्टर पैदा नहीं होते। वहाँ तो बालक के पैदा होते ही उसका चुनाव क्षेत्र तय कर दिया जाता है। कहते हैं कि शेर के बच्चे कभी घास नहीं खाया करते।

''इस प्रकार हे नेतन् ! आपके बालक भी आपके ही समान सुयोग्य नेता बनकर आपकी कीर्ति में अवश्य चार चाँद लटकाएँगे। जिस प्रकार मैंने आपकी नीतियों-कुरीतियों को प्रशंसित और प्रचारित किया है, उसी प्रकार आपके पुत्रों को आधुनिक नीति में निपुण करके उनके व्यक्तित्व और कृतित्व को महान् सिद्ध करना मेरे लिए श्रेयस्कर है।कृपा कर आप अपने पुत्रों को तीन साल के लिए मेरे विश्वविद्यालय में भर्ती कर दीजिए। मैं उन्हें गुणी और व्यावहारिक बनाकर आपको सौंप दूँगा।

''हे नेतन् ! जैसा कि आपको विदित है कि मेरे विश्वविद्यालय में हर साल छात्रसंघ के चुनाव होते हैं। तीन साल तक हम राजकुमारों को छात्रसंघ के चुनाव लड़वाते हुए चुनाव के सभी हथकंडे भली-भाँति सिखा देंगे, साथ ही स्नातक की डिग्री भी उन्हें मिल जाएगी। इसलिए हे नेतन् ! आप अपनी समस्त चिंताओं को भुलाकर पार्टी संगठन में युवाओं की भर्ती पर अभी से जोर देना आरंभ कर दीजिए। कुछ नहीं तो पार्टी में ही एक युवादल बना डालिए। कल जब आपके होनहार पुत्र पूर्णतः दक्ष होकर कार्य क्षेत्र में प्रवेश करेंगे तो उनके लिए मंच पहले से तैयार रहेगा।''

महान् शिक्षाप्रद पंडित वी. पी. शर्मा की बात सुनकर नेता जी का मन प्रसन्न हो गया। उन्होंने गदगदाते हुए कहा, ''सचमुच पंडित जी, आप अत्यंत गुणी हैं। आप हमारे नौनिहालों को सही मार्ग पर लगा दीजिए, हम वादा करते हैं कि आपकी लिखी हुई अनेक पुस्तकें राज्य के सभी विद्यालयों के पाठ्यक्रम में लगवा देंगे।''

नेता जी ने अपने चारों पुत्रों को बुलवाकर उन्हें शर्मा जी से मिलवाया फिर सम्मानपूर्वक पंडित जी को विदा किया।

विश्वविद्यालय में प्रवेश

जुलाई लगते ही नेता-पुत्रों को लेकर डॉ. वी. पी. शर्मा विश्वविद्यालय प्रांगण में पधारे। सभी प्राध्यापकों से परिचय करवाने के पश्चात् उन्होंने विश्वविद्यालयीन परंपराओं के विषय में कुमारों को संक्षेप में बताया, "कुमारो, इस विश्वविद्यालय से प्रतिवर्ष हजारों नवयुवक डिग्री लेकर निकलते हैं, जिसमें से बहुत थोड़े जिनके पास डिग्री के अलावा उच्च राजनीतिक प्रभाव एवं बहुत सारा रुपया होता है, वे सरकारी नौकरी के परम पद को प्राप्त होते हैं, शेष बहुत सारे प्रतिभाशाली लोग बेरोजगारी बढ़ाने में अपना योगदान देते हैं। यों तो विश्वविद्यालयीन पाठ्यक्रम में राजनीति शास्त्र नामक एक विषय पढ़ाया जाता है परंतु यहाँ प्राध्यापकों की आपसी राजनीति और छात्रसंघ-निर्माण की प्रक्रिया देखकर प्रत्येक छात्र, सार्वजनिक जीवन में राजनीति के महत्त्व को भली-भाँति जानने लगता है। जो मेधावी छात्र विश्वविद्यालय के चपरासी से लेकर कुलपति तक को बेखटके मारने की धमकी दे सके, ऐसा प्रतिभासंपन्न व्यक्ति छात्रसंघ के अध्यक्ष पद पर सुशोभित होता है।

विश्वविद्यालय में समय-समय पर हड़तालें होती हैं। इससे पता लगता है कि देश की युवा पीढ़ी अपने अधिकारों के प्रति उदासीन नहीं है। प्रायः हड़तालों का विषय होता है : परीक्षा तिथियाँ बढ़ाओ। कई दिनों तक जोरदार हड़ताल चलती है। शहर में जुलूस निकलता है। बसें और दुकानें जलाई जाती हैं। तब कहीं जाकर कुलपति महोदय परीक्षा तिथियाँ बढ़ाने के आदेश प्रसारित करते हैं। परीक्षाओं में नकल करना छात्र नेताओं का जन्मसिद्ध अधिकार है। नकल करने के पश्चात् प्राध्यापकों को डरा-धमकाकर या फिर कभी कुछ ले-देकर नंबर बढ़वाना एक आदर्श परंपरा के रूप में स्वीकृत है।

विश्वविद्यालय देर-सवेर सबको डिग्री देता है। साधारण बुद्धि के छात्र रोजगार ढूँढ़ने की कोशिश करने लगते हैं और जो अत्यंत मेधावी हैं, वे अविलंब सक्रिय राजनीति के लिए समर्पित हो जाते हैं। इस प्रकार इस शिक्षा मंदिर में भाँति-भाँति के भक्त आते हैं और पूजा-अर्चना के बाद अपनी मनोकामना पूर्ण होने की आशा लगाए रहते हैं। बहुतों की मनोकामना पूर्ण हो जाती है, जिनकी मनोकामना पूर्ण नहीं होती, वे जीवन भर 'लार्ड मैकाले' और उसकी शिक्षा पद्धति को गालियाँ देते हुए मर-खप

जाते हैं। कुछ असंतुष्ट लेखक बनकर चीखते-चिल्लाते रहते हैं।

"कुमारो, यह विश्वविद्यालय तुम्हारी कर्म-स्थली है। यहाँ तुम्हें जीवन का व्यावहारिक ज्ञान मिलेगा। हाँ, सैद्धांतिक ज्ञान प्राप्त करने के लिए यहाँ किसी-न-किसी प्राध्यापक से ट्यूशन पढ़ना जरूरी है। ट्यूशन पढ़ने के लिए प्राध्यापक का चुनाव बहुत सोच-समझकर करना चाहिए। जिस प्राध्यापक से भविष्य में विभिन्न प्रकार के लाभ लिए जा सकें, वह ट्यूशन के लिए उपयुक्त होता है। ट्यूशन पढ़ाने वाले बहुसंख्यक प्राध्यापक अपनी जिम्मेदारी भली-भाँति समझते हैं। वे अपने विद्यार्थियों को पढ़ाने के अलावा, पुस्तकालय से किताबें अपने नाम से दिलवाते हैं। परीक्षा के समय पेपर आउट कराने से लेकर, नकल करवाने और नंबर बढ़वाने तक, उनकी अनिवार्य सेवाएँ ट्यूशन के अंतर्गत मानी जाती हैं। अभिभावकों का तर्क है कि हम पैसा देते हैं, कोई भाड़ नहीं झोंकते ? हमने अपने लड़कों को ट्यूटर लगा दिया। अब सब कुछ ट्यूटर जाने। हम उनके कार्य में कोई दखल नहीं देते। हम तो सिर्फ ये जानते हैं कि येन-केन-प्रकारेण लड़कों को डिग्री मिलनी चाहिए ! बस !

"कुमारो, तुम सब मिलकर विश्वविद्यालय में व्यावहारिक ज्ञान प्राप्त करते हुए हर रोज शाम को ठीक पाँच बजे मेरे बँगले पर ट्यूशन के लिए आया करो। तुम्हारे पिताजी ने बहुत गंभीरतापूर्वक विचार करते हुए मुझे ही तुम्हारा ट्यूटर नियुक्त किया है।" इतना कहकर पंडित जी प्राचार्य कक्ष की ओर लपके।

चारों सुकुमार पंडित जी के अमृत वचन सुनकर अपनी-अपनी कक्षाओं की ओर चल दिए। सदा की भाँति कक्षा में प्राध्यापक महोदय धाराप्रवाह बोल रहे थे। छात्रों में कई ऊँघ रहे थे। कई अपनी फाइल में छिपाकर जासूसी उपन्यास पढ़ रहे थे। वहीं कुछ मनचले बगल की दीर्घा में बैठी छात्राओं से आँख-मटौअल कर रहे थे। शायद कुछ प्राध्यापक महोदय का भाषण भी सुन रहे थे। छात्राएँ बार-बार अपना मेकप सँवार रही थीं। कोई अपने माथे पर लट लटका रही थी तो कोई अपने पल्लू गिरा-गिराकर उठा रही थी। इस प्रकार सब शांतिपूर्वक अपना-अपना पाठ पढ़ रहे थे और प्राध्यापक महोदय बार-बार अपनी घड़ी घूरते हुए पढ़ाए जा रहे थे।

कुमारों को छात्रावास में भर्ती करा दिया गया। छात्रावास अत्यंत पवित्र जगह है। मंदिरों-मस्जिदों में जो पवित्रता प्रवेश नहीं पाती, वह यहाँ खूब फलती-फूलती है। यहाँ ब्रह्ममुहूर्त दिन के नौ बजे के बाद होता है। देर रात तक जागते हुए यहाँ के छात्र विविध प्रकार का ज्ञानार्जन करते हैं। हर प्रकार के नशे से लेकर ब्लू फिल्मों का व्यावहारिक ज्ञान तक, छात्रावास में सीखने-समझने को मिल पाता है।

दुर्भाग्य से ये चारों कुमार अत्यंत सीधे, सरल, पढ़ाकू और कुल मिलाकर घासलेटी किस्म के छात्र थे। इन्हें लायक बनाने के लिए इनके पिता ने शहर के सबसे बड़े

महाविद्यालय में भर्ती कराया था। कुमारों को छात्रावास की जीवन-शैली बिल्कुल पसंद नहीं आई। उन्होंने कॉलेज और छात्रावास के दूषित वातावरण के खिलाफ अपना असंतोष व्यक्त किया परंतु पंडित वी. पी. शर्मा के सम्मुख उनकी एक न चल सकी। धीरे-धीरे दिन बीतने लगे। अब चारों कुमार रोज शाम को डॉ. शर्मा के घर शिक्षार्जन के लिए जाने लगे।

लोभ का लाभ

नेता-पुत्रों को यथेष्ट जलपान कराकर पंडित वी. पी. शर्मा कहने लगे, "कुमारो, साधारण विद्यार्थियों का बहुमूल्य समय नोट्स तैयार करने और उन्हें निरंतर घोंटते रहने में व्यर्थ व्यय होता है। समझदार विद्यार्थी अपना कीमती समय गुरुजनों की सेवा और विविध प्रकार के मनोरंजन में लगाते हैं। इसलिए हे कुमारो, मैं तुम्हारे मनोरंजन के लिए नित नई कहानी सुनाऊँगा।"

राजकुमारों ने प्रसन्नचित्त होकर समवेत स्वर में कहा, "अवश्य सुनाइए सर !"

पंडित जी बोले, "इस समय मैं तुमको एक काले कौवे की कथा सुनाता हूँ। इस कथा में यह बताया गया है कि लोभ के बिना समूचा जीवन निस्सार है। जो व्यक्ति लोभरहित है, वह पाषाण के समान है। जिस प्रकार सड़क के किनारे पड़े हुए एक निर्जीव पत्थर को सभी राहगीर ठोकरें मारकर आगे बढ़ जाते हैं, उसी प्रकार लोभरहित इंसान भी जीवन भर दुख-दारिद्र्य का शिकार होकर मृत्यु को प्राप्त होता है। चित्रग्रीव नामक कबूतरों का राजा इसी प्रकार काल-कवलित हुआ था।"

राजकुमारों ने प्रश्न किया, "वह कैसे ?"

पंडित जी ने कहना आरंभ किया, "बनारस के निकट दूषित हो गई गंगा नदी के तट पर एक ठूँठ-सा सेमर का वृक्ष था। उस कंकाल वृक्ष की गहरी पोली खोहों में दूर-दूर से कई प्रकार के पक्षी आकर रात्रि-विश्राम किया करते थे। उसी वृक्ष की ऊपर वाली सर्वाधिक सुरक्षित खोह में एक चतुर चालाक कौवा निवास करता था। एक दिन कौवे ने बहुत दूर तक अपनी काग दृष्टि दौड़ाई तो देखता क्या है, किसी मठ के महंत की तरह तेजस्वी एवं शुभ्रवस्त्रधारी एक बहेलिया मजबूत जाल लिए इसी तरफ आ रहा है। बहेलिए को देखकर कौवे की बाँछें खिल गईं। वह प्रसन्नचित्त हो सोचने लगा कि आज का दिन बड़ा ही शुभ है। जरूर वह आज किसी सत्पुरुष का मुखमंडल देखकर उठा होगा। प्रफुल्लित मन से चहकता हुआ कौआ तुरंत बहेलिए के पास पहुँचा साष्टांग दंडवत् करते हुए कौवे ने अपनी वाणी को मधुर बनाते हुए निवेदन किया, "हे महामुनि, परम दयालु, आपकी जय हो।"

बहेलिए ने मधुर मुस्कान बिखेरते हुए पूछा, "तू कौन है वत्स ?"

"मैं आपका सेवक हूँ महाराज !" कौवे ने अपनी इकलौती आँख मटकाते हुए कहा।

"क्या चाहते हो ?" बहेलिए ने पूछा।

"नाथ, मेरा काम आप जैसे भले लोगों की सेवा करना है। दूर से ही मैं आपके नेक इरादों को भाँपते हुए आपकी शरण में आया हूँ। मैं आपकी मदद करना चाहता हूँ, आदरणीय !"

"सो कैसे ?" बहेलिए ने कंधे पर से अपना जाल जमीन पर पटकते हुए पूछा।

कौए ने चहुँओर दूरदृष्टि फेंकते हुए बहेलिए को समझाया, "श्रीमन्, वो जो सामने सेमर का लंबा-सा ठूँठ दिखाई दे रहा है, उस पर भाँति-भाँति के रंग-बिरंगे सुकोमल परिंदे निवास करते हैं। भगवान झूठ न बुलवाए, इनमें से कई पक्षी तो आदमी की हूबहू बोली बोल लेते हैं। इस जंगलविहीन गंगातट के सूने रेगिस्तान में, भला आदमी की बोली का कौन मोल करेगा ! मैंने इन मूर्ख पक्षियों को कई बार समझाया कि कभी-कभार सुदूर बस्ती की तरफ भी उड़कर जाया करो, वहाँ तुम्हारे इस हुनर का लोग मुँहमाँगा दाम देंगे। परंतु ये दुष्ट पक्षी मेरी नेक सलाह न मानकर हमेशा ही अपनी खोहों में घुसे हुए, अपने बच्चों और बीवी के संग रात-दिन चोंच लड़ाते रहते हैं। सच, इनके नन्हे-नन्हे सुकोमल बच्चे बहुत प्यारे हैं। उन्हें देखते हुए अक्सर मेरी आँख फड़कने लगती है। अब आप आ गए हैं श्रीमन्, सब ठीक हो जाएगा। कृपा कर आप अपना यह जाल जमीन पर फैलाइए और उसमें चावल के दाने छिड़किए, मैं अभी सभी पक्षियों को न्यौता देकर आता हूँ।" इतना कहकर लोभी कौवा सेमर के पेड़ की ओर तीव्र गति से उड़ चला।

अपने बेसुरे अंदाज में काँव-काँव करते हुए कौवे ने सारा वातावरण गुंजित कर डाला। अपने-अपने घोंसलों के द्वार से सभी पक्षी टुकुर-टुकुर निहारने लगे। कौवे ने उत्साहित हो बताया, "भाइयो, निकट के मैदान में ढेर सारे चावल के दाने बिखरे पड़े हैं और तुम सब अपने घोंसलों में काहिल बने यों ही अपने नेता 'कबूतर' के साथ कीमती समय और श्रेष्ठ अवसर गँवा रहे हो !"

कबूतर ने कौवे की काँव-काँव से अप्रभावित होते हुए अपने साथियों को समझाया, "मित्रो, जरा सोचो, जब चावल के एक-एक दाने के लिए आदमी आदमी से लड़ रहा है। एक-दूसरे का गला काट रहा है, तब हम पक्षियों के लिए इस बियाबान जगह में कौन धर्मात्मा चावल के दाने छोड़ जाएगा ? साथियो, इसमें जरूर कोई बात है। तुम सब इस दुष्ट कौवे की बात कभी मत मानना।"

जिस प्रकार संतों के सत्य वचन कोई नहीं मानता, ईमानदार और मेहनती नेता की पार्टी में कोई पूछ नहीं होती, उसी प्रकार कबूतर को सठियाया मानकर सभी पक्षी कौवे के साथ उड़ चले।

इस प्रकार चतुर कौवे की चाल सफल हुई और बेवकूफ पक्षी बहेलिए के जाल में आ फँसे। बहेलिए को साथ लेकर कौवा सेमर के पेड़ की ओर उड़ चला। बहेलिए की सहायता से उसने बूढ़े कबूतर राजा को भी मरवा डाला। अब उस सेमर के पेड़ पर

कौवा था और सभी पक्षियों के छोटे-छोटे बच्चे।

उस सेमर के पेड़ पर अब भी दूर-दूर से पक्षी आकर अपना बसेरा बनाते हैं परंतु अब उस वृक्ष पर कौवे की हुकूमत चलती है। जो भी पक्षी उस पेड़ पर बसेरा करने के लिए आते हैं, वे सब कौवे को तरह-तरह के उपहार लाकर देते हैं।कौवा उस ठूँठ की सबसे ऊपरी शाखा पर बैठा हुआ शान से इतराता रहता है। लोभ के महत्त्व को न जानने के कारण जो गति चित्रग्रीव नामक कबूतर की हुई, वह हर अज्ञानी की होती है।

लालच का महत्त्व

एक समय की बात है कि विशाल जंगल के किसी प्रांत में एक बूढ़ा शेर मंत्री पद पर सुशोभित हुआ।इस महापद पर रहते हुए उस शेर ने कई गुफाएँ बनावाईं, परमिट, कोटा, ट्रांसफर एवं विभिन्न प्रकार के प्रचलित तरीकों से उसने कई निजी उद्योग स्थापित कर लिए। परंतु कब्र में पैर लटकानेवाली उमर में भी उसे धन और प्रतिष्ठा की घोर लालच बनी रही। उसकी बहू, लड़के और नाती सब सक्रिय राजनीति में भली-भाँति क्रियाशील थे। तब भी उसके दिनों का चैन और रातों की नींद हराम थी। प्रांत के पोखर से केंद्र के समुद्र में जाने के लिए उसका मन हमेशा ललचाया रहता था। सहसा एक दिन उसके कार्यकर्ताना मन ने सोचा कि दान-पुण्य करके कुछ और यश कमा लिया जाए। अपने सत्कर्मों से उसने जो मोटी रकम अर्जित की थी, उसका एक तिहाई हिस्सा उसने सीधे पार्टी के फंड में जमा कर दिया। ऐसा करने से पार्टी में उसकी हैसियत बढ़ी और 'हाथी' जो कि हाईकमान कहलाता था, उसे एक जुझारू नेता मानने लगा। सचमुच वह जुझारू साबित हुआ। जूझते-जूझते आखिर एकदिन उसने पार्टी संगठन में अपना महत्त्वपूर्ण स्थान बना लिया। अब वह मेकमोहन रेखा से लेकर तमिल उग्रवादी क्षेत्र तक, लहराती-मचलती एक विशाल पार्टी की बागडोर अपने कँपकँपाते हुए हाथों से सँभाल रहा था। जंगल में चुनाव घोषित होते ही वह अपनी गुफा के सामने पार्टी के टिकिट हाथ में लिए हुए हर आने-जाने वाले पथिक को ललचाने लगा। अपने शेरत्व को कायम रखने के लिए उसने इस बात पर पूरा ध्यान दिया कि पार्टी में कोई दूसरा शेर न घुस पाए। उसने स्वामी-भक्त गीगड़ों, सियारों, कुत्तों और कौवों को टिकिट दिलवाए। इस प्रकार सिर्फ गर्दनें हिलाने, पूँछ हिलाने और हर बात पर अपनी काँव-काँव से समर्थन करने वालों की लॉबी बनाकर वह निष्कंटक अपने प्रगतिपथ पर बढ़ चला।

हाईकमान को उसकी दिन-दूनी और रात-चौगुनी प्रगति देखकर तरह-तरह के संदेह सताने लगे। फिर उन्होंने सोचा कि राजनीति के दुर्गम मार्ग में जगह-जगह झाड़-झंखाड़ आते ही रहते हैं। यह मार्ग कोई नेशनल हाइवे तो है नहीं कि कोई नंगे पाँव सरपट दौड़ लगा ले। अतः इस दुर्गम पथ में चाँदी के जूतों के महत्त्व को नहीं नकारा जा सकता। ऐसी विकट स्थिति में कोई अपने सुकोमल चरणों की रक्षा के लिए चाँदी के जूतों का शांतिपूर्वक प्रयोग करता है तो उससे इस जंगल की एकता और अखंडता को

कोई खतरा नहीं है-—ऐसा सोचकर आलाकमान ने अपनी कमान ढीली छोड़ दी।

शास्त्रों में कहा गया है कि स्वभाव ऐसा होता है, जो समस्त गुणों को लाँघकर प्राणी के सिर चढ़कर गुर्राता है। पुरानी और घिसी-पिटी कहावत है कि कुत्ते की पूँछ सालों सीधी पोंगरी में रख लो परंतु वह कभी सीधी नहीं रह सकती। महात्मा सूरदास ने अपने एक पद में गाया है— "काले साँप पिटारी पाले फोहन दूध पिलाए, जब सुधि आई अपने कुटुंब की अंगुलिन में डस खाए।" आगे और संत पुरुषों ने भी लिखा है—"बिना विचारे जो करे सो पीछे पछताए, काम बिगारे आपनो जग में होत हँसाय।" शास्त्रों के मतानुसार हिंसक शेर शाकाहारी होने का कितना भी ढोंग करे, परंतु उसपर भरोसा नहीं करना चाहिए।

पार्टी में गीदड़ों, सियारों और कौवों की संख्या निरंतर बढ़ती जा रही थी। शेर अपनी माँद में गुपचुप योजनाएँ बनाता रहा। गीदड़ और सियार उन्हें अपनी शैली में क्रियान्वित करते रहे।पूरे जंगल में शेर का सम्मान हो रहा था। फूल-मालाएँ पहनाई जा रही थीं। मंगल गीत गाए जा रहे थे। दूरदर्शन, आकाशवाणी, अखबार और पत्रिकाओं में जंगल इक्कीसवीं सदी की ओर सरपट दौड़ लगाता हुआ जान पड़ता था। वस्तुतः पूरे जंगल में महँगाई, भुखमरी, बेरोजगारी और भ्रष्टाचार का बोलबाला था। उधर हाथी अंतर्देशीय समस्याएँ सुलझाने में बुरी तरह व्यस्त था।

कुछ दिनों पश्चात् हाथी समस्याओं की दलदल में धँसने लगा। शेर ने अपना नया दल बना लिया था। डूबते हुए हाथी ने सहायता के लिए करुण स्वर में शेर को पुकारा। शेर खुद को हर विवाद से बचाता हुआ हाथी की ओर झपटा और उसने हाथी को इस तरकीब से दलदल में डुबो दिया कि जंगलवासी यह समझें, मानो यह एक इत्तफाक है, हादसा है एक। शेर अपनी बूढ़ी आँखों में आँसू झलकाता हुआ यत्र-तत्र सभाओं में स्व. हाथी के गुणगान करने लगा। अब जंगल का राजा बनते उसे तनिक देर नहीं लगी। उसने लालच के महत्त्व को भली-भाँति समझते हुए येन-केन-प्रकारेण इस विशाल जंगल राज्य को अपने अधीन कर ही लिया। हालाँकि उसकी उम्र तो वही कब्र में पैर लटकाने वाली है, परंतु आज वह एक विशाल अरण्य का शासक है अतः सारे अखबार, रेडियो और दूरदर्शन वाले उसे युवा राजा कहते हैं। कुत्ते उसके दरबार में निरंतर पूँछ हिलाते रहते हैं। गीदड़ विकास की योजनाएँ बना रहे हैं, कौवे सांस्कृतिक विभाग सँभाले हुए हैं और सियारों के कंधों पर कानून एवं व्यवस्था बनाए रखने का भार है। प्रशासन भली-भाँति सफलतापूर्वक चल रहा है। भावी राजा के विषय में शेर से पूछने पर वह दहाड़कर कहता, "जंगल में हमेशा शेर ही राजा होता है, इसलिए मेरे मरणोपरांत मेरा बेटा ही इस विशाल जंगल का राजा बनेगा।"

मित्र-लाभ

जम्बू देश में भरतखंड नामक एक मनोरम वन-स्थली थी। जब से वह वन्य क्षेत्र विदेशी वानरों के आधिपत्य से मुक्त हुआ, वहां एक कौवा और एक मृग अनन्य मित्र भाव से रहते थे। वे बचपन से एक साथ खेलते-खाते बड़े हुए। उन्होंने एक ही मदरसे में पढ़कर, साथ-साथ नकलें टीपीं। कॉलेज पहुँचकर क्लास में पीछे की बेंच पर बैठकर एक साथ मूँगफलियाँ चबाईं। फिर एक साथ डिग्री लेकर वे वर्षों तक रोजगार कार्यालय के चक्कर लगाते रहे। आशाभरी निगाहों से वे आसमान ताकते कि शायद भगवान आसमान से किसी नौकरी का नियुक्तिपत्र टपका दे। दोनों ही गरीब मध्यमवर्गीय परिवार के प्राणी थे, जो किसी भी सरकारी नौकरी से चिपक जाने का बड़ा सपना सँजोए हुए जिए जा रहे थे।

कौवा इधर-उधर चोंच मारकर संतुष्ट हो जाता था। परंतु मृग को आसपास की रूखी-सूखी दूब बिल्कुल रास न आती थी। उसे सपनों में प्रायः हरे-भरे विशाल चारागाह दिखाई देते थे। वह हर ऐरे-गैरे से अपने स्वप्नीले चारागाहों का अता-पता पूछता रहता था।

एक दिन उस छोटे और अत्यंत पिछड़े जंगल में क्षुद्रबुद्धि नामक एक प्रसिद्ध सियार की सभा आयोजित हुई। वृक्षों की हरी टहनियाँ काटकर उसके स्वागत द्वार और हरे पत्तों से वंदनवार बनाए गए। उपवन से सुवासित पुष्पों को तोड़कर फूल-मालाएँ बनाई गईं। पास के एक टीले पर भव्य मंच सजाया गया। जंगल की नामी कोकिलाओं ने सियार की प्रशस्ति में स्वागत गीत गाए। लोकनृत्य का रंगारंग आयोजन था। कौवे के परम मित्र हिरण ने इस लोकोत्सव में भाग लिया और उचक-उचककर खूब चौकड़ियाँ भरीं। जंगलवासियों को संबोधित करते हुए 'क्षुद्रबुद्धि' ने बताया कि हमारा यह जंगल दिन-दूनी और रात-चौगुनी प्रगति कर रहा है। आपकी मेहनत और हमारी योजनाएँ ही इस जंगल को इक्कीसवीं सदी में ले जा सकती हैं। कार्यक्रम के अंत में 'सियार' द्वारा पुरस्कार वितरण हुआ। मृग को भी अपने नृत्य-प्रदर्शन के लिए एक 'सिल्वर कप' इनाम में दिया गया। यह कप न जल पीने के लिए उपयोगी था और न ही चाय सुड़कने के लिए। यह घर के किसी कोने को सजाने के अलावा और किसी काम का न था। उसका सिर्फ इतना महत्त्व था कि वह सियार द्वारा मृग को उसकी कला के लिए दिया

गया था। उस अनुपयोगी कप को पाकर मृग फूला न समाया। वह दौड़ा-दौड़ा अपने मित्र कौवे के पास आकर, उस कप को दिखाते हुए सियार के गुणगान करने लगा।

कौवा धैर्यपूर्वक मृग की किलकारियाँ सुनता रहा। अब उसके काले सपाट चेहरे पर कोई भाव नहीं आए तो मृग से रहा न गया। वह गुस्से में बोला, "मित्रवर, सचमुच तुम तन और मन दोनों से काले हो। अपने बचपन के मित्र से ईर्ष्या करते हो। धिक्कार है, तुम्हें !"

धीर-गंभीर कौवा बोला, "मित्र, यह बात नहीं है। मैं तुम्हारी सफलता से बहुत खुश हूँ। मेरी चिंता का विषय है, उस क्षुद्रबुद्धि नामक सियार की सियार-शैली।"

मृग ने पूछा, "वह कैसे ?"

"मित्र मृग, ये सियार बहुत चालाक प्राणी हैं। यह दीन-हीन गरीब जंगलवासियों की भूख, घोंसले और उनके स्वास्थ्य की उचित देखभाल के लिए तनिक भी चिंता नहीं करता। इसे चिंता है, उनके फुदकने वाली कला की। दोस्त मृग, हम-तुम दोनों एक साथ पढ़े-लिखे और अच्छे नंबरों के साथ सब परीक्षाएँ पास हुए हैं। जरा सोचो, आज हम बेरोजगार क्यों हैं ? रोजगार के बिना हम रोज कहाँ-कहाँ मुँह मारते फिरेंगे ! इसी प्रकार ये मधुरकंठी कोकिलाएँ दहेज के अभाव में कब तक आत्महत्याएँ करती रहेंगी ? दोस्त, हमें कप नहीं, काम चाहिए, काम ! इसलिए हे मित्र, तू अपनी इस सफलता पर इतना मत इठला ! कल भोर से फिर तुझे हिंसक पशुओं के अरण्य में वही रूखी-सूखी दूब चरने के लिए जाना है। शास्त्रों में कहा गया है कि जिसके कुल-शील और ज्ञान का कोई ठिकाना न हो, उसके द्वारा प्राप्त सम्मान का कोई महत्त्व नहीं होता।

मृग को कौवे के नीतिवचन बिल्कुल भले नहीं लगे। उसे कौवे की वाणी में प्रेम की नहीं, प्रतिशोध की भावना दिखाई देने लगी। वह मन-ही-मन सोचने लगा कि इस काले-कलूटे कौवे को सिवा काँव-काँव करने के भला आता ही क्या है ! स्साला मित्र की सफलता देखकर जल-भुन गया।

दिन बीतते गए। इधर कौवा अपनी काँव-काँव से जंगलवासियों को जगाने का प्रयास करता रहा, उधर उसका परम मित्र मृग, सियार के चमचादल में शामिल हो गया। दिनों-दिन कौवे से मृग की दूरी बढ़ती चली गई और सियार से उसके संबंध मधुर होने लगे। सियार के लिए रैली, उद्घाटन, शिलान्यास, प्रदर्शन और दंगे-फसाद से लेकर हर प्रकार के आतंकवाद में मृग अब केंद्रीय भूमिका निभाने लगा। सियार को ऐसे कर्मठ कार्यकर्ता अत्यंत प्रिय थे। मृग, सियार की संगत में बहुत प्रगति कर रहा था। उसकी ख्याति पूरे जंगल में फैल गई थी। चहुँओर मृग की महिमा गाई जा रही थी। जंगल के बहुसंख्यक पशु-पक्षी आजकल मृग की सुसज्जित कंदरा में इकट्ठे होने लगे थे। किसी को ट्रांसफर करवाना हो, या ट्रांसफर हो गया हो तो रुकवाना हो, किसी हिंसक पशु को शिकार का लायसेंस लेना हो या किसी को कोई कोटा, परमिट और ठेका आदि लेना हो तो मृग की सेवाएँ अत्यंत उपयोगी साबित होती थीं। मृग किसी

भी सरकारी, गैर-सरकारी पद में नहीं था परंतु उसके सामने जंगल के बड़े-बड़े अफसर हाथ जोड़े खड़े रहते थे। मृग की सबसे बड़ी काबिलियत यही थी कि वह कभी भी सियार की बैठक से लेकर उसके शयन-कक्ष तक में प्रवेश कर सकता था। उसकी इस विशेषता के कारण जंगल के बड़े-बड़े दिग्गज अपनी जिराफ जैसी लंबी-ऊँची गर्दनें उसके सामने धरती तक झुकाए खड़े रहते थे। वह जंगल में बेखटके घूमता फिरता था। सभी उसे अपने शिकार का कुछ भाग देने के लिए लालायित रहते थे।

धीरे-धीरे मुफ्त की खाते हुए मृग बहुत मोटा-तगड़ा हो गया। एक दिन उसने महसूस किया कि उस जैसे महान् प्रतिभासंपन्न प्राणी के लिए यह जंगल बहुत छोटा है। ऐसा विचार आते ही वह राजधानी जाकर अपने परम मित्र सियार से मिला और उसने कहा, "मित्र, अब वह पुराना-सा जंगल, जिसमें विकास की कोई बड़ी योजनाएँ नहीं चल रही हैं, वह मेरे लिए उपयुक्त नहीं है। आप मेरे लिए तुरंत किसी बड़े जंगल का इंतजाम करिए।"

सियार के लिए मृग ने कई महत्त्वपूर्ण कार्य किए थे। यहाँ तक कि अपने बचपन के मित्र कौवे को भी उसने सियार के कहने पर छोड़ दिया था। सियार के लिए उसने हत्याएँ करवाईं, दंगे-फसाद करवाए, जुलूस निकलवाए और न जाने क्या-क्या किया था। इस प्रकार सियार पर मृग के कई एहसान थे। अतः राजधानी में ही उसके लिए कुछ करना सियार ने उचित समझा।

मृग को एक बड़े राष्ट्रीय उद्यान का अध्यक्ष बनाकर एक भव्य गुफा और लंबा-सा चौपाया वाहन दे दिया गया। मृग अब तक अपने बचपन के मित्र कौवे को पूरी तरह भूल चुका था। कौवा गली-गली, घर-घर, काँव-काँव करता हुआ नैतिकता और आदर्श के भजन गा रहा है। इधर मृग, सियार की संगत का लाभ उठाता हुआ अपार कालाधन विदेशी बैंकों में जमा कर रहा है। इस प्रकार मृग के लिए सदाचारी कौवे की अपेक्षा क्षुद्रबुद्धि नामक सियार की मित्रता ही लाभप्रद सिद्ध हुई।

बेचारा बूढ़ा गिद्ध

किसी नदी के किनारे एक साधारण गाँव में असाधारण बूढ़ा गिद्ध रहता था। उस बूढ़े गिद्ध की एक बुरी आदत थी। वह प्रायः सुखी, समृद्ध और शांतिप्रिय राज्य के सपने देखा करता था। उसकी बूढ़ी आँखों में विश्वास की चमक, पैरों में समूचे जंगल में फुदकने की शक्ति और हृदय में वनवासियों के प्रति प्रेम का अथाह सागर हिलोरें ले रहा था। उसमें गजब की संगठनात्मक शक्ति और नेतृत्व की अद्‌भुत क्षमता थी।

सहसा एक दिन उस बूढ़े गिद्ध ने अपने कमजोर पंख तेजी से फड़फड़ाए और संपूर्ण क्रांति का सघन घोष करता हुआ वह जंगल में भटकने लगा। देखते-देखते भीड़ जुटने लगी। लोग आते गए और कारवाँ बनता गया। वह बूढ़ा गिद्ध जब बोलता, तो लगता मानो आग बरस रही है। जब वह किसी दिशा में उड़ने लगता तो पीछे पक्षियों की लंबी कतारें दिखाई देने लगतीं। उसकी बढ़ती हुई अपार लोकप्रियता देखकर जंगलराज में खलबली मच गई। उसकी सभाओं में डंडे बरसाए जाने लगे। पशु-पक्षियों को उसके पास जाने से रोका जाने लगा। समाचार-पत्रों एवं पत्रिकाओं पर रोक लगा दी गई। इधर बूढ़े गिद्ध के कारण जो तूफान उठ खड़ा हुआ था, वह थमने का नाम ही न ले रहा था। जिस प्रकार तेज तूफान में सड़क की धूल बहुत ऊँचाई पर उड़ने लगती, उसी प्रकार इस तूफान में भी धूल और गंदगी ने अपना उच्च स्थान बना लिया।

बेचारा नेकदिल उत्साही बूढ़ा गिद्ध, अपने इर्द-गिर्द जमा धूल और गंदगी से अपरिचित, कुछ कर गुजरने के लिए उड़ा जा रहा था। आखिर एक दिन उसकी मेहनत रंग लाई। वर्षों से स्थापित सत्ता को उसने उखाड़ फेंका। जंगल में खुशी की लहर फैल गई। पुराने शासन के स्थान पर नई सरकार का गठन हुआ। बूढ़े गिद्ध ने सोचा कि रास्ते के झाड़-झंखाड़ तो अब साफ हो गए इसलिए मेरे साथियों को मंजिल तक पहुँचने में कोई परेशानी नहीं होगी। वह सोचने लगा कि अब जल्द ही सबको न्याय मिलेगा, गरीबी के बादल छँट जाएँगे और जंगल में भ्रष्टाचार खत्म हो जाएगा।

बूढ़ा गिद्ध अपने संघर्षमय जीवन से बहुत थक चुका था। उसका शरीर बहुत कमजोर हो गया था। पंखों में अब वह ताकत न रह गई थी कि वह ऊँची उड़ान भर सके। आँखों में नजला उतर आया था। अपने प्रिय साथियों को राज सौंपकर वह नदी किनारे, घने बरगद की छाँव में विश्राम करने चला गया।

जंगल में सरकार बदले अभी ज्यादा दिन न हुए थे कि नाखून वाले, सींग वाले और पैने दाँतों वाले नेताओं की हरकतें तेज हो गईं। पुरानी सरकार के हिंसक पशु भी घात लगाए बैठे ही थे। उन्हें जैसे ही मौका मिला, वे भी पोल में घुस गए। जंगल में खुशहाली का वातावरण ज्यादा दिन न टिक सका। फिर वही छल-पकट और पद-लोलुपता के किस्से बूढ़े गिद्ध को सुनाई देने लगे। वह बेचारा दुखी रहने लगा। उसने समय रहते सत्ताधारियों को समझाया भी परंतु सत्ता के मद में उसकी किसी ने न सुनी। वह बूढ़ा सिसक-सिसककर अंतिम स्वाँसें गिन रहा था और उसके साथी उसके मरने की कामना कर रहे थे। एक बार तो उसके मरने की खबर इस तेजी से प्रचारित हुई कि जंगल भर में शोक-सभाएँ आयोजित होने लगीं। वह बूढ़ा गिद्ध यह सब देखते और सुनते हुए तिलमिलाता रहता था। बेचारा बेबस अब कर भी क्या सकता था !

जंगल में फिर अन्याय, अत्याचार और शोषण की घटनाएँ रोज होने लगीं। सत्ताधारी अपने पदों से चिपके हुए आपस में लड़ने-झगड़ने लगे। बूढ़े गिद्ध की अब किसी को कोई चिंता नहीं थी। उधर उसके साथी एक-दूसरे की टाँग खिंचाई में लगे थे और इधर एक क्रांतिदूत बरगद के नीचे दम तोड़ रहा था। वह बूढ़ा जीवन-भर आदर्श सपने सँजोता रहा। उसने अपने साथियों के लिए सर्वस्व न्यौछावर कर दिया। साथियों के गलत चुनाव के कारण इतिहास में वह बेचारा बूढ़ा गिद्ध कहलाता है।

गधे की मूर्खता

किसी देश के किसी महानगर में एक सरकारी दफ्तर था। उस सरकारी दफ्तर में किसी मंत्री का कोई रिश्तेदार एक धोबी अफसर हुआ करता था। उस अफसर के अधीन दफ्तर में एक कुत्ता और एक गधा कार्यरत थे।

सरकारी दफ्तर में समय-समय पर निर्माणकार्यों के लिए निविदाएँ आमंत्रित की जाती थीं। विभिन्न कार्यों के लिए तरह-तरह के सामानों की खरीददारी भी विभाग द्वारा की जाती थी। अफसर अपने स्वभाव के अनुसार सरकारी फंड को निर्दयतापूर्वक धोने में संलग्न था। कुत्ता आदतन पूँछ हिलाता हुआ साहब के आगे-पीछे घूमता रहता था। वह आज तक कभी साहब पर नहीं भौंका। साहब को देखते ही उसकी पूँछ आरोह-अवरोह में लहराने लगती थी। साहब जहाँ कहते, कुत्ता वहीं कुकुआता हुआ बैठ जाता। जिसकी ओर इशारा कर देते, वह गुर्राकर झट उस पर झपट पड़ता। समय-समय पर उसके सम्मुख चूसी हुई हड्डी फेंक दी जाती थी, जिसे देर तक कुतरता हुआ कुत्ता प्रसन्न रहता था।

गधा पूरी तरह गधा ही था। वह समय-समय पर साहब को समझाता, "साहब, इस तरह अंधाधुंध धुलाई मत करो ! वह खादी का कपड़ा है। हाथ का बुना हुआ। इस कपड़े को करोड़ों गरीबों ने बापू के संग आशा और विश्वास के साथ बुना है। इसके सूत में शहीदों का बलिदान मिला हुआ है। इसके बुनते हुए पसीने की जगह रक्त बहा है। साहब, कृपाकर इसे इतनी निर्दयता से न निचोड़िए।"

साहब गुर्राता, "अबे गधे, तू मुझे समझा रहा है ! मेरे बाप-दादे तो अंग्रेजों के जमाने से यह धुलाई का कारोबार करते आ रहे हैं और तू मुझे अब निचोड़ना सिखाएगा।"

साहब को गधे पर गुर्राता देखकर कुत्ता भी गधे पर भौंकना शुरू कर देता। बेचारा गधा तिलमिलाकर रह जाता। साहब और कुत्ते में खूब छन रही थी। जैसे ही कुत्ते के सामने जूठा दोना डाल दिया जाता, वह झट पूँछ हिलाने लगता।

कुछ समय पश्चात् देश में चुनाव हुए। इस चुनाव में साहब के रिश्तेदार मंत्री बुरी तरह पराजित होकर किसी काम के न रहे। साहब के ऊपर तो मानो दुःख का पहाड़ टूट पड़ा। उनकी समझ में न आया कि अब किसका पल्ला थामें। वे अब बहुत

डरे-सकुचे धीरे-धीरे अपना धुलाई अभियान चलाने लगे। उनकी धुलाई के चर्चे पहले ही दूर-दूर तक मशहूर थे। उन दिनों वे सत्ता का साबुन इस्तेमाल करते थे इसलिए सफेदी सदा बरकरार रहती थी। परंतु अब उस साबुन की सप्लाई उनके लिए बंद हो गई थी इसलिए धीरे-धीरे उनके दामन की सफेदी जाती रही।

उधर कुत्ते के रंग-ढंग बदलते भी देर न लगी। सुबह-सुबह वह नये मंत्री महोदय के बँगले पर पूँछ हिला आता और दोपहर में दफ्तर आकर साहब पर भौंकता रहता। गधा सदा की भाँति कार्यालय की सारी फाइलें अपनी पीठ पर लादे रहता था। वर्षों से बोझा ढोते-ढोते उसकी पीठ अब झुक आई थी। आँखों में मोतियाबिंद उतर आया था परंतु वह अपनी ईमानदारी और मेहनत से बाज न आया। सहसा एक दिन सुनाई दिया कि साहब को उनके पद से हटा दिया गया है और कुत्ते को पदोन्नत कर उस ऑफिस का अफसर बना दिया गया। कुत्ता, गधे से जूनियर था परंतु अब वह उसका साहब बनकर उसी पर भौंकने लगा।

एक दिन मौका देखकर गधे ने कुत्ते से निवेदन किया, "भाई, हम तुम इसी ऑफिस में वर्षों एक साथ काम करते रहे। एकाउंट सेक्सन की फाइलें तैयार करना आदि मैंने ही तुम्हें सिखाया है। अब मेरी उमर हो गई है। आँखों से भी कम दिखने लगा है। कृपा कर मुझ पर काम का इतना बोझा मत लादा करो भैया।"

कुत्ता जोर से गुर्राया, "मिस्टर गधे, बूढ़े हो गए तो कंपलसरी रिटायरमेंट ले लो। तुम्हारे जैसे बहुत गधे मेरे आगे-पीछे घूमते हैं। ये सरकारी कामकाज तुम जैसे सुस्त गधों से नहीं चलने का। हमें चाहिए चुस्त और दुरुस्त कुत्ता। समझे !"

गधा अपना-सा मुँह लटकाए वापस आ गया।

दूसरे दिन सुबह जब वह ऑफिस गया तो उसे सेवामुक्ति का पत्र थमा दिया गया। कुछ दिनों बाद मालूम हुआ कि रिक्त पद में किसी दुम हिलाते हुए कुत्ते की भर्ती कर ली गई।

बिलाव की समझदारी

लगभग सपाट मैदानी क्षेत्र में जंगल विभाग का एक बड़ा दफ्तर था। उसमें एक शेर अफसर हुआ करता था। आस-पास के क्षेत्र को हरा-भरा करने के लिए, पेड़ लगाने की एक बड़ी योजना उस ऑफिस के सुपुर्द होने के कारण शेर के चेहरे पर सदा हरियाली छाई रहती थी।

नगर में एक पत्रकार चूहा भी रहता था। चूहा सफल पत्रकारों की तरह चतुर, चालाक और चुस्त था। उसे जब भी भूख लगती, किसी भी दफ्तर में घुस जाता और पेट भर दाना ढकोस मूँछें ऐंठता हुआ आ जाता। बहुत दिनों से उस चूहे की छोटी परंतु गोल-मटोल आँखों में शेर की कारगुजारियाँ खटक रही थीं। चूहे की चिंता यह थी कि वनराज अपनी शाही दावतों में उसे न्यौता क्यों नहीं देते ! उसने सुन रखा था कि वनराज की दावतों में शराब के चश्म बहते हैं और शाही कबाब के साथ ही नाच-गाने का भी अच्छा-खासा इंतजाम रहता है।

बहुत दिनों से वह सोच रहा था कि इस वनराज के कारनामों को अपने अखबार में उठाया जाए। काफी खोज-बीन कर उसने एक लंबी रिपोर्ट वनराज के विषय में अपने अखबार में छापी। शेर इन काले-पीले समाचारों को पढ़कर थोड़ा चिंतित हुआ। शेर आखिर अपने ऑफिस का राजा ही था। वह इस अदने से चूहे को मुँह नहीं लगाना चाहता था। वह इस चूहे को ठिकाने लगाने की तरकीब सोचने लगा। उसने सोचा कि यदि चूहे से सीधे बातचीत की जाएगी तो स्साला भाव खाएगा। तो क्यों न उसके कान उमेठने के लिए बिलाव को पटा लिया जाए। यह शुभ विचार आते ही सिंह अपनी कार्यालयीन बग्घी में सवार होकर बिलाव के बँगले पर जा पहुँचा।

सुबह-सुबह वनराज को अपने द्वार पर देखकर बिलाव को तनिक आश्चर्य हुआ। परंतु चेहरे पर याचक भाव देखकर होशियार बिलाव को समझते देर न लगी कि जरूर सिंहराज आज किसी मुसीबत में हैं। आवभगत करते हुए बिलाव ने पूछा, ''कहिए वनराज, कैसे कष्ट किया ?''

शेर ने विनयपूर्वक कहा, ''हे बिलाव महान्, समय-समय पर आपने मेरे कई कष्ट हरे हैं।आज भी एक समस्या लेकर ही मैं आपके सम्मुख आया हूँ। उस पत्रकार चूहे को तो आप जानते ही हैं। शहर भर में यहाँ-वहाँ मुँह मारता फिरता है। आजकल

उसके भाव कुछ ज्यादा ही बढ़-चढ़ गए हैं। अब उसे छोटे-बड़े का तनिक भी ख्याल नहीं रहा। कल के अखबार में ही देखिए, उसने मेरे विषय में जाने क्या ऊल-जुलूल लिख मारा है। मैं यह अपमान बर्दाश्त नहीं कर सकता। हे बिलाव महान्, आप ही उस अभद्र चूहे को सही सबक सिखा सकते हैं।"

बिलाव शेर की बातें सुनकर मुस्कराया। अपनी वाणी में अमृत घोलकर उसने कहा, "हे सिंह, तुम चिंता न करो। इस प्रजातंत्र में तो चूहे ही शेर को आँख दिखाते हैं। इसलिए यहाँ नीति से काम लेना होगा। हम राजनीति वाले हैं। सारी नीतियाँ सीखकर हम राजनीति में आए हैं। सर्वश्रेष्ठ नीति; पत्रकारों से तो हमारे गहरे संबंध होते हैं। खैर···मैं उस चूहे को देख लूँगा। आप निश्चिंत रहें।"

बिलाव से अभयदान पाकर शेर ने रुपयों से भरा एक बैग बिलाव की तरफ बढ़ाया। बैग अपनी ओर सरकाते हुए बिलाव ने कहा, "अरे, इसकी क्या जरूरत थी? भाई, हम तो जन-प्रतिनिधि हैं। सबकी समस्याएँ सुनना और उन्हें यथायोग्य निपटाना हमारा परम कर्तव्य है।"

शेर, हें···हें···हें···करते हुए बिलाव को प्रणाम करके चला गया। पुरानी कथा यह कहती है कि शेर से उचित पत्र-पुष्प पाकर बिलाव चूहे को मारकर खा जाता है। परंतु हमारी कथा का बिलाव कूटनीति में पारंगत है। इसलिए वह गोल चोंगा घुमाकर चूहे को अपने यहाँ आने का संदेश भेजता है।

बिलाव का आमंत्रण सुनकर चूहे की सिट्टी-पिट्टी गुम हो जाती है। वह समझ नहीं पाता कि इस प्रकार बिलाव ने उसे अकेले में क्यों बुलाया है? कोई खास बात अखबार में छपवानी होती तो बिलाव जी सीधे संपादक को ही बुलवा लेते। इस अदना चूहे की बिलाव जी को आज क्या जरूरत आन पड़ी? कुछ इसी ऊहापोह में झूलता हुआ चूहा बिलाव जी की हवेली में दाखिल हुआ। बिलाव ने स्नेहपूर्वक उसे बिठाया और मधुर पेय भी पिलाया। हिम्मत करके चूहे ने पूछा, "महाशय, मेरे लिए क्या आज्ञा है?"

बिलाव ने उसकी खोजी पत्रकारिता की प्रशंसा करते हुए कहा, "चूहे मियाँ, अबकी तुमने अपने जाल में एक शेर फाँसा है। शेर को सँभालना तुम्हारे अकेले के बस की बात नहीं है इसलिए उसकी काली करतूतों की संपूर्ण फाइल शाम तक मुझे चाहिए।"

चतुर चालाक चूहे को बात समझते देर न लगी। वह मुस्कराकर बोला, "हुजूर, मेरा छोटा-सा पेट है। आपका आदेश सिर आँखों पर। आप अपनी कृपा-दृष्टि बनाए रखें हुजूर। फाइल आज शाम को ही आपके श्री चरणों में अर्पित कर दूँगा।"

इस प्रकार बिलाव की समझदारी से एक अकड़ू और खूँखार शेर सदा के लिए बिलाव का गुलाम बनकर रह गया। उधर चूहे का बिलाव के घर आना-जाना बढ़ गया और उसके अखबार में शेर और बिलाव की प्रशंसा में लेख छपने लगे।

हाथी का पतन

किसी वन में एक बूढ़ा शेर राज्य करता था। शेर की सरकार में कर्पूरतिलक नामक हाथी रीढ़ की हड्डी की तरह महत्त्वपूर्ण था। वह हाथी पूरे राज्य में अत्यंत लोकप्रिय था। लोग उसे गरीबों का मसीहा कहते थे। हाथी की बढ़ती हुई लोकप्रियता देखकर सियारों ने सोचा, जब तक यह हाथी शेर के साथ है, हम सियारों को कोई नहीं पूछेगा। किसी तरह यह हाथी मर जाए तो निश्चित ही शेर की सरकार लड़खड़ा जाएगी। फिर शेर को परास्त करने में ज्यादा समय नहीं लगेगा। उसी समय एक युवा सियार ने कहा, ''मैं प्रतिज्ञा करता हूँ कि अपने बुद्धिबल और कूटनीति से मैं हाथी का सत्यानाश करके ही दम लूँगा।''

यह प्रतिज्ञा करके वह चतुर सियार कर्पूरतिलक के पास गया और साष्टांग प्रणाम करके बोला, ''हे देव, आप महान् हैं। दया के सागर हैं। आप, मुझ अधम पर कृपा कीजिए।''

''कहो, क्या बात है ?'' हाथी ने पूछा।

''हे तात, मैं इस जंगल का मामूली सियार हूँ। यहाँ के समस्त वनप्राणियों ने मुझे आपके पास भेजा है। उन सबका कहना है कि अपना राजा शेरा अब बहुत बूढ़ा हो गया है। उसकी इंद्रियाँ शिथिल हो गई हैं। जब वह अपनी ही रक्षा करने में असमर्थ है, तब भला हम वनवासियों की रक्षा वह कैसे कर सकेगा ? अतः इन वन को एक बहादुर, लोकप्रिय और कुशल राजा की जरूरत है। समस्त वनप्राणियों की राय में राजा होने के लिए आपसे ज्यादा योग्य पशु इस पूरे वन में कोई नहीं है। शास्त्रों में भी कहा गया है कि जो अत्यंत पवित्र, प्रतापी, धर्मात्मा और नीति का ज्ञाता होता है, वही राज्यकार्य सफलतापूर्वक चलाते हुए अपनी प्रजा का पालन कर सकता है। हम सभी वनप्राणियों को अत्यंत दुःख है कि आप जैसे प्रतापी, शीलवान और कुशाग्र बुद्धि के धनी, इस कालचलाऊ सरकार में एक मामूली मंत्री पद पर कार्यरत हैं।

''शास्त्रों में आगे कहा गया है कि सर्वप्रथम एक कुशल राजा की, फिर सुंदर स्त्री की, तत्पश्चात् धन की कामना करनी चाहिए। क्योंकि यदि राजा योग्य न हुआ तो भार्या एवं धन की रक्षा कैसे हो सकेगी ?''

हाथी पर अपनी बातों का असर होता देखकर आँखें मटकाते हुए सियार फिर शुरू हो गया, ''हे तात ! शास्त्रों में यह भी लिखा है कि 'धन' एक दिव्यास्त्र के समान है।

बुढ़ापे में या बुरे दिनों में जब सभी स्नेहीजन साथ छोड़ जाते हैं तब एकमात्र 'धन' का ही सहारा रह जाता है। अतः राजनीति के क्षेत्र में रहकर आपको 'धन' का उचित सम्मान करना चाहिए। सिर्फ गरीबों का मसीहा कहलाते हुए, राजनीति के क्षेत्र में आपने आधे से ज्यादा उमर यूँ ही गँवा दी। अब बुढ़ापे में यदि आपके पास पर्याप्त धन न होगा तो फिर कोई आपके निकट नहीं फटकेगा। आप नितांत अकेले पड़ जाएँगे। इसलिए हे मसीहा, अपने साथ अपने बाल-बच्चों के भविष्य पर भी तनिक विचार करिए। आप ही बताइए, आपके ये प्रतिभावान बच्चे किसी साधारण स्कूल में कच्ची हिंदी पढ़ते हुए भला किस प्रकार भविष्य में बड़े अफसर और नेता बन पाएँगे ?

"शास्त्रों में और कहा गया है कि एक बार जो समय बीत जाता है, वह फिर कभी लौटकर नहीं आता। इसलिए हे बुद्धिप्रवर, आप तुरंत अपनी कुटनीति का जाल फेंकते हुए शेर के साथ अपने असहयोग की घोषणा कर दीजिए। हम सब सियार एवं अन्य कई वनप्राणी पूरी तरह आपके साथ हैं। हे तात, आपकी भृकुटी टेढ़ी होते ही, शेर मिमियाकर रह जाएगा। वह आज तक सिर्फ आपके बलबूते पर ही दहाड़ता रहा है। अब मौका आ गया है, आप भी उस बूढ़े शेर को उसकी औकात दिखा दीजिए। हे महाबलशाली गजराज, हम आपका राजतिलक करने के लिए बेचैन हैं। आपसे विनम्र प्रार्थना है कि अब दीन-दुखियों की करुण पुकार सुनते हुए, आप हमारे राजा बन जाइए।"

सियार की विद्वत्तापूर्ण बातें सुनते हुए हाथी का हृदय गद्‌गद हो गया।

कहा भी गया है कि चाटुकारिता वह महान् कला है, जिसके वशीभूत हो पर्वत जैसे लोग भी जल के समान पतले होकर नालियों में जा समाते हैं।

राज का लोभ हाथी के मन में ऐसा समाया कि वह किंचित् मात्र यह न सोच सका कि वनप्राणियों ने अपनी बात कहने के लिए चतुर सियार को ही मेरे पास क्यों भेजा ? सियार की बातों का हाथी पर कुछ ऐसा असर हुआ कि वह रातभर चैन से सो न सका।

दूसरे दिन भरी सभा में 'कर्पूरतिलक' ने बूढ़े शेर के साथ अपने असहयोग का एलान कर दिया। शेर, भौंचक्क कर्पूरतिलक को ताकता रहा। उसे समझ में नहीं आया कि 'कर्पूरतिलक' जैसा निष्ठावान और अनुभवी व्यक्ति भी कभी ऐसा कदम उठा सकता है ! शेर ने एकांत में उसे समझाया, "मित्र, जिनके भरोसे पर तुमने यह कदम उठाया है, वे ठीक लोग नहीं हैं। तुम इस चाल में मत फँसो। तुम्हारी इस जिद से राज्य का अनर्थ हो जाएगा।"

हाथी चुपचाप शेर की बातें सुनकर मुस्कुराता रहा फिर तुनककर बोला, "अब तुम बूढ़े हो गए हो शेर। राजकाज अब तुम्हारे बस की बात नहीं है। कल तक तुम सिर्फ मेरे मजबूत कंधों पर सवार होकर दहाड़ते रहे। अब मैंने अपने कंधे हटा लिए हैं। तुम्हारी अब कोई नीति नहीं चल सकती इसलिए चुपचाप मेरे लिए सिंहासन खाली कर

दो और जाकर किसी अँधेरी गुफा में अपने शेष दिन बिताओ।''

मरता क्या न करता ! बूढ़ा और असहाय शेर अपना पद छोड़कर चुपचाप अपनी माँद में घुस गया। उसे स्वप्न में भी संदेह न होता था कि उसका विश्वसनीय हाथी एक दिन उसे इस तरह धोखा दे देगा।

फिर पूरी धूमधाम के साथ हाथी का राजतिलक हुआ। समूचे वनप्रदेश में उत्सव मनाए गए। धीरे-धीरे समय बीतता गया। राजा होकर हाथी अत्यंत खुश था। विदेश यात्राएँ, उद्घाटन, शिलान्यास और सैकड़ों प्रकार के राज-काज में लगे हुए हाथी को कभी भी यह स्मरण न हुआ कि उसका यह स्वप्न महल एक रेत के टीले पर टिका हुआ है।

अब होनी को भला कौन टाल सकता है ! सियार की प्रतिज्ञा पूरी होने के दिन आ गए थे। एक दिन भरी सभा में सियार और उसके साथियों ने हाथी के प्रति अपने अविश्वास की घोषणा कर दी। अब हाथी की स्थिति वही साँप-छछूँदर जैसी थी, 'उगलत बने न खात'।

अपने आपको महापराक्रमी, बुद्धिकुशल और मसीहा समझने वाला हाथी अब सियार के सम्मुख घिघिया रहा था, ''मित्र, तुम्हारा ही सहारा है। कृपा करके मुझे बचा लो।''

सियार अपनी आँखें तरेरते हुए बोला, ''अब इस भवसागर से पार होने का एक ही रास्ता है कि आप मेरी पूँछ थामे रहिए। इसके अलावा मैं आपके लिए और कुछ नहीं कर सकता।''

जिस प्रकार बुद्धिचातुर्य से सियार की प्रतिज्ञा पूर्ण हुई, उसी प्रकार हर ज्ञानी कूटनीति से अपनी प्रतिज्ञा पूर्ण कर सकता है।

खरगोश की दुर्गति

उत्तर दिशा में मंदर पर्वत की तराई में जो घना जंगल है, वहाँ के एक शासकीय दफ्तर में गीदड़ सिंह नामक एक अफसर अफसरी करता था। उस पर्वतीय जंगल की पुरानी परंपरा है कि वहाँ के किसी भी शासकीय दफ्तर में जो भी अफसर पदस्थ होता है, वह भले ही 'गीदड़' हो, परंतु अफसरी मिलते ही वह 'सिंह' की भाँति व्यवहार करने लगता है। जिस प्रकार प्रायः हर दफ्तर के कर्मचारी अपने बॉस से सदा आतंकित रहते हैं, उसी प्रकार इस दफ्तर में भी कार्यरत सभी पशु-पक्षी गीदड़ सिंह के अत्याचारों से पीड़ित थे।

गीदड़ सिंह का दफ्तर में और दफ्तर के बाहर बहुत दबदबा था। वह शेरों की सेवा में रात-दिन संलग्न रहता था। शेर जंगल में आए दिन शिकार करते रहते और गीदड़ सिंह उनका सेवक बनकर मजे उड़ाता रहता। इस प्रकार गीदड़ अपने कार्यालय में कम और शेरों की सुसज्जित गुफाओं में ज्यादा सक्रिय रहता था।

पिछले दिनों गीदड़ सिंह अपने कार्यालय से महीनों गायब रहा। जिससे बहुत सारे जरूरी शासकीय कार्य रुक गए। कार्यों में इस विलंब के लिए एक दिन गीदड़ सिंह ने अपने मातहत पशु-पक्षियों को खूब डाँट-फटकार लगाई, "तुम सबके सब कान खोलकर सुन लो, यदि इस कार्यालय के सभी कार्य समय पर नहीं निपटते, तो मैं एक-एक की गोपनीय चरित्रावली चौपट करके रख दूँगा।"

दिल दहला देने वाली दहाड़ मारकर गीदड़ सिंह अपने चौपाया वाहन में सवार हो शेर की माँद में अपनी सेवाएँ देने के लिए चल निकला। इधर सारे पशु-पक्षी सर औंधाए अपनी-अपनी फाइलें ठीक करने लगे।

गीदड़ सिंह कभी-कभी ऑफिस में इस प्रकार रौब पेलने आ जाता था। जिस दिन वह ऑफिस में उपस्थित होता, ऐसा लगता जैसे शेष कर्मचारियों को साँप सूँघ गया हो। वह अपनी कुर्सी पर पसरकर अपने मातहतों को तरह-तरह के नोटिस लिखता रहता। कभी किसी को अनुपस्थित बताकर वह उसका वेतन काट लेता, तो कभी किसी कर्मचारी की सर्विस बुक को लाल स्याही से रँगता रहता। उसकी इन हरकतों से ऑफिस के सभी कर्मचारी परेशान थे। परंतु वे बेचारे क्या करते ! शेरों के पास शिकायत लेकर जाना बेअसर होता क्योंकि गीदड़ सिंह शेरों के लिए आए दिन शिकार

की व्यवस्था करता रहता और उसका अधिकांश समय शेरों की सेवा में ही बीतता था।

बेचारे वन-प्राणी दुखी मन से अपना और अपने बॉस का काम निपटाते हुए निरंतर डाँट खाते रहते थे। एक दिन उस कार्यालय के सभी कर्मचारियों ने गीदड़ सिंह के पास जाकर निवेदन किया, ''महाराज, आप इस कार्यालय के राजा हैं। आपके बिना इस कार्यालय का और हमारा सबका भविष्य असुरक्षित है। हम सब सिर्फ आपकी सेवा के लिए ही यहाँ कार्यरत हैं। हम तो आपकी रैयत हैं महाराज ! आज सब मिलकर आपसे एक निवेदन करने आएं हैं।''

गीदड़ सिंह ने सिगार का धुआँ सामने की ओर फेंकते हुए कहा, ''हाँ, हाँ, कहो...क्या कहना चाहते हो ?''

''महाराज, कार्यालय में हमें आपकी फाइलें भी निपटानी पड़ती हैं। जो जरूरी कार्य आपको स्वयं करने चाहिए, उन्हें भी हम सब मिलकर निपटाते हैं।''

''तो ?'' गीदड़ सिंह ने गरजकर कहा।

''हमारी प्रार्थना यह है महाराज, कि रोज हममें से एक कर्मचारी आपका काम निपटा दिया करेगा। ऐसा हम इसलिए चाहते हैं कि किसी अकेले पर आपके कार्यों का भार न पड़े। इससे आपको भी कार्यालय में कोई परिश्रम नहीं करना पड़ेगा और हमारे साथी भी अतिरिक्त कार्य को मिल-बाँटकर निपटा लेंगे।''

गीदड़ सिंह ने अपने मातहतों का प्रस्ताव सुना। फिर उस पर उसने गंभीरतापूर्वक विचार किया। जब उसे पूर्ण विश्वास हो गया कि इस प्रस्ताव को मान लेने में उसे कोई खतरा नहीं है तो प्रसन्नतापूर्वक उसने कहा, ''यदि तुम लोगों की ऐसी ही इच्छा है तो ठीक है, परंतु इस बात का सदा ध्यान रहे कि इस नियम में यदि किसी से भी कोई चूक हुई तो उसे अपनी नौकरी से हाथ धोना पड़ेगा।''

''नहीं महाराज ! इस नियम में कोई गड़बड़ी नहीं होगी। मैं सभी को समझा-बुझाकर रखूँगा।'' एक बुजुर्ग पशु ने आश्वस्त किया।

अगले दिन से यह नियम कार्यालय में लागू हो गया। बारी-बारी से पशु गीदड़ सिंह का कार्य निपटाने लगे। इस नियम से गीदड़ सिंह का आतंक कम हो गया परंतु अधीनस्थ कर्मचारियों के मन में कोई अतिरिक्त खुशी की लहर नहीं आई।

इस प्रकार कार्य निपटाते हुए एक दिन विद्वान् खरगोश की बारी आई। खरगोश मन-ही-मन सोचने लगा कि मैं रात-दिन कार्यालय में आँखें फोड़ते हुए कड़ी मेहनत करता रहता हूँ। ऊपर से इस गीदड़ सिंह का काम भी सर पर आ गया है। अब कोई उपाय करना चाहिए। यह विचार करते हुए खरगोश गीदड़ सिंह की सभी जरूरी फाइलें एक ओर कोने में फेंकता चला गया।

गीदड़ सिंह को जब खरगोश की हरकत का पता चला तो उसने गरजकर पूछा, ''क्यों बे पिद्दी खरगोश, कोई शेर या शेर का पिल्ला तुझे जानता तक नहीं। फिर किसकी दम पर इतनी ठसक है रे तुझमें ? बता, तूने मेरे कार्यों की फाइलें कोने में क्यों

पटक दीं ?''

खरगोश अपने बुद्धिकौशल का उपयोग करते हुए बोला, ''महाराज, आपकी आज्ञा सिर आँखों पर ! परंतु कल मैं निकट के दूसरे जंगल में घूमने-फिरने गया था। वहाँ के एक कार्यालय में पदस्थ कोई नया अफसर आपको भद्दी-भद्दी गालियाँ दे रहा था और मुझसे कह रहा था कि 'तुम्हारा बॉस तो सिर्फ गीदड़ है। उसे कुछ नहीं आता। उसकी डिग्री नकली है। वह तो सिर्फ शेरों की चमचागिरी करते हुए ही इस वन में टिका हुआ है।'

''तो हुजूर मैंने उससे कहा, 'नहीं, तुम झूठ बोलते हो। हमारे बॉस तो बहुत विद्वान् हैं। वे सभी कार्य भली-भाँति जानते हैं। उन्होंने बड़े अनूठे और मुश्किल कामों को चुटकी बजाते हुए निपटा दिया है। उनकी लिखावट तो ऐसी है, जैसे मोती कागज पर जड़ दिए गए हों। वे अपने कार्यों में पूर्णतः दक्ष हैं। आप सरासर उनके विषय में झूठ बोल रहे हैं।''

गीदड़ सिंह गुर्राया, ''फिर उसने क्या जवाब दिया ?''

खरगोश ने देखा कि उसकी कथा का गीदड़ सिंह पर पर्याप्त असर हो रहा है। उसने गर्दन लटकाते हुए बहुत ही नम्रतापूर्वक बात आगे बढ़ाई, ''सर, उसने मेरी बात सुनकर कहा कि तुम अपने बॉस से डरते हो। सिर्फ भय के वशीभूत होकर तुम उसकी झूठी तारीफ कर रहे हो। यदि तुम्हारा बॉस इतना ही कार्यकुशल है तो अपने कार्य खुद क्यों नहीं करता ? तुम उसके हाथ की लिखी एक भी फाइल दिखा दो तो मैं तुम्हारी बात पर यकीन कर लूँ।''

''हाँ, हाँ दिखा देंगे। आप हमारे बॉस को समझते क्या हैं। उनके जैसे महान् अफसर तो इस पूरे राज्य में कोई नहीं है।''

''महाराज, अब जैसा आप उचित समझें सो करें। मेरी तुच्छ बुद्धि में जो आया सो मैं उस अफसर को खरी-खोटी सुनाकर आ गया। अब सिर्फ एक ही फाइल का सवाल मेरे हृदय में खटक रहा है। इसके बावजूद यदि आप आज्ञा करें तो मैं आपकी सभी जरूरी फाइलें और अन्य सभी तकनीकी काम आज ही निपटाए देता हूँ। परंतु आपकी इज्ज़त का क्या होगा महाराज ?''

खरगोश की बातें सुनकर गीदड़ सिंह को तनिक भी गुस्सा नहीं आया और न ही उसने उस दूसरे अफसर को देख लेने की हुंकार भरी। वह मंद-मंद मुस्कुराता हुआ सारी फाइलें समेटकर अपने चेंबर में चला गया। नादान खरगोश ने समझा कि वही पुरानी चाल, जिसके सहारे कभी एक शेर कुएँ में जा गिरा था, यहाँ भी कामयाब हो गई। परंतु अब जमाना बहुत बदल चुका था। कुछ दिनों बाद खरगोश को ऊपर से एक नोटिस मिला कि आपके कार्यों का पुनर्मूल्यांकन किया गया, जिसमें विभिन्न प्रकार की तकनीकी खामियाँ पाई गईं। तीन दिनों के अंदर इसका स्पष्टीकरण प्रस्तुत करें। स्पष्टीकरण से असंतुष्ट होने पर आपकी सेवाएँ समाप्त कर दी जाएँगी।

खरगोश मियाँ, वह नोटिस पाकर कहाँ-कहाँ गिड़गिड़ाए। किस-किस के सामने उन्होंने हाथ जोड़े, यह सब तो एक लंबा सिलसिला है। उधर गीदड़ सिंह निरंतर तरक्की करते हुए सचिवालय तक पहुँच गए। इधर खरगोश मियाँ आँखों पर मोटा चश्मा चढ़ाए, जिंदगी से हारे-थके उसी छोटे-से ऑफिस में रिटायर होने का इंतजार कर रहे हैं।

टिटहरी और समुद्र

महानगर के दक्षिणी भाग में एक झोंपड़पट्टी बस्ती थी। वहाँ एक टिटहरी दंपती रहते थे। एक समय की बात है कि टिटहरी की इकलौती बिटिया बड़ी हुई। वह पास के स्कूल में शिक्षा प्राप्त करने जाने लगी। कुछ दिनों बाद टिटहरी ने टिटहरे से कहा, "अजी सुनते हो, हम अपनी बिटिया धनियाँ को अब उस स्कूल में नहीं पढ़ाएँगे। उसके लिए अब एक सुरक्षित स्कूल की खोज करनी पड़ेगी।"

टिटहरे ने आश्चर्य से कहा, "अरी, यह स्कूल क्या बुरा है ? अपनी बस्ती के पास है। धनियाँ यहाँ पढ़े, इसमें क्या हर्ज है ?"

टिटहरी ने झल्लाकर कहा, "तुम्हें क्या मालूम। तुम तो दिन-रात दाना-पानी की तलाश में यहाँ-वहाँ भटकते रहते हो। पास-पड़ोस में क्या हो रहा है, यह तो मुझे ही झेलना पड़ता है। वह स्कूल, जिसमें अपनी धनियाँ पढ़ती है, सेठ समुद्र प्रसाद के पैसों से चलता है। उस सेठ का इकलौता बिगड़ैल बेटा 'क्षीरसागर' आए दिन अपनी धनियाँ को छेड़ता रहता है। इसलिए अब धनियाँ उस स्कूल में नहीं पढ़ेगी।"

टिटहरा उत्तेजित होकर बोला, "क्या सब जगह क्षीरसागर के बाप का राज है ! आखिर कानून और व्यवस्था भी कोई चीज है ! अब देश आजाद हो गया है। सबके लिए न्याय और कानून बराबर है। हम क्षीरसागर की पुलिस में रिपोर्ट लिखाएँगे।"

टिटहरी ने समझाया, "पहले अपनी औकात तो देख लो फिर कहीं जाकर कानून का दरवाजा खटखटाना। कहाँ वह नगरसेठ समुद्र प्रसाद का इकलौता बेटा और कहाँ हम गरीब लोग, झोंपड़पट्टी वाले ! वे धन्नासेठ हैं। कानून और न्याय-व्यवस्था को वे अपनी तिजोरी में बंद करके रखते हैं। शास्त्रों में भी कहा गया है, "समरथ को नहिं दोष गुसाईं।" अतः उचित यही है कि हम चुपचाप अपने अपमान का घूँट पीकर धनियाँ की पढ़ाई छुड़वा दें या उसे किसी दूसरे स्कूल में भर्ती करा दें।"

टिटहरे को इस प्रकार चुपचाप हार जाना स्वीकार न था। वह बहुत हठी स्वभाव का था। उसे आजादी, कानून और न्याय जैसे शब्द बहुत वजनदार लगते थे। टिटहरी के लाख समझाने पर भी टिटहरे ने धनियाँ को दूसरे स्कूल में भर्ती नहीं करवाया।

उधर मदमत्त क्षीरसागर की हिलोरें तेज हो रही थीं। सहसा एक दिन झोंपड़पट्टी में खबर फैली कि क्षीरसागर, धनियाँ को जबरदस्ती उठाकर कहीं ले गया।

शोकाकुल टिटहरी ने टिटहरे को खरी-खोटी सुनाते हुए कहा, ‘‘क्षीरसागर ने आखिर वही कर दिया, जिसकी मुझे आशंका थी। अब जाओ, अपने कानून और न्याय के सामने सर पटको।’’

टिटहरा अपने झोंपड़पट्टी के साथियों के पास मदद माँगने गया। उसने एक-एक को अपनी व्यथा-कथा सुनाई, परंतु कोई भी उसकी मदद के लिए आगे नहीं आया। सबने मिलकर टिटहरे को ही समझाया, ‘‘भैया, हम तो झोंपड़पट्टी वाले हैं। रूखा खाते हैं और फटा-पुराना पहनते हैं। इसलिए सेठ समुद्रप्रसाद से भला कैसे बैर लें ? वे तो धर्मात्मा पुरुष हैं। दर्जनों मंदिर, कई स्कूल और अनेक धर्मशालाएँ सेठ जी ने जनता के लिए बनवाई हैं। ऐसे महापुरुष का बेटा भला कोई ओछी हरकत कर सकता है ? जरूर इसमें धनियाँ ने ही पहल की होगी। अमीरजादे को देखकर अवश्य धनियाँ ने ही अपने पंख फड़फड़ाकर उसे फँसाने की कोशिश की है। इसलिए हम झोंपड़पट्टी वालों की तो यही नेक सलाह है कि टिटहरे को सेठ समुद्रप्रसाद से क्षमा माँगनी चाहिए। सेठ जी, कोमल हृदय के धनी हैं। वे अवश्य धनियाँ को माफ कर उसे टिटहरे को सौंप देंगे।’’

टिटहरे को अपने साथियों की ये बातें सुनकर बहुत गुस्सा आया। वह अकेला ही बड़बड़ाता हुआ पुलिस चौकी जा पहुँचा। उसने लगभग चीखते हुए अपनी दारुण कथा थानेदार साहब को सुना डाली। थानेदार ने कथा सुनकर टिटहरे को शीतल जल पिलाया फिर शांतिपूर्वक उसने कहा, ‘‘टिटहरे, तुम्हारी कहानी बहुत अच्छी है। किसी फिल्म-निर्माता को जाकर सुनाते तो वह इस पर कुछ विचार भी करता। इधर थाने में ढेर सारे काम हैं। फोकट में हमारा समय तुमने खराब कर दिया। आखिर हम भी इस थाने में दस साल से हैं परंतु हमारा आज तक कहीं ट्रांसफर नहीं हुआ ! जानते हो क्यों ?’’

‘‘क्यों ?’’ टिटहरे ने जिज्ञासावश पूछ लिया।

‘‘वो इसलिए कि हमने आज तक बिना वजन के कभी किसी की रिपोर्ट दर्ज नहीं की है। तुम्हारे पास इस कहानी की सच्चाई का कोई सबूत ? है कोई गवाही तुम्हारे पास ?’’

थानेदार की बातें सुनकर टिटहरे की गर्दन शर्म से झुक गई। उसे समझ में नहीं आ रहा था कि आखिर कहाँ जाकर वह अपने लिए न्याय की गुहार लगाए ! फिर भी वह हिम्मत नहीं हारा। वह एक लोकप्रिय अखबार के दफ्तर में गया। संपादक जी के सामने उसने रो-रोकर अपनी व्यथा सुनाई।

संपादक जी मुस्कुराए, फिर बोले, ‘‘भैये टिटहरे, क्षीरसागर तो विशाल हृदय के धनी हैं। उन्होंने ही मुझे कागज का सरकारी कोटा दिलवाया है। वे हमारे समाचार-पत्र को हजारों रुपयों के विज्ञापन दिलवाते रहते हैं। उनके खिलाफ आपकी यह काल्पनिक कहानी छापकर मुझे अपना अखबार बंद नहीं करवाना। फिर भी हम बुद्धिजीवी हैं

इसलिए आपके साथ हमारी पूरी सहानुभूति है। आपकी बातें हमने सुन ली हैं, जो तथ्य है, उसे हम अपने अखबार में जरूर छापेंगे।''

दूसरे दिन के समाचार-पत्र में अंतिम पृष्ठ पर एक छोटी-सी खबर छपी : ''किन्हीं अज्ञात व्यक्तियों ने एक टिटहरे की पुत्री धनियाँ का अपहरण कर लिया है। पुलिस तत्परता से अपराधियों की खोज कर रही है।'' उसी अखबार के मध्य में पूरे दो पृष्ठों पर सेठ समुद्रप्रसाद जी की एक फर्म का बड़ा-सा विज्ञापन छपा हुआ था।

महीनों टिटहरा इस दफ्तर से उस दफ्तर, उस द्वार से इस द्वार, सर पटकता रहा। परंतु उसकी प्यारी इकलौती धनियाँ उसे नहीं मिली। एक दिन हारा-थका वह समुद्रप्रसाद की हवेली में आकर सेठ जी के सम्मुख गिड़गिड़ाया।

सेठ जी बोले, ''टिटहरे, नाहक ही तू यहाँ-वहाँ भटकता फिरा। तेरी धनियाँ तुझे मिल जाएगी। जा, ले जा उसे और कुछ रुपए-पैसे भी लेता जा। और सुन, चुपचाप जाकर उसके हाथ पीले कर दे। देख, चुनाव सर पर आ गए हैं। मुझे तो साँस लेने की फुर्सत नहीं है। अब इस कथा को तू यहीं समाप्त कर और जा सुखपूर्वक जीवन व्यतीत कर।''

टिटहरी की बात न मानकर जिस प्रकार टिटहरे ने बहुत दुःख उठाए, उसी प्रकार समुद्रप्रसाद से बैर लेकर कोई व्यक्ति कष्टों के सिवा और कुछ नहीं पा सकता।

रेत के कण चुनने की अभी शुरूआत भर की है

आग्रह हुआ है कि अपनी रचना-प्रक्रिया पर कुछ कहूँ। आज अपनी यात्रा पर जब नजर डालता हूँ तो सहसा 'बच्चन' जी की ये पंक्तियाँ याद हो आती हैं—"मैं छुपाना जानता तो जग मुझे साधू समझता, शत्रु मेरा बन गया है, छलरहित व्यवहार मेरा।"

छोटा-सा जीवन, मात्र 40 साल का। पहली दृष्टि में यह लगता है, कि अभी देखा ही क्या है ? जो कहा जा सके। सचमुच मैंने देखा भले ही कम हो, भोगा ज्यादा है। फिर विसंगतियाँ, मूल्यों का विघटन और जीवन की आपाधापी में छटपटाती, संघर्षरत जिजीविषा का उम्र से सरोकार कम, परिस्थितियों से ज्यादा होता है। मुझे अपने दुखों से सम्मोहित होना ठीक नहीं लगा। कुछ लोगों को बेचारगी में रस मिलता है। वे अपनी गर्दिशों को महिमामंडित करके जो अलापते हैं, उसे साहित्य की संज्ञा देते रहते हैं। मुझे संघर्ष में विश्वास है। यह विश्वास शायद संस्कारों से मिला होगा। लेखन को मैंने इसी रूप में अपनाया।

मेरी विज्ञान में जबरदस्त रुचि है। मैं भौतिक शास्त्र का प्राध्यापक होना चाहता था। भौतिक शास्त्र में रिसर्च करने की अभिलाषा भी मन में रही। परंतु वो कहते हैं न—"कभी किसी को मुकम्मल जहाँ नहीं मिलता।" बी. एस-सी. की डिग्री लेते ही मुझे यह महसूस होने लगा कि रोटी पैदा करना बहुत कठिन है। मुझे उदर-पोषण की स्थाई व्यवस्था के लिए सोचना जरूरी लगने लगा। सिर्फ बी. एस-सी. करके नौकरी कहाँ मिलती है ? इसलिए टेक्निकल ऐजूकेशन में डिप्लोमा लेकर सदा के लिए एक अदना-सी नौकरी से चिपक गया। कुछ लेखकों का परिचय पढ़ते हुए हँसी आती है। वे यह गिनाने में गौरव महसूस करते हैं कि उन्होंने बीसों नौकरियाँ बदलीं और न जाने कितनी पत्नियाँ। इस मामले में मैं नितांत पिछड़ा हुआ हूँ।

विज्ञान में रुचि होने के कारण बचपन से मेरी खोजी प्रवृत्ति रही। नई बातें जानना, नई जगहें घूमना और जीवन की विविधता को समझने में मुझे रस आने लगा। यही तलाश मुझे साहित्य सागर तक ले आई। मध्य प्रदेश के छोट-छोटे कस्बों में रहते, सीमित आय में जीवन बिताते, मैं इस बहुरंगी दुनिया को कैसे देख और समझ पाता ! पर्यटन का मुझे शौक है परंतु मैं कहीं नहीं जा पाता। जिन्हें देश-विदेश घूमने के अवसर मिलते हैं, वे भाग्यशाली हैं। कुछ लोग इसके लिए तरह-तरह के जुगाड़ भी फिट कर

लेते हैं। मैं नहीं कर पाया ! फिर शादी, बच्चे और घर-गृहस्थी में फँसकर कहाँ इतना समय और धन है कि मैं पर्यटन के लिए अपने ही देश में कहीं जा पाऊँ !

साहित्य की दुनिया ने मुझे बहुत तृप्त किया। जिसने भी कही हो, यह बात सौ फीसदी सही है कि किताबें ही आदमी की सच्ची मित्र हैं। यात्रावृत्त, उपन्यास, कहानियाँ, लेख और कविताएँ पढ़ते हुए मुझे नित नये संसार से साक्षात्कार होता है। एक बार मेरे कॉलेज के वार्षिक कार्यक्रम में श्री अमृतराय जी आए थे। उनसे भेंट हुई। किसी ने उनसे पूछा, ''आखिर हम किताबें क्यों पढ़ें ?''

अमृतराय जी का उत्तर मुझे अभी भी याद है। उन्होंने कहा, ''आपकी दृष्टि चीजों को, परिस्थितियों को समझने की जो आज है, पाँच साल तक आप निरंतर किताबें पढ़ते रहिए, फिर आज की स्थिति से अपने दृष्टिकोण की ईमानदारी से तुलना कर लीजिए। आपको आपके प्रश्न का जवाब मिल जाएगा।'' साहित्य पढ़ने से क्या मिलेगा ? यह तत्काल नहीं समझाया जा सकता। हाँ, एक दोहा याद आ रहा है—

रस की बातें रसिक ही जाने मधुप होए पहचाने।
दादुर रहत निकट कमलन के जनम न रस पहचाने।।

कॉलेज की पहली सीढ़ी ने हिंदी जगत् को कई सफल और असफल कवि दिए। कॉलेज में घुसते ही किशोर मन फुदकने लगता है। एक समय हर युवा-मन में कविता फूटने लगती है। मेरे साथ कुछ अजीब दुर्घटना हुई, मुझे जीवन के बसंत में ही पतझड़ दिखाई देने लगा। नतीजा यह हुआ कि मैंने गीत, गजल और कविताएँ खूब पढ़ीं परंतु हृदय से कोई 'गीत गंगा' या 'आँसू की गीता' का जन्म नहीं हुआ। मुझे अपनी बात कहने के लिए बड़ा कैनवास चाहिए था। लिहाजा मैंने कहानियाँ लिखीं, नाटक लिखे और व्यंग्य रचनाएँ लिखीं। किसी शायर की ये पंक्तियाँ उन दिनों पढ़ीं—'देंगे वही जो पाएँगे इस जिंदगी से हम' इस आधार पर लेखन का सिलसिला चलता रहा। जीवन की विद्रूपताएँ, मुखौटापन झूठी संवेदनाएँ और मुस्कुराहट के पीछे खतरनाक कसैलापन मुझे सालने लगा। मैंने इस घूँघट को सीधी-सपाट भाषा में उघाड़ना शुरू कर दिया। मित्र उसे 'व्यंग्य' कहने लगे। दो दशक पहले मेरी पहली रचना : (ललित निबंध) कादंबिनी में छपी थी। अब दो किताबें छपकर आ गई हैं। यह रचना-यात्रा हुई। परंतु कितने मोड़, कितने झटके, कितनी उपेक्षाएँ और कितनी मुश्किलों से गुजरकर यह यात्रा पूरी हुई, इसका थोड़ा-सा अंश मेरी पहली किताब : 'घूँघट के पट खोल' में है।

वैसे मैं उन बहुत बेहया लेखकों में से हूँ जो अपने बारे में कुछ भी कहते हुए बिल्कुल नहीं सकुचाते। मुझे वे लोग ज्यादा दयनीय लगते हैं जो बहुत सुकचा-सकुचाकर अपना आत्मपुराण गाते रहते हैं। लेखक द्वारा लिखे जाने के बाद 'रचना' का अपना अस्तित्व हो जाता है। वह अस्तित्व रचनाकार को भी प्रभावित और अप्रभावित करता है। इसलिए मैं निःसंकोच अपनी रचनाओं की तारीफ करता हूँ और

आलोचना भी।

मेरी इस रचना-यात्रा में 'दैनिक अमृत-संदेश' का पर्याप्त योगदान है। शुरू से मैं इस पत्र से जुड़ा हूँ। रचनाएँ मैं भेजता रहा तो तुरंत नरेंद्र पारख का या कभी रत्ना वर्मा का तगादाभरा पत्र आ जाता। होली, दिवाली और बसंत अंक के लिए तो पहले से ही चेता दिया जाता। समीक्षार्थ किताबें भी मुझे अमृत-संदेश कार्यालय से आने लगीं। इस प्रकार लगातार लिखने-पढ़ने का सिलसिला चल रहा है।

जहाँ तक रचना-प्रक्रिया की बात है तो जिंदगी में सुख-दुख के क्षण, आस-पास का परिवेश और जिन लोगों के बीच मैं रहता हूँ, वे सारे लोग और उनकी गतिविधियाँ, सोच और घटनाओं से मेरी रचनाएँ निकलकर आती हैं। मैंने कहानियाँ लिखीं, नाटक लिखे और व्यंग्य-रचनाएँ लिखीं —आदमी को झकझोरने के लिए। मैं किसी घटना से प्रभावित हुआ, मेरे अंदर उस घटना के कारण कुछ घटित हुआ तो उसे मैंने शब्द दिए, इस उद्देश्य के साथ कि आपके भीतर भी वैसा ही कुछ घटित हो सके। शायद इसी को दृष्टि या विकास कहते हों।

किराए के मकानों में रहते आधी उमर बीत गई। एक मनपसंद कमरा न मिला, जहाँ सुकून से कुछ पढ़ा-लिखा जाए। पढ़ने-लिखने के लिए मुझे शांति चाहिए। वे प्रतिभाशाली हैं, जो शोर-शराबे में भी लिख लेते हैं। मेरा दिन नौकरी के कामकाज में बीतता है। घरेलू समस्याएँ भी सदा मुँह बाए खड़ी रहती हैं। सबको दिनभर निपटाता हूँ। रात जब टी. वी. पर न्यूज समाप्त हो जाती है, बच्चे सो जाते हैं, तब मेरा लिखने-पढ़ने का कार्य संपन्न हो पाता है।

स्वास्थ्य ठीक नहीं रहता। छोटी-सी उमर में कई रोगों ने शरीर में घर बना लिया है। जिस समाज में वही काम महत्त्वपूर्ण माना जाता हो, जिससे कुछ अर्थोपार्जन हो, वहाँ हम जैसे लेखक हासिए पर जीवन स्वाहा करने के लिए अभिशप्त हैं। बाहर के ही नहीं, अब तो घर के लोग भी सरेआम कहते हैं, जितनी शक्ति और समय तुम इस लेखन में बर्बाद करते हो, उतना किसी नेता के चरण-वंदन या अपने अफसरों की सेवा में लगाते तो उद्धार हो जाता। मैं हँसकर ये शेर पढ़ देता हूँ—

पाल ले एक रोग नादाँ ज़िंदगी के वास्ते,
सिर्फ़ सेहत के सहारे ज़िंदगी चलती नहीं।

मुझे स्व. शरद जोशी की बात याद आती है। वे कहते थे, "मुझे थोड़ी-सी धूप, कुछ हवा, दो चपातियाँ, एक न रुकने वाला पेन और चंद कागज चाहिए। मैं आपको एक अच्छी रचना देने का वादा करता हूँ।" वे स्वयं जीवन भर इन थोड़ी-सी जरूरतों के लिए भटकते फिरे ! बावजूद इसके कितनी अच्छी रचनाएँ दे गए। छोटी-छोटी जरूरतों के लिए यहाँ बड़े पापड़ बेलने पड़ते हैं। फिर भी जाने क्यों सब अधूरा रह जाता है।

प्रकाशक सरेआम लेखक का शोषण करते हैं। बहुत से संपादक अपनी सियार शैली से लेखक को आए दिन उल्लू बनाते हैं। कई प्रतिष्ठित पत्रिकाएँ अपने लेखकों को धेला नहीं देतीं। वरन् लेखक ही उनके लिए विज्ञापन जुटाते हैं और अपनी रचना भेजते हुए कृतज्ञ होते हैं। उनके संपादक राजनीति की गोटियाँ बिठाते रहते हैं। कई प्रतिष्ठान साहित्य के नाम पर सरकार से लाखों रुपयों की ग्रांट वसूलते हैं और सरकारी मजदूर भाव के बराबर राशि का पुरस्कार लेखक को प्रदान करके बड़ी डींगे हाँकते हैं। आज मंच पर जिस लेखक का फूल-मालाएँ पहनाकर सम्मान किया जाता है। कल उसी लेखक को बनियाँ गालियाँ देता हुआ उधारी के लिए तगादा करता है। कला के दूसरे क्षेत्रों में लखटकिया पुरस्कारों की भरमार है और साहित्य में अकला। फिर भी यही कहा जाता है कि हम लेखक अपने कृत्य से शोषण के खिलाफ लड़ाई लड़ रहे हैं।

साहित्य की दुनिया में भी जबरदस्त राजनीति है। यहाँ भी कई गुट, मठ, झंडे और बहुत सारे गुंडे हैं। मुझे किसी भी प्रकार की राजनीति रास नहीं आती। मुखौटापन, दिखावा, दंभ और जबरदस्ती पोज मारना मुझे ठीक नहीं लगता। परंतु साहित्य में यह सब होता है। यहाँ न जाने क्यों लोग दाढ़ी बढ़ाए रहते हैं। ढीला-ढाला और मैला-कुचैला कुर्ता-पाजामा साहित्यकारों की पेटेंट ड्रेस है। फोकट की मिले तो लुढ़कते दम तक दारू पीना यहाँ गौरव की बात है। इस मामले में सब अपने आपको 'गालिब' का चचा समझते हैं।

उर्दू में एक अच्छी परंपरा है, इस्लाह करने की। वहाँ हर लेखक अपनी रचना अपने उस्ताद को जरूर दिखाता है। हिंदी में 'अहं ब्रह्मास्मि' की परंपरा है। किसी नये लेखक की एक-दो रचनाएँ यहाँ-वहाँ छप जाएँ फिर देखिए उसके तेवर। अपने वरिष्ठों को फिर वह सहजता से साधारण, घटिया और फालतू तक कहने में संकोच नहीं करता। इतना लिखने के बाद भी मुझे अपने लिखे पर सहसा भरोसा नहीं होता। मैं आज भी हर रचना अपने किसी वरिष्ठ को दिखाकर, चर्चा करके ही प्रकाशनार्थ भेज पाता हूँ।

इंदिरा जी के समय एक नारा आया था, "परिश्रम के अलावा और कोई रास्ता नहीं है।" मुझे यह वाक्य बहुत प्रिय है। जीवन का आदर्श भी। मुझे पढ़ने की लत है। छोटे-छोटे कस्बों में रहकर भी मैं अपने पढ़ने के लिए सामग्री जुटा ही लेता हूँ। जहाँ भी मैं रहा, उन कस्बों में लोग सड़क के लिए, नहर के लिए, फोन सुविधाओं के लिए आंदोलन करते हैं। पुस्तकालय के लिए क्यों नहीं करते ? शहरों के बड़े-बड़े वाचनालय देखकर मन ललचाता रहता है। स्थानीय स्कूल और कॉलेज की लाइब्रेरियों से ही काम चलाता आया हूँ। बहुत कुछ खरीद लेता हूँ। अब तक मेरे पास भी एक छोटी-सी लाइब्रेरी हो गई है।

मुझे खुशी है कि लोग मुझसे असहमत होने लगे। परसाई जी से कुछ लोग जबलपुर में असहमत हुए तो उनकी पिटाई हुई। भोपाल में 'भारत-भवन' के लोग शरद

जोशी से असहमत हुए, उन्हें बंबई जाकर बसना पड़ा। मेरे लेखन से भी लोग चिंतित हुए। मेरे बहिष्कार की योजनाएँ बनीं। मैं खुश हुआ कि चलो लेखन सार्थक हुआ। कोई प्रतिक्रिया नहीं होती—ऐसा लेखन कहाँ तक सार्थक है, विचार किया जाना चाहिए।

मेरी दो सौ से ज्यादा व्यंग्य रचनाएँ विभिन्न पत्र-पत्रिकाओं में प्रकाशित हो चुकी हैं। दो व्यंग्य संग्रह : 'घूँघट के पट खोल' और 'अटैची संस्कृति' प्रकाशित हैं। नया संग्रह आपके हाथ में है। एक लंबा नाटक 'रहिमन धागा प्रेम का' इस्लाह करने के लिए एक अनुभवी मित्र को दिया है। फिलहाल साहित्यिक यात्रा इतनी ही है। अभी बहुत काम शेष है। हिंदी व्यंग्य और शेष विधाओं में बहुत कुछ लिखने की इच्छा है। भारतीय भाषाओं की तुलना में हिंदी साहित्य की स्थिति कोई बहुत अच्छी नहीं है। विश्व साहित्य के स्तर पर तो यह और भी गई-गुजरी है। साहित्य सागर के किनारे बैठ मैंने कुछ रेत के कण चुनने की अभी शुरूआत भर की है। बात 'बच्चन' जी की पंक्तियों के साथ शुरू हुई थी, उन्हीं की इन पंक्तियों से समाप्त करता हूँ—

कल छिड़ी होगी, खतम कल प्रेम की मेरी कहानी,
कौन हूँ मैं, जो रहेगी विश्व में मेरी निशानी ?